1+X 证书制度汽车专业领域配套教材

汽车转向悬挂与制动安全系统技术（初级）

实训指导手册

主　编 ◎ 魏德全　巴桑多吉

副主编 ◎ 洛　次　小次仁顿珠　旦巴曲扎

参　编 ◎ 完德加　扎西次仁　拉　琼

嘎玛顿珠　钱　俊　仁增朗杰

主　审 ◎ 陈　波（吉林机电工程学校）

西南交通大学出版社

·成　都·

图书在版编目（CIP）数据

汽车转向悬挂与制动安全系统技术（初级）实训指导手册／魏德全，巴桑多吉主编. --成都 ：西南交通大学出版社，2023.6

ISBN 978-7-5643-9185-0

Ⅰ. ①汽… Ⅱ. ①魏… ②巴… Ⅲ. ①汽车－转向装置－安全技术－职业技能－鉴定－教学参考资料②汽车－车悬挂装置－安全技术－职业技能－鉴定－教学参考资料③汽车－制动装置－安全技术－职业技能－鉴定－教学参考资料 Ⅳ. ①U463②U461.91

中国国家版本馆 CIP 数据核字（2023）第 034164 号

Qiche Zhuanxiang Xuangua yu Zhidong Anquan Xitong Jishu（Chuji）Shixun Zhidao Shouce

汽车转向悬挂与制动安全系统技术（初级）实训指导手册

主编　魏德全　巴桑多吉

责任编辑　李　伜

封面设计　何东琳设计工作室

出版发行　西南交通大学出版社
（四川省成都市金牛区二环路北一段 111 号
西南交通大学创新大厦 21 楼）

邮政编码　610031

营销部电话　028-87600564　028-87600533

网址　http://www.xnjdcbs.com

印刷　四川玖艺呈现印刷有限公司

成品尺寸　185 mm × 260 mm

印张　14.5

字数　359 千

版次　2023 年 6 月第 1 版

印次　2023 年 6 月第 1 次

书号　ISBN 978-7-5643-9185-0

定价　59.00 元

课件咨询电话：028-81435775

日喀则市职业技术学校
汽车运用与维修专业 1+X 证书制度试点项目
教材编写委员会

主　　　任：达娃卓玛

常务副主任：张俊明

副　主　任：于　昊　次仁多吉　张　东
　　　　　　拉　琼　赵　辉

成　　　员：平措达杰　刘跃军　罗桑扎西
　　　　　　旦木真　扎西旺堆　边巴旺堆
　　　　　　普布欧珠　巴桑多吉　旦增旺拉

前言

PREFACE

本书主要以实际车型为示例，根据企业典型工作任务与实际岗位的理论知识和技能知识需求，在汽车维护保养内容的基础上，结合汽车专业领域 1＋X《汽车转向悬挂与制动安全系统技术》初级模块职业技能等级证书标准，将汽车专业领域 1＋X 考评内容融入教材中，实现书证融通。

本书主要包括悬挂系统部件检查与保养、转向系统部件检查与保养、制动系统部件检查与保养、安全系统部件检查与保养 4 个项目，18 个工作任务。内容包含了汽车底盘传动系统、行驶系统、转向系统、制动系统机械及电控部分的维护保养内容，本着实用、够用、适用的原则编写，以实操为主，并配有实操视频。

本书与《汽车转向悬挂与制动安全系统技术》教材配合使用，其特色是采用“岗位对接式教学模式”，按“教→学→做→训→考→评”为一体的层次结构，将汽车运用与维修专业汽车维护保养重点内容和汽车专业领域 1＋X 证书制度技术等级标准及汽车维修厂重点岗位技能进行整合，把企业真实生产岗位融入教材，实现书证融通，强化动手实践能力培养，让学生与企业零距离接轨。

本书由日喀则市职业技术学校魏德全、巴桑多吉担任主编，日喀则市职业技术学校洛次、小次仁顿珠、旦巴曲扎担任副主编，吉林机电工程学校陈波担任主审。

本书在编写过程中得到了学校各位领导和专家的大力支持，得到了四川华夏博康教育科技有限公司和成都融畅易和科技有限公司的鼎力帮助，同时参考和借鉴了其他汽修专业书籍、资料，在此一并向他们表示感谢。

本书虽经编写人员多次讨论、修改，但限于编者水平，难免存在不足之处，恳请广大读者批评指正。

编　者

2022 年 9 月

目录
CONTENT

项目一 悬挂系统部件检查保养

任务一 悬挂系统检查保养

悬挂系统检查保养

一、悬挂系统检查保养【工作页】

悬挂系统检查保养【工作页】			
班级		姓名	

一、填空题

1. 悬架系统是现代汽车上的重要总成，对汽车行驶平顺性和操纵稳定性有很大的影响。它的功用是弹性地连接____________与车架（车身）。

2. 汽车悬架可分为____________和____________两大类。

二、判断题

1. 减振器的功用是快速消除弹簧的振动，改善汽车行驶的平顺性，它与弹性元件并联安装。(　　)

2. 单向功用式减振器在压缩和伸张两个行程内均能起减振功用。(　　)

三、识图题

请在空白横线处填写图中序号标记的各部件名称。

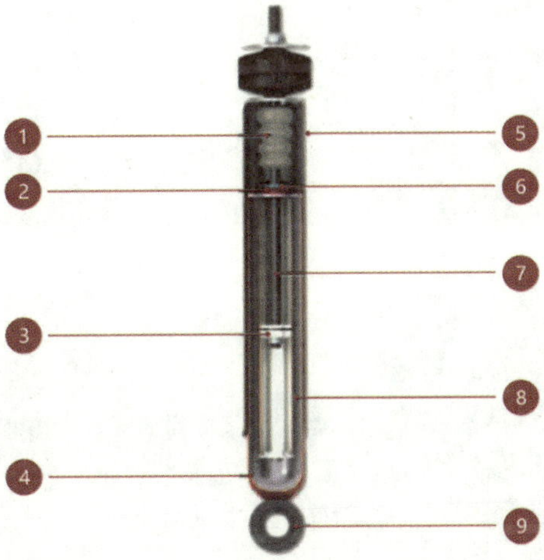

①____________ ②____________ ③____________ ④____________ ⑤____________

⑥____________ ⑦____________ ⑧____________ ⑨____________

二、悬挂系统检查保养【操作手册】

悬挂系统检查保养【操作手册】				
操作步骤	操作细节	展示图	操作注意事项	使用工具
工具准备	检查工具规格是否正确，工具外观是否破损		注意检查力矩扳手刻度显示是否清晰，调节器是否正常	
车轮螺丝预松	呈对角线预松右前轮螺丝	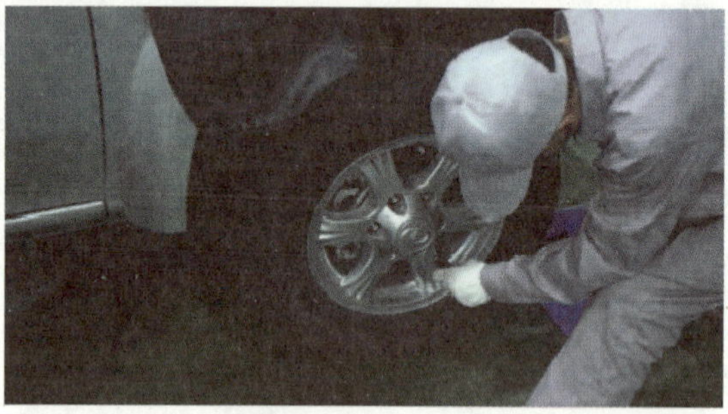	尽量使用指针式力矩扳手	指针式力矩扳手
	呈对角线预松左前轮螺丝	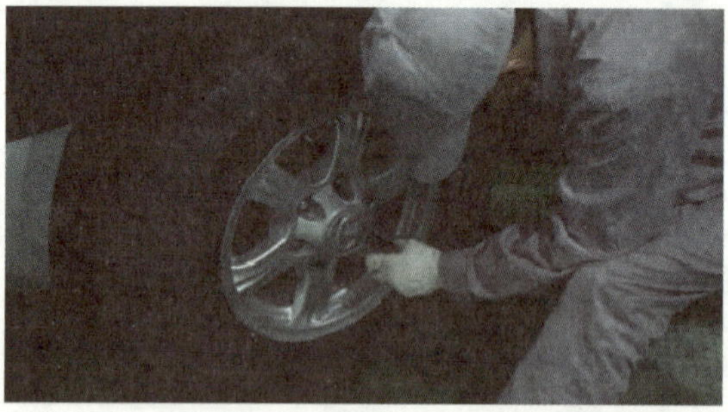	避免刮花轮辋表面	指针式力矩扳手
车辆举升检查	车辆举升前检查举升臂是否支撑到位	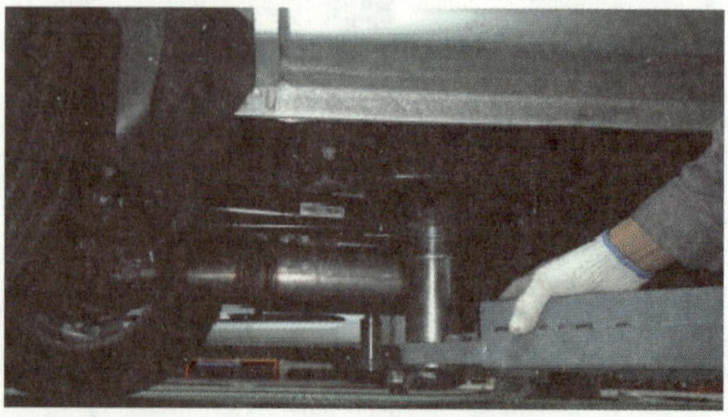	调整支臂时，同侧支臂尽量张开，使重心更稳，两侧支撑点最好对称	

续表

操作步骤	操作细节	展示图	操作注意事项	使用工具
车辆举升检查	举升车辆，再次检查举升臂支撑情况	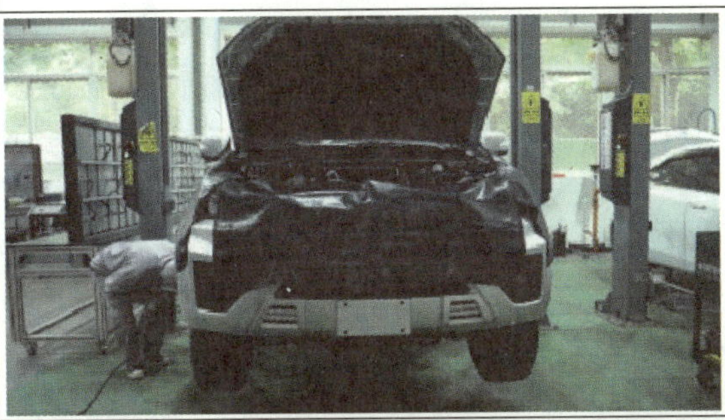	如位置不正确，需放下车辆重新调整	
	晃动车辆，查看支撑臂支撑情况		晃动车辆保证支撑稳定	
	锁定举升机			
拆卸车轮	呈对角线取下右前车轮螺丝		使用风炮时注意安全	风炮
	取下车轮		取下车轮后将其放置在专用放置架上	车轮放置架

续表

操作步骤	操作细节	展示图	操作注意事项	使用工具
拆卸车轮	呈对角线取下左前车轮螺丝	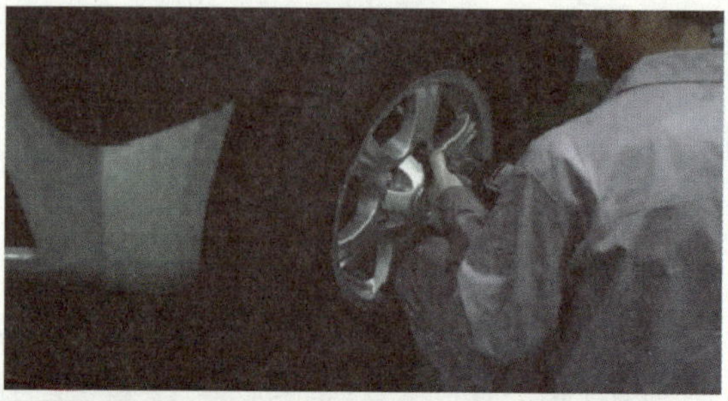	避免刮花轮辋表面	风炮
	取下车轮			车轮放置架
	升起车辆到合适高度		适合在车底作业的高度	
悬架系统检查	检查悬架系统连接部分橡胶套和固定情况			手电筒
	查看左侧悬挂下摆臂外观是否有破损、橡胶套是否老化、螺丝是否松动	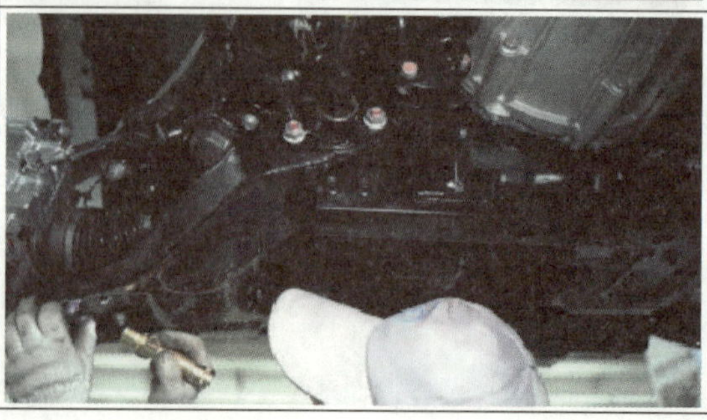		手电筒

续表

操作步骤	操作细节	展示图	操作注意事项	使用工具
悬架系统检查	查看右侧悬挂下摆臂外观是否有破损、橡胶套是否老化、螺丝是否松动	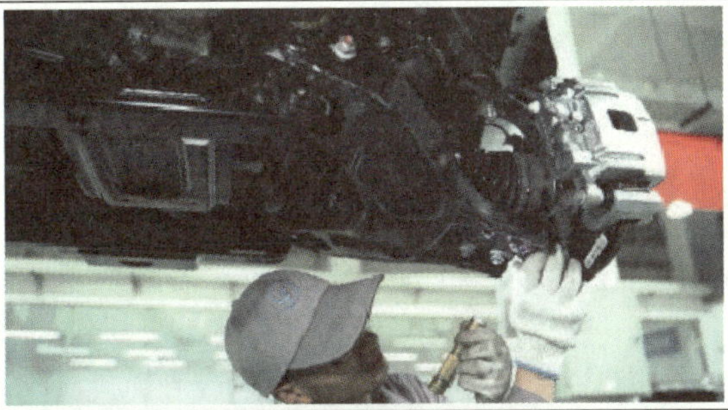		手电筒
	使用撬棍撬动右前下摆臂，查看晃动是否正常	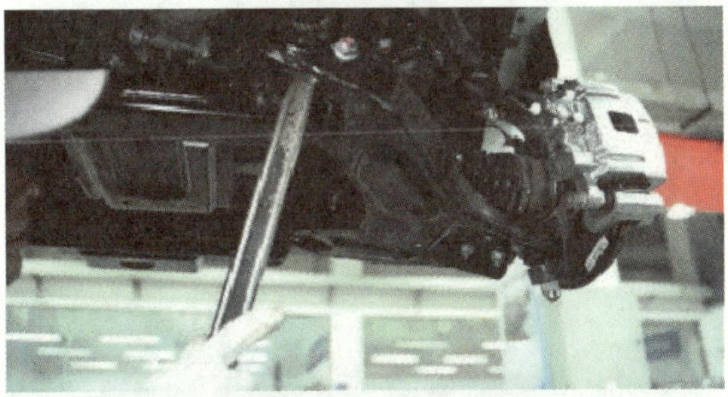		撬棍
	使用撬棍撬动左前下摆臂，查看晃动是否正常			撬棍
	查看左侧悬挂上摆臂外观是否有破损、橡胶套是否老化、螺丝是否松动	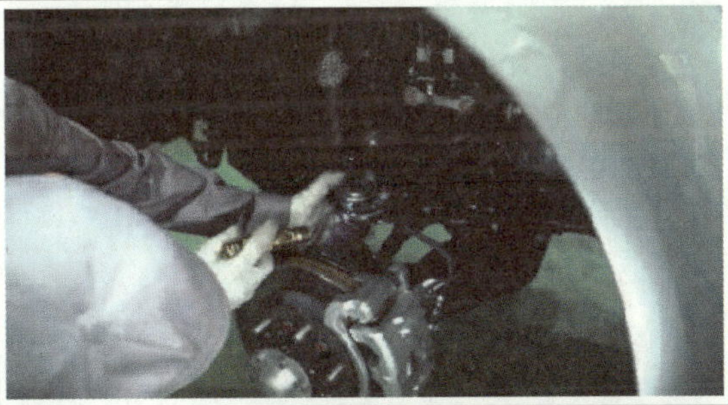		
	使用撬棍撬动右前上摆臂，查看晃动是否正常	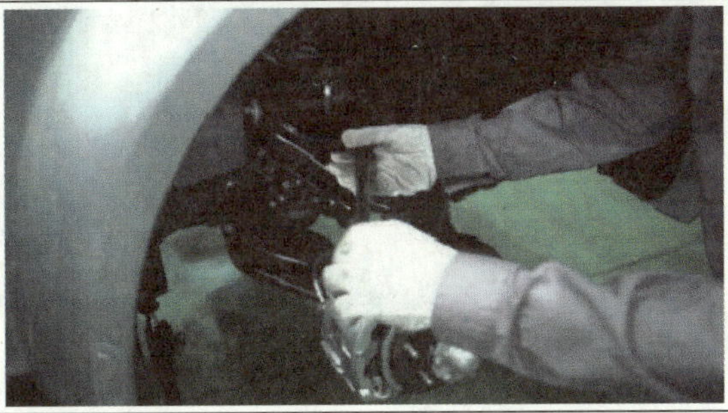		撬棍

续表

操作步骤	操作细节	展示图	操作注意事项	使用工具
悬架系统检查	查看右侧悬挂上摆臂外观是否有破损、橡胶套是否老化、螺丝是否松动	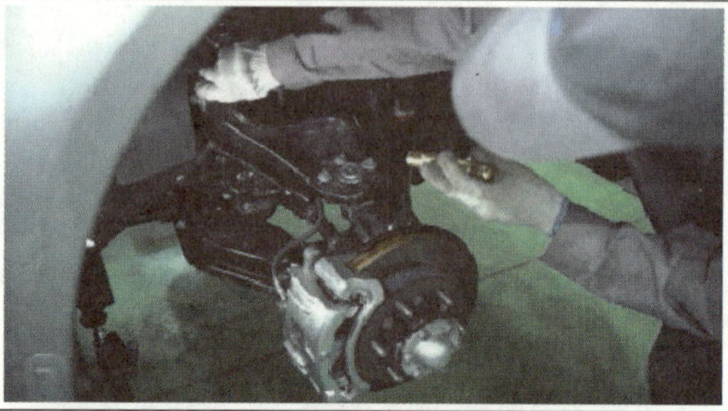		
	使用撬棍撬动左前上摆臂，查看晃动是否正常			撬棍
稳定杆拆卸	松开固定下护板的4颗螺丝以拆下下护板		注意用手托住下护板，防止掉落伤人	套筒和扳手
	拆下右侧稳定杆连接杆螺帽	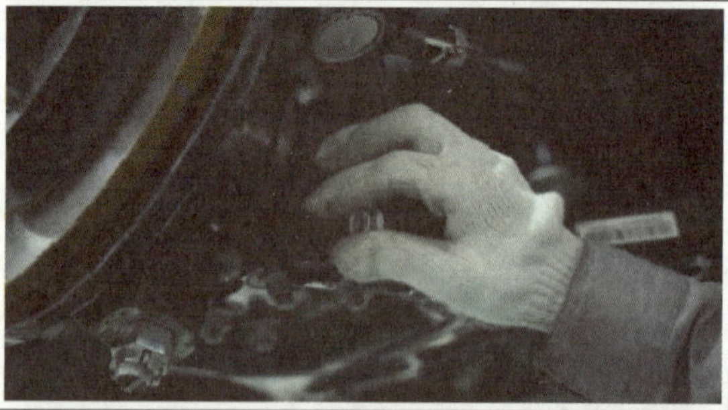		
	取出右侧稳定杆连接杆	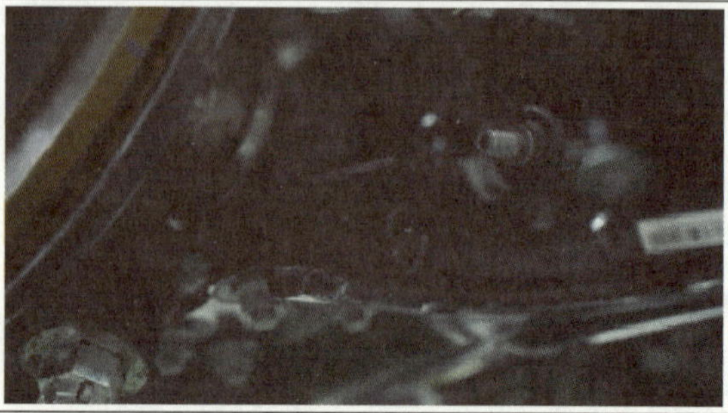	注意不要损坏橡胶套	

续表

操作步骤	操作细节	展示图	操作注意事项	使用工具
稳定杆拆卸	拆下左侧稳定杆连接杆螺帽	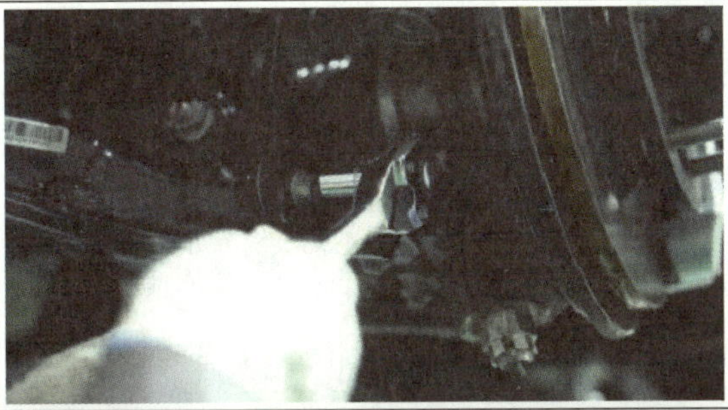		套筒和扳手
	取出左侧稳定杆连接杆	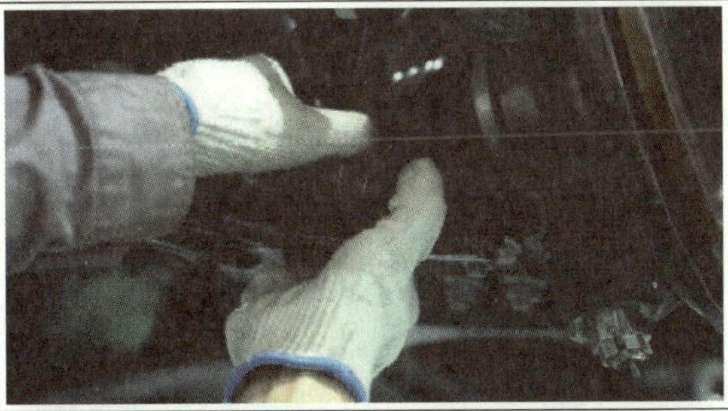	注意不要损坏橡胶套	
	拆下左侧前稳定杆固定卡箍的两颗螺丝	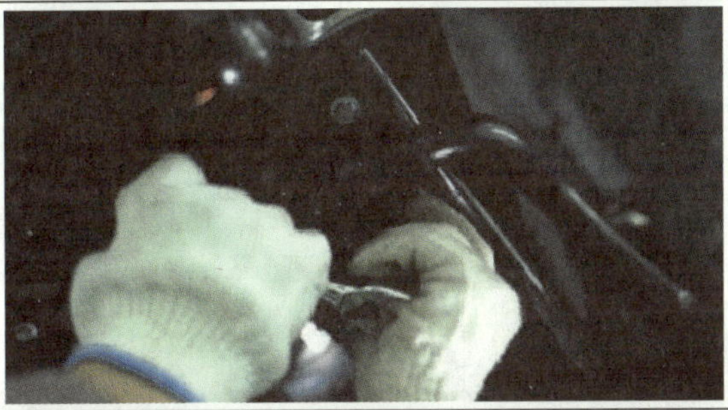		套筒和扳手
	拆下右侧前稳定杆固定卡箍的两颗螺丝	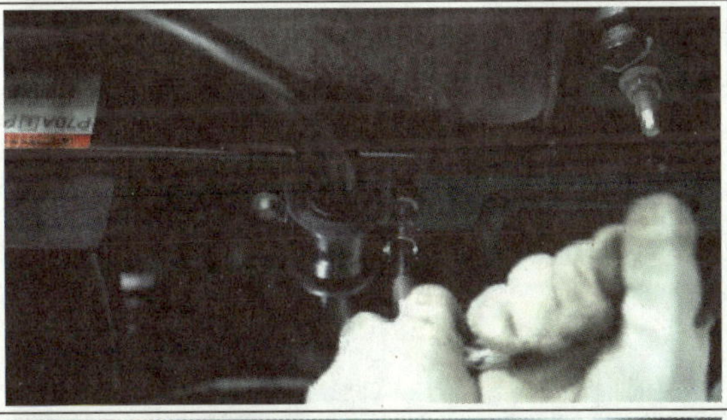		套筒和扳手
	小心取下前稳定杆		拆卸螺栓时留几扣，等全部螺栓都松完后，用手托住稳定杆，再完全取下螺栓。防止稳定杆落下伤人	

续表

操作步骤	操作细节	展示图	操作注意事项	使用工具
稳定杆检查	取下前稳定杆左侧卡箍和胶套	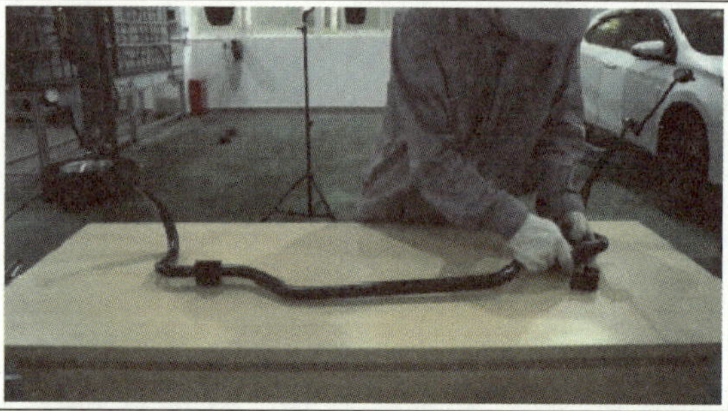	取下时注意安装位置	
	检查胶套外观是否有破损和老化情况	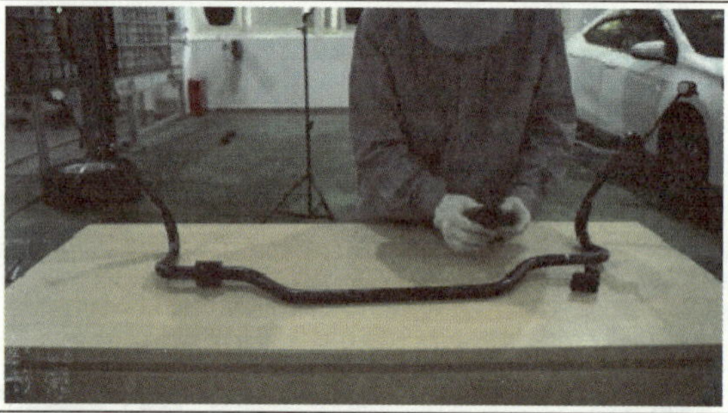	有老化和破损时需更换新的橡胶套	
	取下前稳定杆右侧卡箍和胶套			
	检查胶套外观是否有破损和老化情况		有老化和破损时，需要换新的橡胶套	
	安装前稳定杆右侧胶套和卡箍	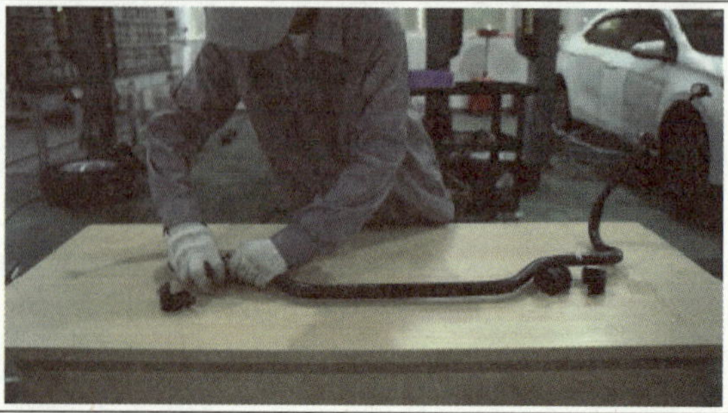	安装时注意稳定杆标记的位置	

续表

操作步骤	操作细节	展示图	操作注意事项	使用工具
稳定杆检查	安装前稳定杆左侧胶套和卡箍	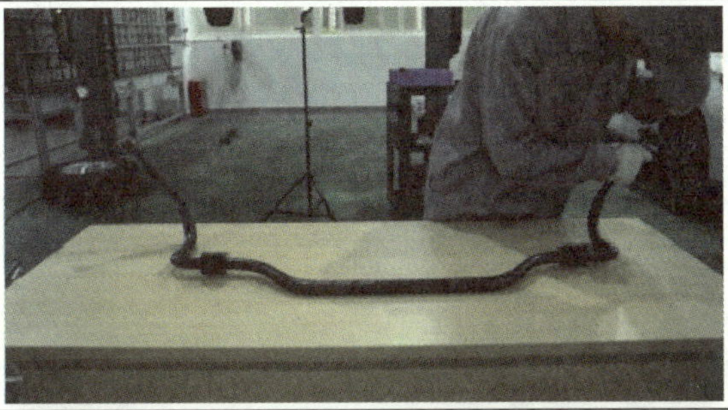	安装时注意稳定杆标记的位置	
	检查两侧稳定杆连接杆情况	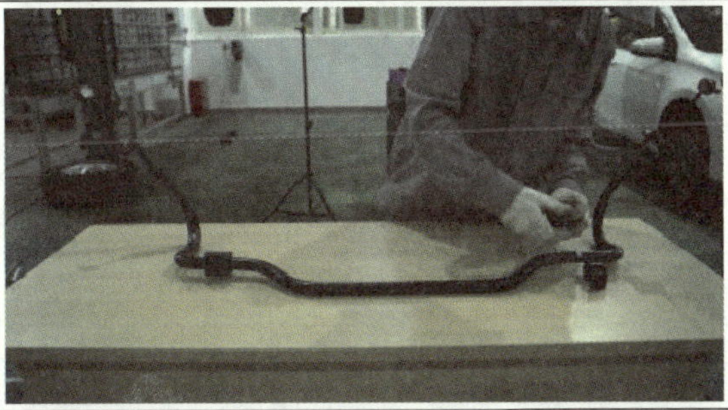		
稳定杆安装	安装前稳定杆	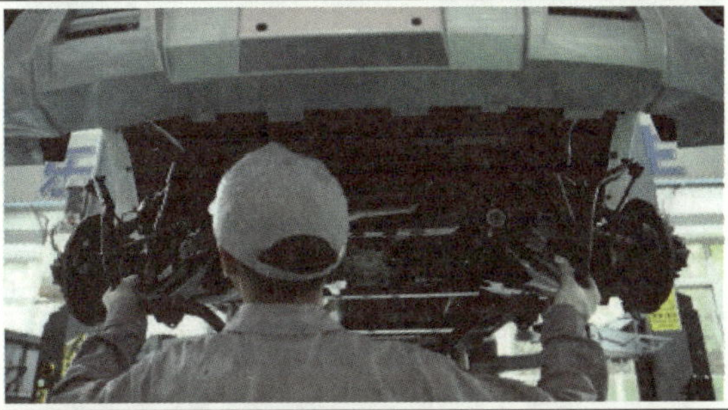	注意防止落下伤人	
	安装左侧前稳定杆固定卡箍及螺丝	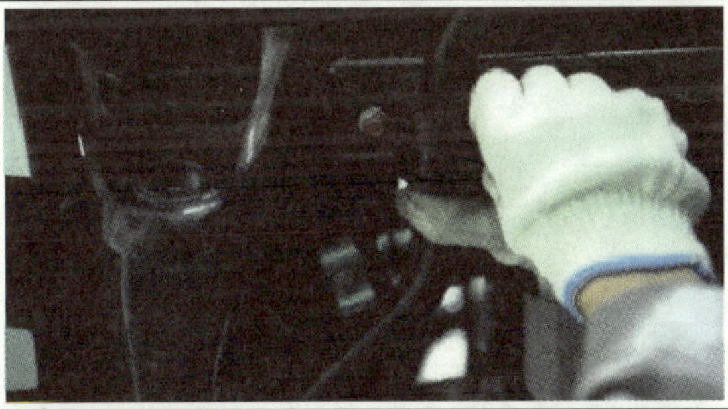	必要时可两人操作	
	安装右侧前稳定杆固定卡箍及螺丝	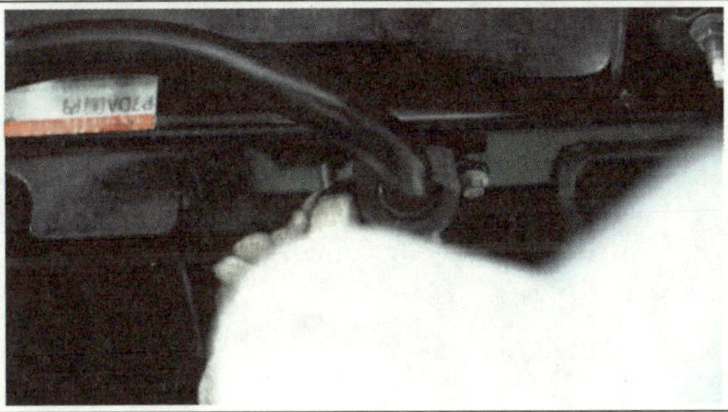		

续表

操作步骤	操作细节	展示图	操作注意事项	使用工具
稳定杆安装	拧紧前稳定杆卡箍4颗固定螺丝	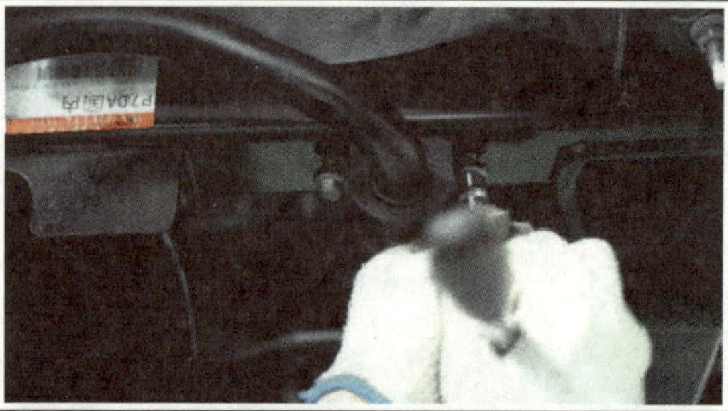		
	给前稳定杆卡箍4颗固定螺丝拧上规定力矩	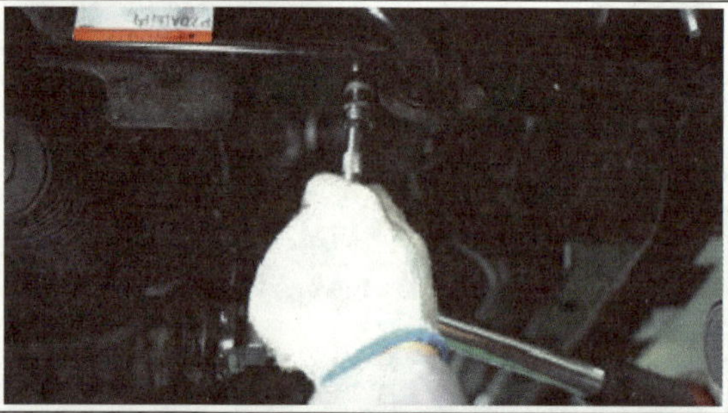		力矩扳手
	安装左侧稳定杆连接杆和螺帽并拧紧			
	安装右侧稳定杆连接杆和螺帽并拧紧			
	给两侧稳定杆连接杆螺丝拧上规定力矩			力矩扳手

续表

操作步骤	操作细节	展示图	操作注意事项	使用工具
紧固悬架系统螺栓	使用撬棍撬动左前上摆臂，查看晃动是否正常	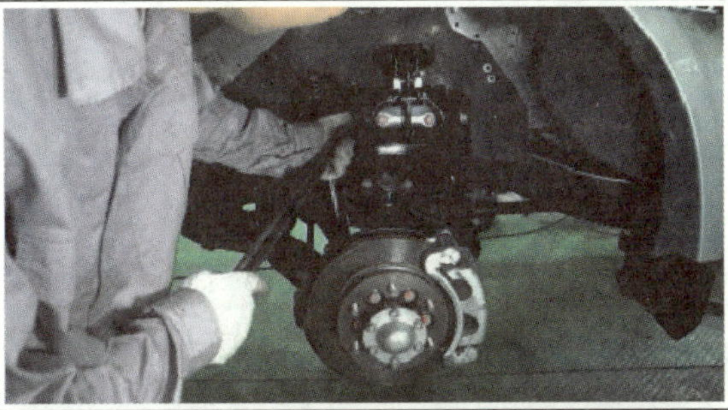		撬棍
	检查左前各部件外观是否有破损和松动			
	使用撬棍撬动右前上摆臂，查看晃动是否正常			撬棍
	检查右前各部件外观是否有破损和松动	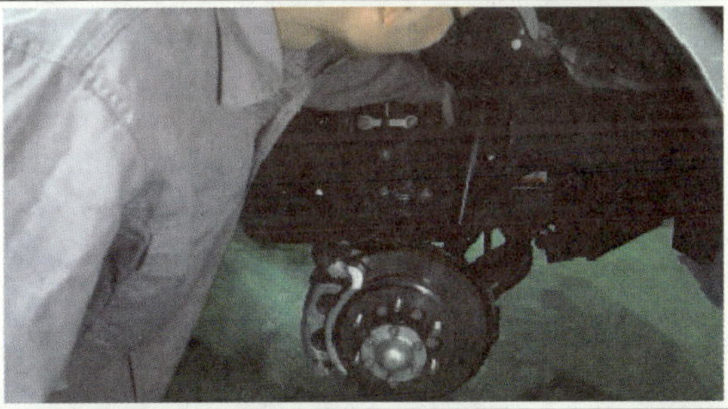		
	使用力矩扳手紧固左前悬架上摆臂周围固定螺丝，并做标记			力矩扳手、记号笔

续表

操作步骤	操作细节	展示图	操作注意事项	使用工具
紧固悬架系统螺栓	使用力矩扳手紧固右前悬架上摆臂周围固定螺丝，并做标记			力矩扳手、记号笔
	使用力矩扳手紧固右前悬架下摆臂周围固定螺丝，并做标记	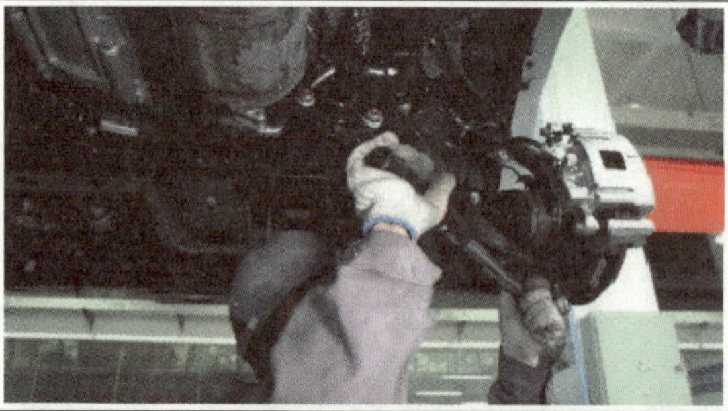		力矩扳手、记号笔
	使用力矩扳手紧固左前悬架下摆臂周围固定螺丝，并做标记	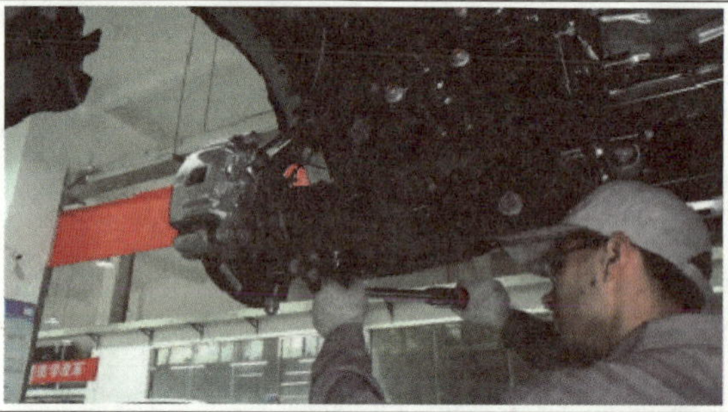		力矩扳手、记号笔
安装下护板	安装下护板及4颗螺丝	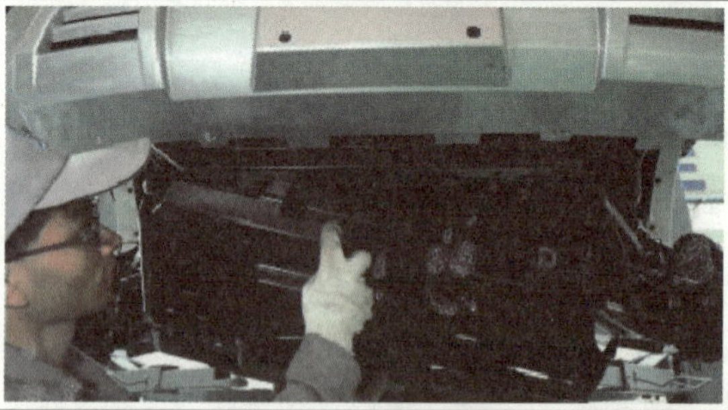	安装时注意用手托住下护板	
	给下护板4颗螺丝拧上规定扭矩	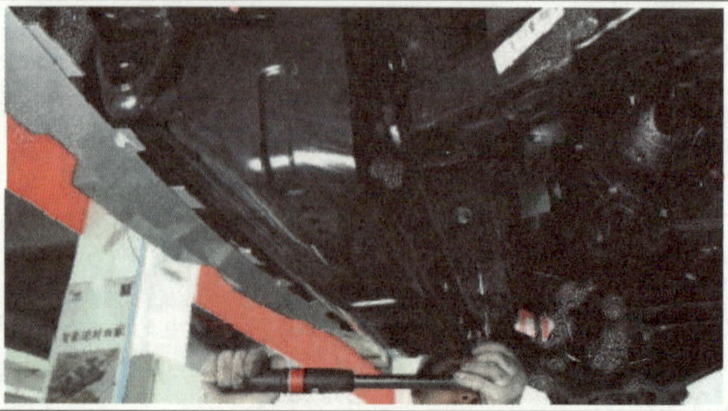		力矩扳手

续表

操作步骤	操作细节	展示图	操作注意事项	使用工具
安装车轮	降下车辆到适合安装车轮的高度			
	安装右前车轮		使用风炮时注意安全	风炮
	呈对角线安装右前车轮螺丝		预安装车轮螺母至少3圈	
	安装左前车轮		避免刮花轮辋表面	
	呈对角线安装左前车轮螺丝		预安装车轮螺母至少3圈	

续表

操作步骤	操作细节	展示图	操作注意事项	使用工具
安装车轮	完全降下车辆			
	使用规定力矩呈对角线固定左前车轮螺丝，力矩为 135 N·m	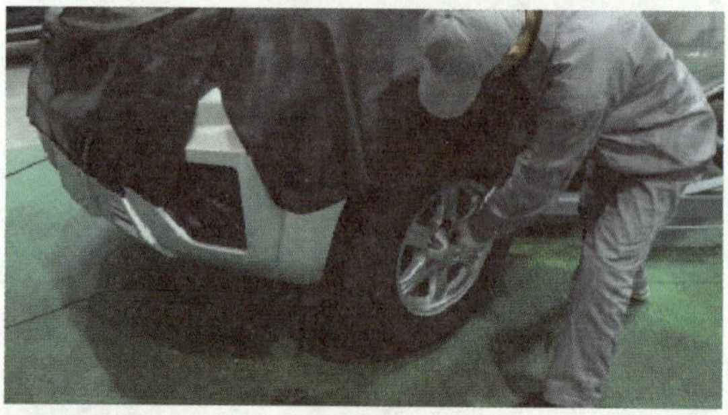		力矩扳手
	使用规定力矩呈对角线固定右前车轮螺丝，力矩为 135 N·m	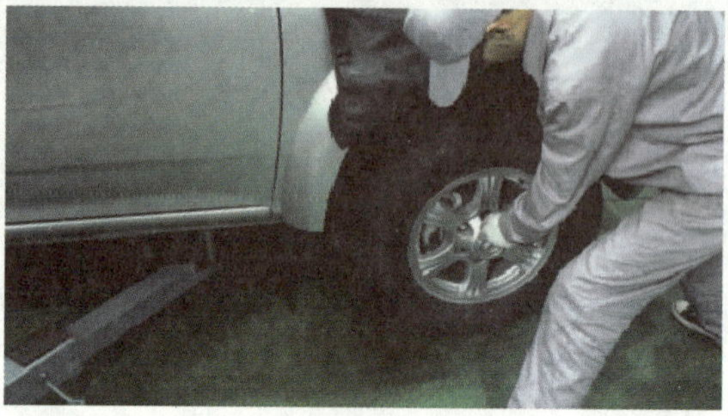		力矩扳手

三、悬挂系统检查保养【实操报告】

项目：悬挂系统部件检查与保养（初级）		考核时间：30 分钟	
姓名：	班级：	学号：	考评员签字：
初评：□合格　□不合格	复评：□合格　□不合格	师评：□合格　□不合格	
日期：	日期：	日期：	
考核任务一　悬挂系统检查保养【实操考核报告】			

1．车辆信息记录

品牌		整车型号		生产日期	
发动机型号		发动机排量		行驶里程	
车辆识别码					

2．车轮拆卸

检查项目	拆卸情况	考核结果
轮胎预松	□对角线预松车轮螺栓 □正确使用风炮拆卸螺栓	□合格 □不合格
举升车辆	□检查举升机支撑掌 □晃动车身 □举升并锁止举升机	□合格 □不合格

3．悬架检查

检查项目	悬架检查情况	考核结果
上摆臂	□连接情况 □破损 □断裂 □变形	□合格 □不合格
下摆臂	□连接情况 □破损 □断裂 □变形	□合格 □不合格

4．拆装稳定杆

检查项目	拆装情况	考核结果
拆卸	□工具使用 □拆卸顺序	□合格 □不合格
检查	□外观 □变形 □断裂 □老化	□合格 □不合格
安装	□工具使用 □拆卸顺序 □橡胶套调整	□合格 □不合格

5．悬架螺栓紧固

检查项目	紧固情况	考核结果
上摆臂	□力矩查询 □紧固螺栓 □螺栓记号 □紧固顺序	□合格 □不合格
下摆臂	□力矩查询 □紧固螺栓 □螺栓记号 □紧固顺序	□合格 □不合格
车轮安装	□安装顺序 □螺栓力矩查询 □螺栓紧固顺序	□合格 □不合格

四、悬挂系统检查保养【评分细则】

考核任务一　悬挂系统检查保养【评分细则】							
序号	评分项	得分条件	评分	评分要求	自评	互评	师评
1	安全/7S/态度	□1. 能进行工位 7S 操作 □2. 能进行设备和工具安全检查 □3. 能进行车辆安全防护操作 □4. 能进行工具清洁校准存放操作 □5. 能进行三不落地操作	15	未完成1项扣5分，扣分不得超15分	□熟练 □不熟练	□熟练 □不熟练	□合格 □不合格
2	专业技术能力	作业 1： □1. 能正确预松车轮 □2. 能正确检查举升机支撑掌支撑情况 □3. 能正确晃动、举升并锁止举升机 □4. 能正确拆下车轮 □5. 能正确检查前悬架连接情况 □6. 能正确检查前悬架橡胶套老化情况 作业 2： □1. 能正确拆卸下护板 □2. 能正确拆卸稳定杆连接杆球头螺栓 □3. 能正确拆卸稳定杆固定螺栓 □4. 能正确取下稳定杆 □5. 能正确检查稳定杆外观 □6. 能正确拆卸稳定杆卡箍和橡胶套 作业 3： □1. 能正确安装稳定杆卡箍和橡胶套	50	未完成1项扣5分，扣分不得超50分	□熟练 □不熟练	□熟练 □不熟练	□合格 □不合格

续表

序号	评分项	得分条件	评分	评分要求	自评	互评	师评
2	专业技术能力	□2. 能正确安装稳定杆固定螺栓 □3. 能正确安装稳定杆连接杆球头螺栓 作业 4： □1. 能正确使用撬棍检查前悬架上下摆及周围连接情况 □2. 能正确使用力矩扳手紧固前悬架上下摆臂及周围固定螺栓 □3. 能正确安装车轮	50	未完成1项扣5分，扣分不得超50分	□熟练 □不熟练	□熟练 □不熟练	□合格 □不合格
3	工具及设备的使用能力	□1. 能正确检查工具外观及功能 □2. 能正确使用力矩扳手预松螺栓 □3. 能正确使用风炮拆装螺栓	10	未完成1项扣5分，扣分不得超10分	□熟练 □不熟练	□熟练 □不熟练	□合格 □不合格
4	资料、信息查询能力	□1. 能正确使用维修手册查询资料 □2. 能在规定时间内查询所需资料 □3. 能正确记录所查询资料章节页码 □4. 能正确记录所需维修信息	10	未完成1项扣3分，扣分不得超10分	□熟练 □不熟练	□熟练 □不熟练	□合格 □不合格
5	数据、判读和分析能力	□1. 能判读悬架连接件固定情况 □2. 能判读橡胶套是否老化	10	未完成1项扣5分，扣分不得超10分	□熟练 □不熟练	□熟练 □不熟练	□合格 □不合格
6	表单填写与报告的撰写能力	□1. 字迹清晰 □2. 语句通顺 □3. 无错别字 □4. 无涂改 □5. 无抄袭	5	未完成1项扣1分，扣分不得超5分	□熟练 □不熟练	□熟练 □不熟练	□合格 □不合格
总分							

任务二　前后减振器的拆装

前后减振器的拆装

一、前后减振器的拆装【工作页】

前后减振器的拆装【工作页】			
班级		姓名	

一、填空题

1. 轿车为了发动机总成的位置可以降低和前移，使汽车重心下降，从而提高汽车的行驶稳定性，前悬架都采用独立式悬架系统，常见的有__________和__________等。

2. 多连杆式独立悬架主要由__________、__________、__________、__________、__________组成。

二、判断题

1. 多连杆式悬架就是指由三根或三根以上连接拉杆构成，并且能提供多个方向的控制力，使轮胎具有更加可靠的行驶轨迹的悬架结构。(　　)

2. 双横臂式独立悬架广泛用于较大车辆的前悬架。它主要由车桥、下摆臂、上摆臂、下臂球节、上臂球节、减振器、螺旋弹簧、稳定杆、稳定杆连杆、隔振垫、转向节、防尘套、支撑轴承和支撑支座等组成。(　　)

三、识图题

请在空白横线处填写图中序号标记的各部件名称。

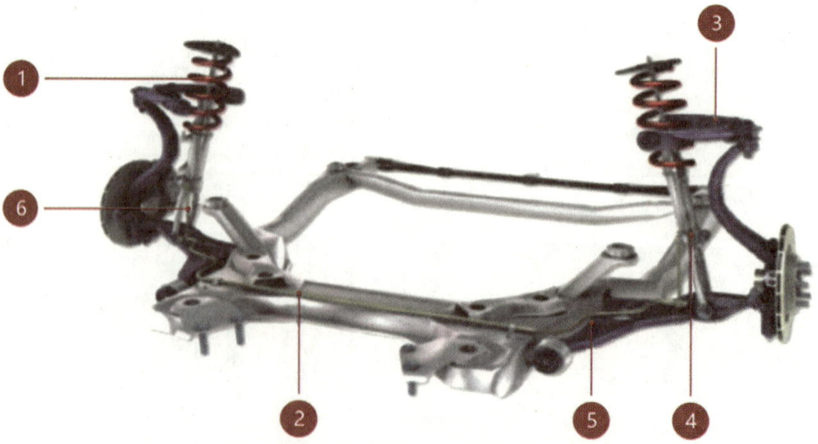

①__________ ②__________ ③__________

④__________ ⑤__________ ⑥__________

二、前后减振器的拆装【操作手册】

前后减振器拆装【操作手册】				
操作步骤	操作细节	展示图	操作注意事项	使用工具
工具准备	需要的工具设备有：力矩扳手、大号棘轮扳手、大号短接杆、19 mm六角套筒、18 mm六角套筒、18 mm开口扳手、风炮、记号笔。 目视检查工具设备外观有无损伤，刻度是否清晰		注意检查力矩扳手刻度显示是否清晰，调节器是否正常	
车辆举升	在非转向轮处安装车轮挡块		挡块应安装在胎面中心轴位置，并且两侧都要安装	车轮挡块
	使用力矩扳手对角预松前两轮轮胎螺栓		呈对角线预松	力矩扳手
	将车辆举升离地，摇晃车身	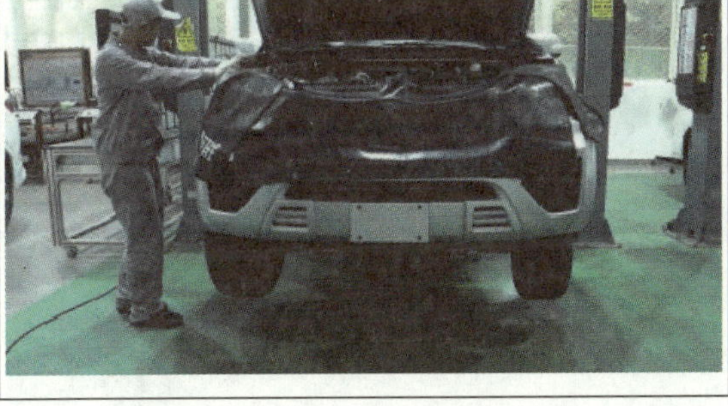	检查车辆是否稳定可靠，托盘位置是否正确	

续表

操作步骤	操作细节	展示图	操作注意事项	使用工具
车辆举升	操作举升机将车辆举升到合适高度后进行锁止	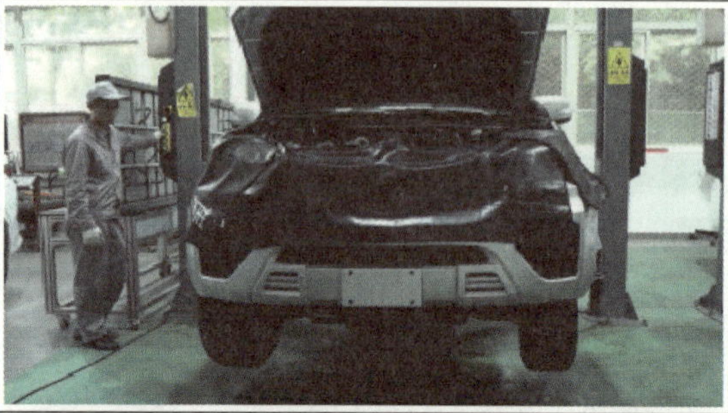	确定举升机锁止后才可进入车下进行作业	
车轮拆卸	使用风炮拆卸车轮螺栓		使用风炮时注意安全	风炮
	取下左右两侧车轮	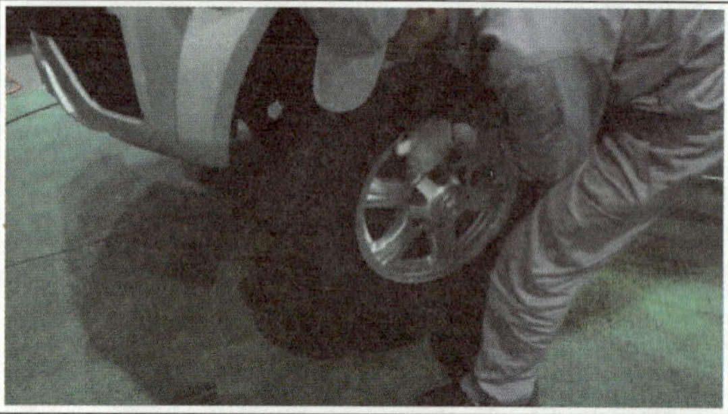		
前减振器检查保养	取下前减振器垫片胶套	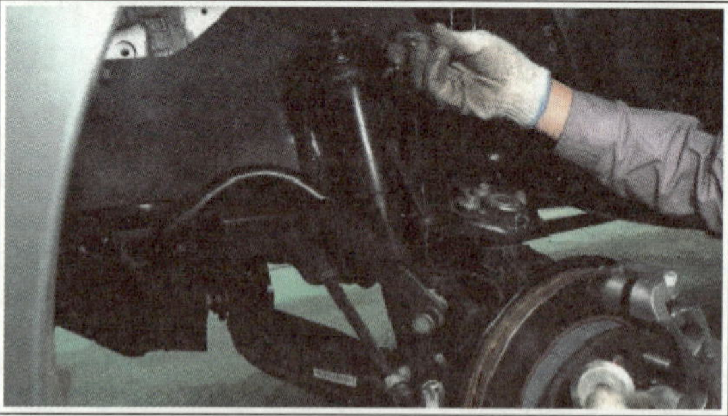	检查垫片胶套是否老化破损	
	使用棘轮扳手和六角套筒拆卸减振器下部固定螺栓			棘轮扳手和六角套筒

续表

操作步骤	操作细节	展示图	操作注意事项	使用工具
前减振器检查保养	取下左前减振器总成	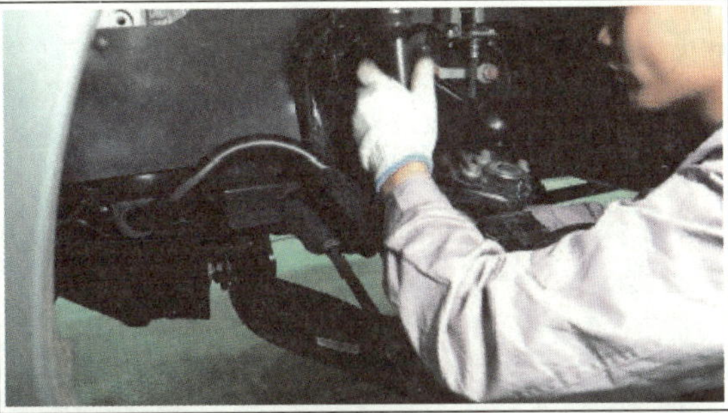	压缩减振器取出	
	检查减振器外观	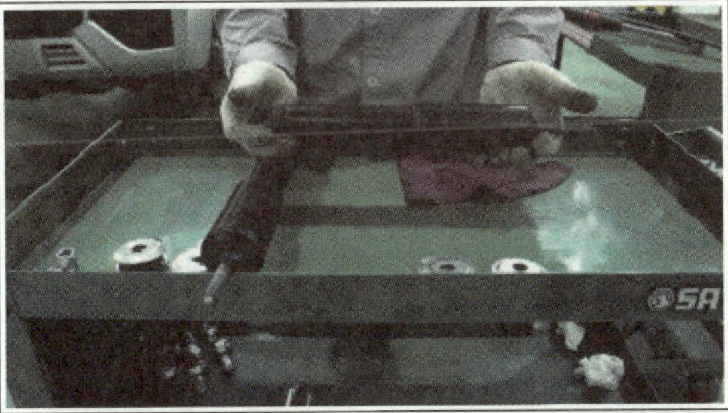	有无漏油，垫片有无变形，胶套有无严重磨损	
	安装左前减振器总成			
	预装减振器下部固定螺栓			
	安装减振器垫片、胶套及固定螺栓	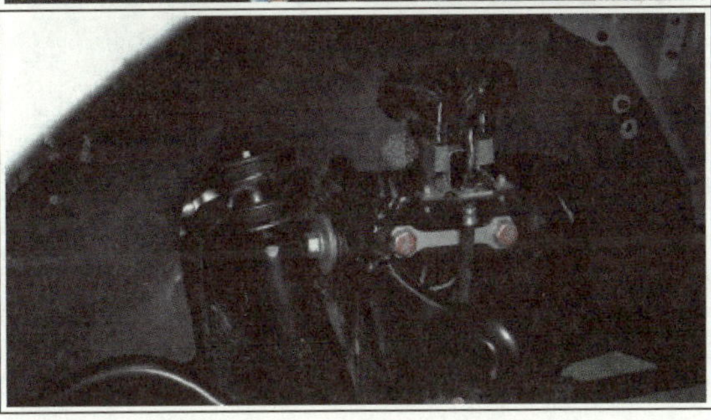	注意胶套和垫片的安装顺序	

续表

操作步骤	操作细节	展示图	操作注意事项	使用工具
	使用开口扳手紧固减振器上部固定螺栓	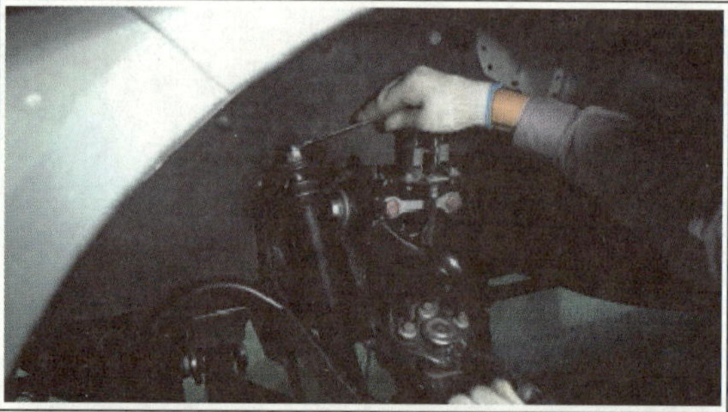		开口扳手
	使用棘轮扳手和六角套筒拧紧减振器下部固定螺栓	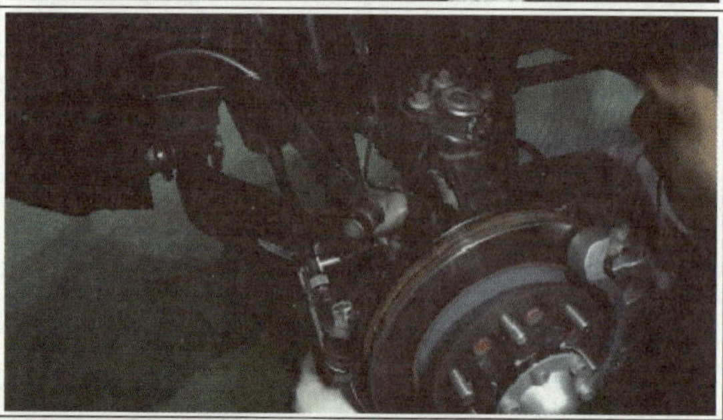		棘轮扳手和六角套筒
前减振器检查保养	调整力矩扳手，拧紧减振器下部固定螺栓，并做标记		注意螺栓拧紧力矩为 115 N·m	力矩扳手、记号笔
	再次紧固减振器上部固定螺栓	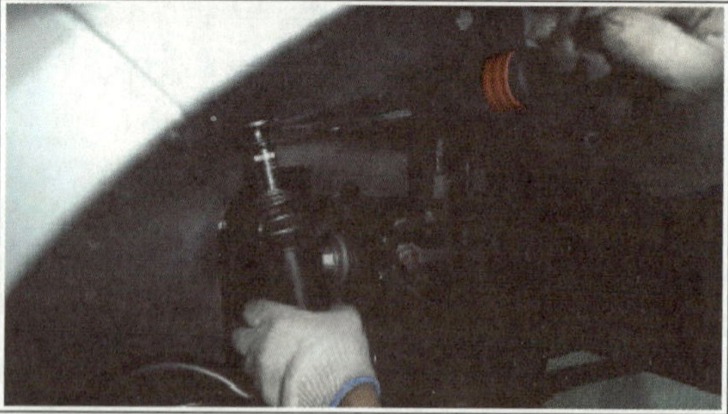	当减振器胶套的压缩量为原来的 1/3 时即可	力矩扳手
	使用记号笔标注螺栓	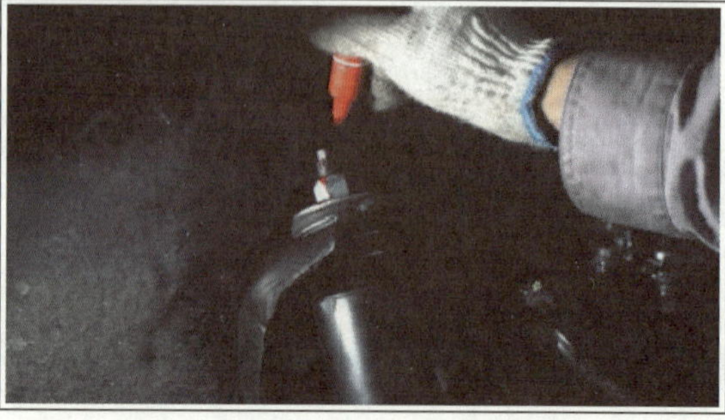		记号笔

续表

操作步骤	操作细节	展示图	操作注意事项	使用工具
后减振器检查保养	使用棘轮扳手和六角套筒拆卸左后减振器下部固定螺栓			棘轮扳手和六角套筒
	使用棘轮扳手和六角套筒拆卸左后减振器上部固定螺栓			棘轮扳手和六角套筒
	取下减振器总成及垫片			
	检查减振器外观	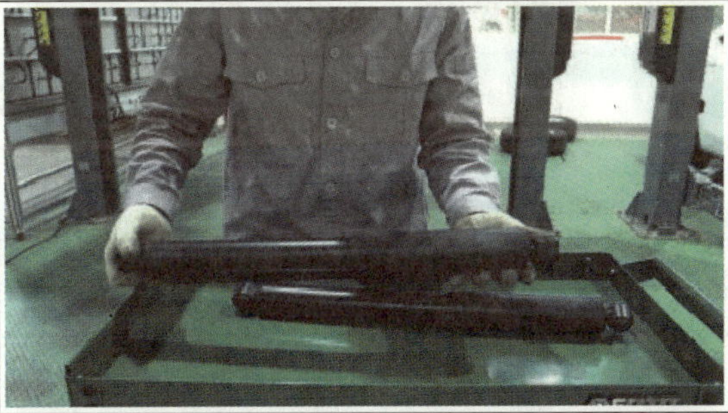	减振器有无漏油，垫片有无变形，胶套有无严重磨损	
	安装减振器垫片及减振器总成，预装固定螺栓			

续表

操作步骤	操作细节	展示图	操作注意事项	使用工具
后减振器检查保养	调整力矩扳手，拧紧减振器固定螺栓		注意螺栓拧紧力矩为 80 N·m	力矩扳手
	使用记号笔标注螺栓紧固后的位置	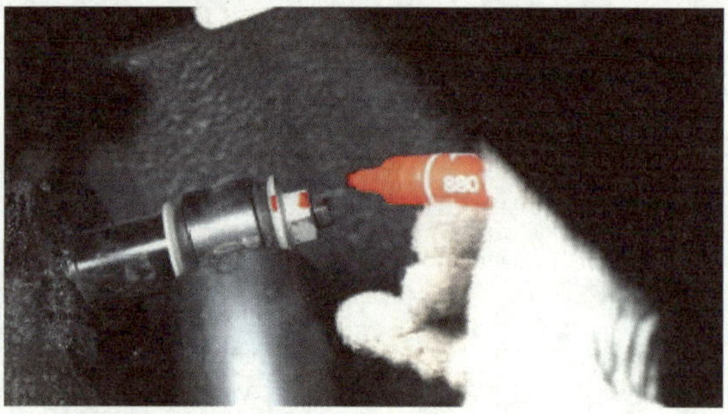		记号笔

三、前后减振器的拆装【实操报告】

<table>
<tr><td colspan="2">项目：悬挂系统部件检查与保养（初级）</td><td colspan="2">考核时间：30 分钟</td></tr>
<tr><td>姓名：</td><td>班级：</td><td>学号：</td><td rowspan="3">考评员签字：</td></tr>
<tr><td>初评：□合格　□不合格</td><td>复评：□合格　□不合格</td><td>师评：□合格　□不合格</td></tr>
<tr><td>日期：</td><td>日期：</td><td>日期：</td></tr>
<tr><td colspan="4">考核任务二　前后减振器的拆装【实操考核报告】</td></tr>
</table>

1. 车辆信息记录

品牌		整车型号		生产日期	
发动机型号		发动机排量		行驶里程	
车辆识别码					

2．正确举升车辆，检查电控悬架系统各部件，记录故障部件名称及位置

序号	部件名称及位置	检查情况	维修措施
1		□破损 □变形 □老化 □松动 □泄漏 □正常	
2		□破损 □变形 □老化 □松动 □泄漏 □正常	

3．查询维修手册，按照力矩规格紧固以下螺栓

检查项目	力矩规格（公制）	检查项目	力矩规格（公制）
前悬架上支座螺栓		后悬架上支座螺栓	
前悬架下支座螺栓		后悬架下支座螺栓	

4．减振器检查

检查项目	左前减振器	左后减振器	右前减振器	右后减振器
减振阻尼	□正常 □异常	□正常 □异常	□正常 □异常	□正常 □异常

四、前后减振器的拆装【评分细则】

考核任务二 前后减振器的拆装【评分细则】							
序号	评分项	得分条件	评分	评分要求	自评	互评	师评
1	安全/7S/态度	□1. 能进行工位7S操作 □2. 能进行设备和工具安全检查 □3. 能进行车辆安全防护操作 □4. 能进行工具清洁校准存放操作 □5. 能进行三不落地操作	15	未完成1项扣5分，扣分不得超15分	□熟练 □不熟练	□熟练 □不熟练	□合格 □不合格
2	专业技术能力	作业1： □1. 能正确按对角线预松车轮螺丝 □2. 能正确完成举升车辆前的准备工作 □3. 能正确拆下车轮 □4. 能正确取下前减振器垫片胶套 □5. 能正确拆卸减振器下部固定螺栓	50	未完成1项扣5分，扣分不得超50分	□熟练 □不熟练	□熟练 □不熟练	□合格 □不合格

续表

序号	评分项	得分条件	评分	评分要求	自评	互评	师评
2	专业技术能力	□6. 能正确取下前减振器总成 作业 2： □1. 能正确检查减振器外观 □2. 能正确检查减振器有无漏油 □3. 能正确检查减振器垫片有无变形 □4. 能正确检查减振器胶套有无磨损 □5. 能正确测试减振器功能 □4. 能正确安装前减振器总成 作业 3： □1. 能正确查询前后减振器拆装顺序 □2. 能正确查询减振器螺栓扭矩 □3. 能正确查询减振器位置	50	未完成1项扣5分，扣分不得超50分	□熟练 □不熟练	□熟练 □不熟练	□合格 □不合格
3	工具及设备的使用能力	□1. 能正确检查工具外观和功能情况 □2. 能正确使用工具拆卸减振器	10	未完成1项扣5分，扣分不得超10分	□熟练 □不熟练	□熟练 □不熟练	□合格 □不合格
4	资料、信息查询能力	□1. 能正确使用维修手册查询资料 □2. 能在规定时间内查询所需资料 □3. 能正确记录所查询资料章节页码 □4. 能正确记录所需维修信息	10	未完成1项扣3分，扣分不得超10分	□熟练 □不熟练	□熟练 □不熟练	□合格 □不合格
5	数据、判读和分析能力	□1. 能判断减振器外观情况 □2. 能判断减振器故障类型 □3. 能判断减振器压缩是否正常	10	未完成1项扣5分，扣分不得超10分	□熟练 □不熟练	□熟练 □不熟练	□合格 □不合格

续表

序号	评分项	得分条件	评分	评分要求	自评	互评	师评
6	表单填写与报告的撰写能力	□1. 字迹清晰 □2. 语句通顺 □3. 无错别字 □4. 无涂改 □5. 无抄袭	5	未完成1项扣1分,扣分不得超5分	□熟练 □不熟练	□熟练 □不熟练	□合格 □不合格
总分							

任务三　电控悬挂检查设定

一、电控悬挂检查设定【工作页】

电控悬挂检查设定【工作页】			
班级		姓名	

一、填空题

1. 电控悬架系统主要有__________和__________两种类型。

2. 一般情况空气悬挂系统由__________、__________、气路、空气分配器、空气压缩机组成。

二、判断题

1. 传统的悬架系统一般具有固定的弹簧刚度和减振器阻尼，可以同时满足汽车行驶平顺性和操纵稳定性的要求。(　　)

2. 空气悬挂指的是，在螺旋弹簧外面加装一个气囊或内部建立一个气室，通过调节减振气囊或气室内的气体，起到改变减振状态、稳定车身水平的功用。(　　)

三、识图题

请在空白横线处填写图中序号标记的各部件名称。

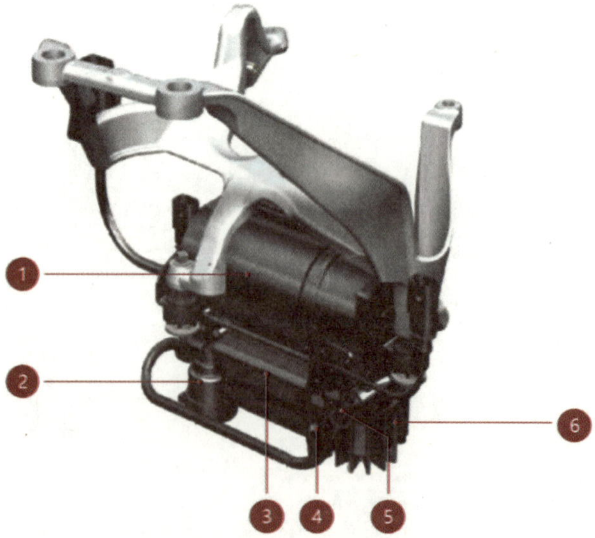

①__________②__________③__________④__________⑤__________⑥__________

二、电控悬挂检查设定【操作手册】

电控悬挂检查设定【操作手册】

操作步骤	操作细节	展示图	操作注意事项	使用工具
工具准备	所需工具：诊断仪等			
设定举升模式	启动车辆，检查悬挂系统有无故障	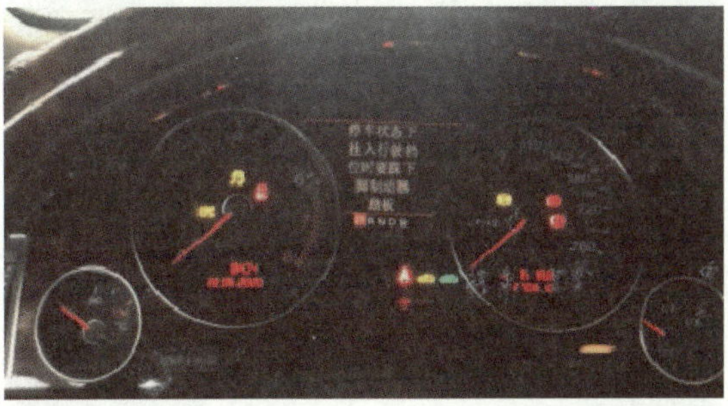		
	选择空气悬架系统	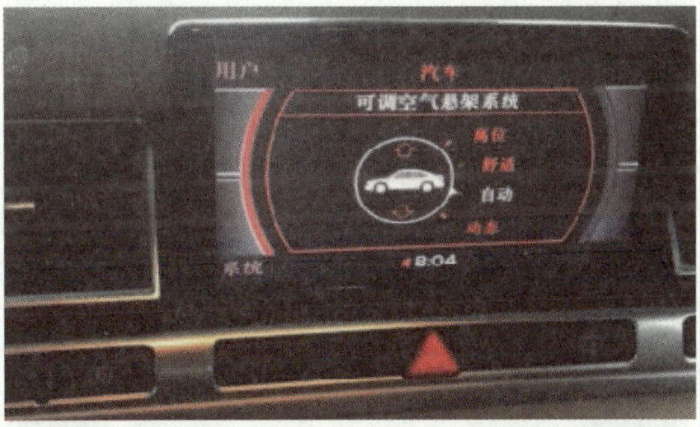		
	选择举升模式	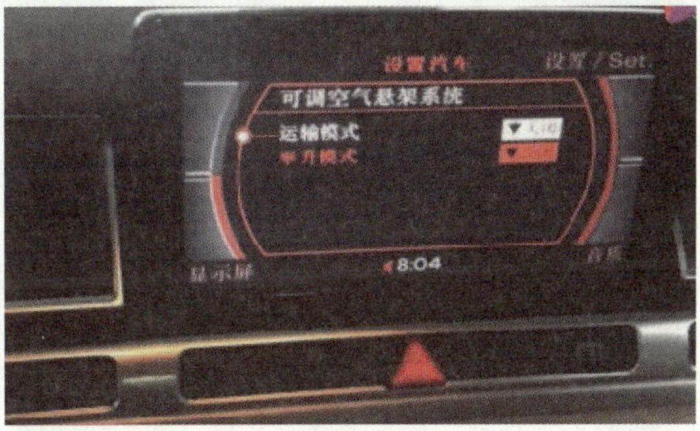		

续表

操作步骤	操作细节	展示图	操作注意事项	使用工具
胎压检查	拧开气门嘴防尘帽，使用气压表测量轮胎气压			气压表
	使用喷水壶检查气门嘴密封性		注意检查后清除多余水分	喷水壶、毛巾
空气悬架高度调整	选择水平高度控制系统			诊断仪
	读取故障码	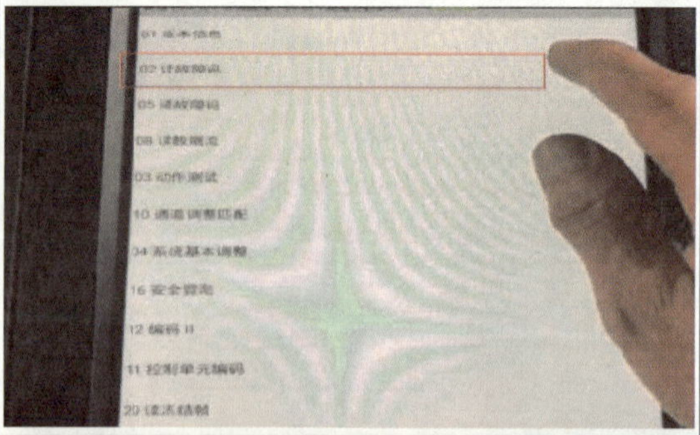		诊断仪
	记录故障码	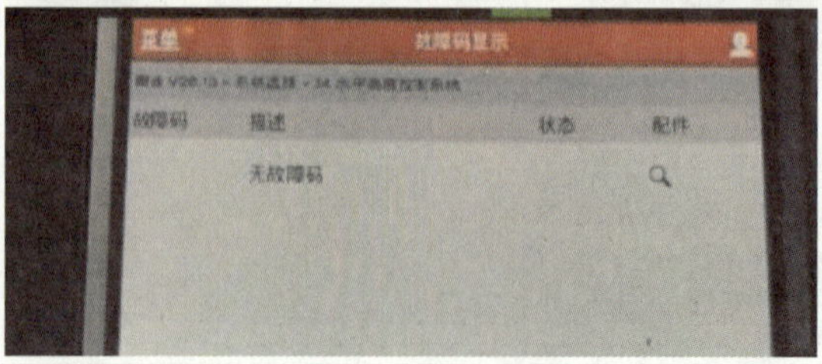		诊断仪

续表

操作步骤	操作细节	展示图	操作注意事项	使用工具
空气悬架高度调整	选择通道调整匹配	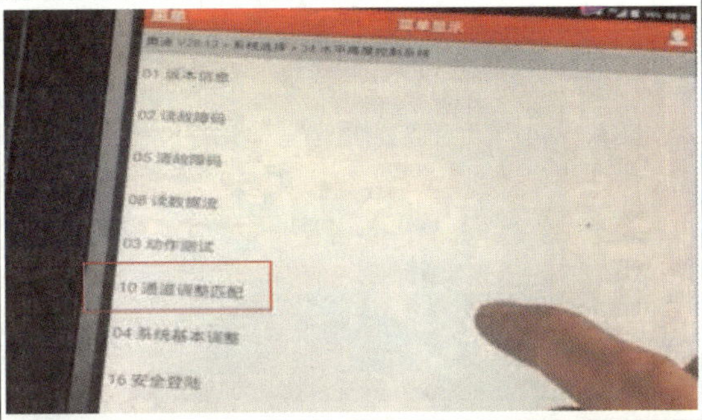		诊断仪
	选择列表方式读取	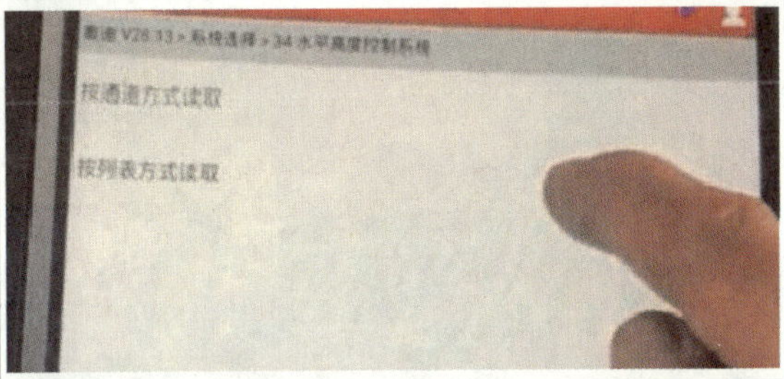		诊断仪
	测量车身高度，选择相应车轮输入升高	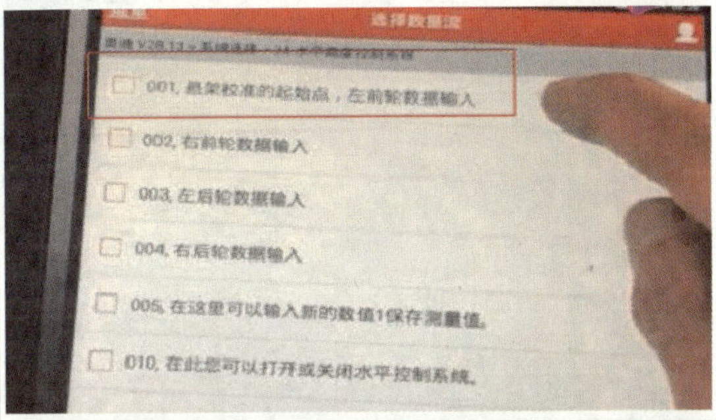		诊断仪
	按同样的方式调整其他3个车轮的高度	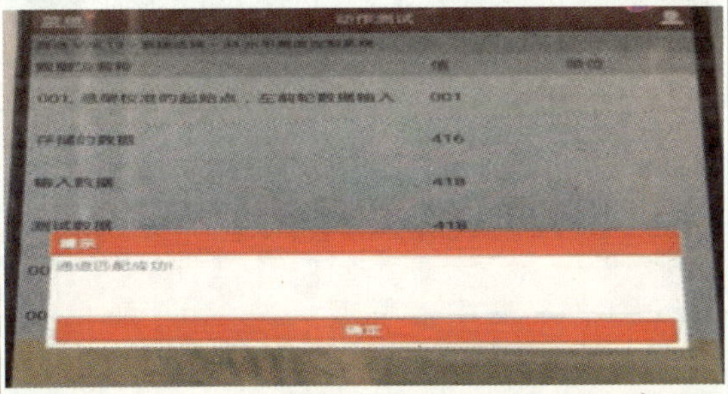		诊断仪
	保存调整数据	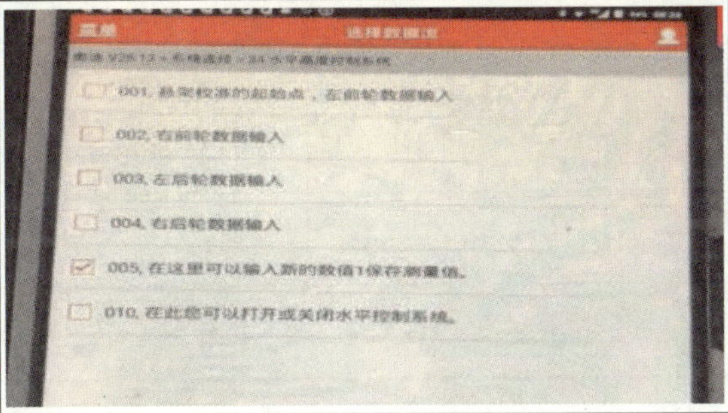		诊断仪

续表

操作步骤	操作细节	展示图	操作注意事项	使用工具
空气悬架高度调整	保存调整数据	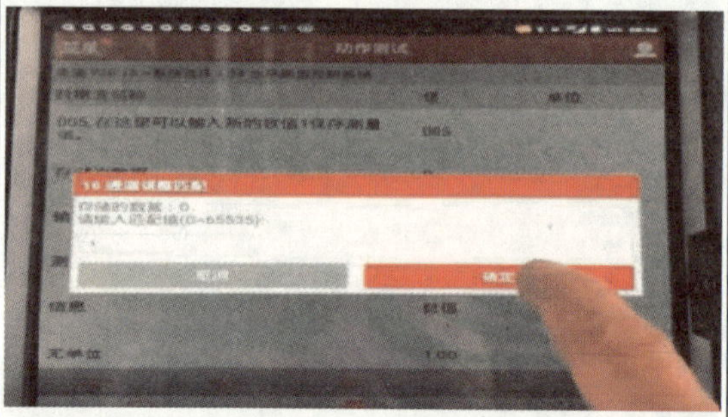		诊断仪
悬架和车身高度检查	使用卷尺沿车轮中心轴测量轮眉与地面的高度			卷尺
	给空气减振打气检查减振漏点			气泵

三、电控悬挂检查设定【实操报告】

项目：悬挂系统部件检查与保养（初级）		考核时间：30 分钟	
姓名：	班级：	学号：	考评员签字：
初评：□合格　□不合格	复评：□合格　□不合格	师评：□合格　□不合格	
日期：	日期：	日期：	
考核任务三　电控悬挂检查设定【实操考核报告】			

1. 车辆信息记录

品牌		整车型号		生产日期	
发动机型号		发动机排量		行驶里程	
车辆识别码					

2. 车身高度测量

作业项目	左前轮	右前轮	左后轮	右后轮
车身高度				
轮胎气压				

3. 故障码读取

作业项目	悬挂系统故障码读取		
故障码读取	有无故障码 □正常　□异常		

4. 空气减振检查

作业项目	空气减振检查
空气减振检查	□正常　□异常

四、电控悬挂检查设定【评分细则】

考核任务三　电控悬挂检查设定【评分细则】							
序号	评分项	得分条件	评分	评分要求	自评	互评	师评
1	安全/7S/态度	□1. 能进行工位 7S 操作 □2. 能进行设备和工具安全检查 □3. 能进行车辆安全防护操作 □4. 能进行工具清洁校准存放操作 □5. 能进行三不落地操作	15	未完成 1 项扣 5 分，扣分不得超 15 分	□熟练 □不熟练	□熟练 □不熟练	□合格 □不合格
2	专业技术能力	作业 1: □1. 能正确启动车辆 □2. 能正确检查仪表指示灯	50	未完成 1 项扣 5 分，扣分不得超 50 分	□熟练 □不熟练	□熟练 □不熟练	□合格 □不合格

续表

序号	评分项	得分条件	评分	评分要求	自评	互评	师评
2	专业技术能力	□3. 能正确设定车辆举升模式 □4. 能正确退出车辆举升模式 作业 2: □1. 能正确读取车辆故障码 □2. 能正确清除车辆故障码 □3. 能正确测量车辆车身高度 □4. 能正确调整车辆前轮空气悬架高度 □5. 能正确调整车辆后轮空气悬架高度 作业 3: □1. 能正确检查空气减振漏点 □2. 能正确测量车轮胎压	50	未完成1项扣5分,扣分不得超50分	□熟练 □不熟练	□熟练 □不熟练	□合格 □不合格
3	工具及设备的使用能力	□1. 能正确选用维修工具 □2. 能正确使用维修工具拆装 □3. 能正确使用举升机 □4. 能正确使用解码器	10	未完成1项扣5分,扣分不得超10分	□熟练 □不熟练	□熟练 □不熟练	□合格 □不合格
4	资料、信息查询能力	□1. 能正确使用维修手册查询资料 □2. 能正确使用用户手册查询资料 □3. 能在规定时间内查询所需资料 □4. 能正确记录所查询资料章节页码 □5. 能正确记录所需维修信息	10	未完成1项扣3分,扣分不得超10分	□熟练 □不熟练	□熟练 □不熟练	□合格 □不合格
5	数据、判读和分析能力	□1. 能判断仪表指示灯是否正常 □2. 能判断轮胎气压是否正常 □3. 能判断空气减振是否正常	10	未完成1项扣5分,扣分不得超10分	□熟练 □不熟练	□熟练 □不熟练	□合格 □不合格

续表

序号	评分项	得分条件	评分	评分要求	自评	互评	师评
6	表单填写与报告的撰写能力	□1. 字迹清晰 □2. 语句通顺 □3. 无错别字 □4. 无涂改 □5. 无抄袭	5	未完成1项扣1分，扣分不得超5分	□熟练 □不熟练	□熟练 □不熟练	□合格 □不合格
总分							

任务四　汽车车轮检查保养

汽车车轮检查保养

一、汽车车轮检查保养【工作页】

汽车车轮检查保养【工作页】			
班级		姓名	

一、填空题

1. 汽车车轮主要由__________、__________和__________等组成。

2. 钢圈根据结构不同，可分为__________、__________和__________三种。

二、判断题

1. 轮胎的气压是决定轮胎使用寿命和工作好坏的重要因素。(　　)

2. 轮胎平衡分为动态平衡和静态平衡两种。动态不平衡会使车轮摇摆，令轮胎产生波浪形磨损；静态不平衡会产生颠簸和跳动现象，往往使轮胎产生平斑现象。(　　)

三、识图题

请在空白横线处填写图中序号标记的各部件名称。

①__________②__________③__________

二、汽车车轮检查保养【操作手册】

汽车车轮检查保养【操作手册】				
操作步骤	操作细节	展示图	操作注意事项	使用工具
工具准备	需要的工具设备有：喷水壶、配件盒、力矩扳手、19 mm 六角套筒、铲刀、轮胎花纹深度尺、砂纸、气门芯螺丝刀、铅块钳、记号笔、刷子、气压表、风炮、抹布。 目视检查工具设备外观有无损伤，刻度是否清晰	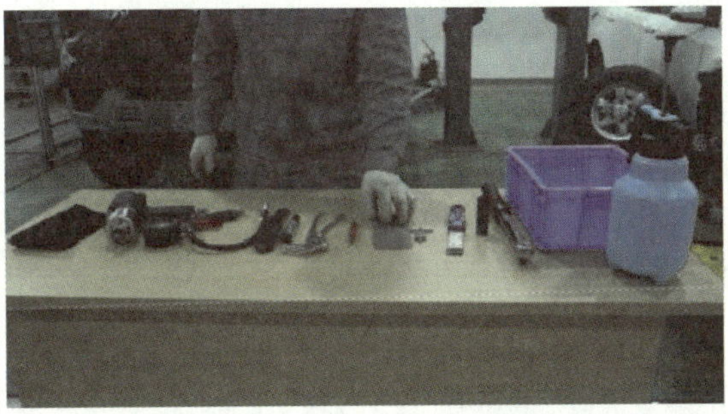	检查力矩扳手刻度显示是否清晰，调节器是否正常	
轮胎检查	检查左前轮胎有无鼓包、破损以及异常磨损现象		以左前车轮为例，其余轮胎检查内容及方法相同	
	检查轮辋有无损伤和变形			
	确定轮胎型号是否正确		该车型轮胎型号为 235/70 R16	

续表

操作步骤	操作细节	展示图	操作注意事项	使用工具
轮胎检查	使用轮胎花纹深度尺测量轮胎花纹深度		测量时分3次进行测量，并且3个测量点互为120°。轮胎的磨损极限为1.6 mm	花纹深度尺
	使用力矩扳手沿对角顺序预松轮胎螺栓		呈对角线预松	力矩扳手
车辆举升	将车辆举升离地，摇晃车身		注意不要过于用力按压薄的覆盖件	
	检查车辆举升是否稳定可靠	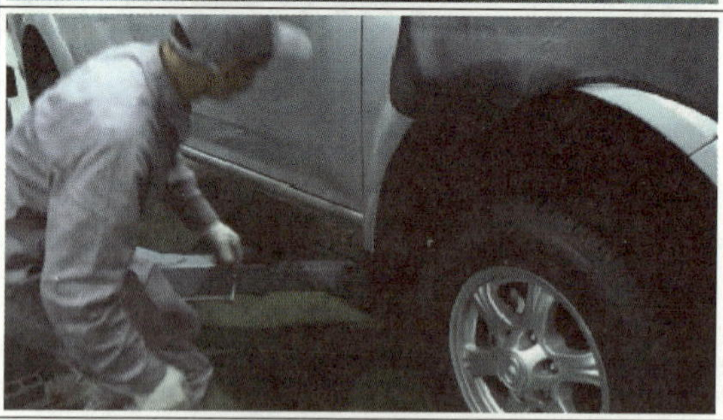	托盘位置是否正确	
	操作举升机将车辆举升到合适高度后进行锁止		确定举升机锁止后才可进入车下进行作业	

续表

操作步骤	操作细节	展示图	操作注意事项	使用工具
轮胎拆卸	使用风炮沿对角拆卸车轮螺栓		使用风炮时注意安全	风炮
	取下车轮			
扒胎机检查	检查扒胎机辅助臂		活动是否正常，无卡滞、卡死等现象	扒胎机
	阅读扒胎机使用注意事项		熟知扒胎机使用方法	
	检查抱卡活动是否正常		无卡滞、卡死等现象	

续表

操作步骤	操作细节	展示图	操作注意事项	使用工具
扒胎机检查	检查压铲活动是否正常		无卡滞、卡死等现象	
	检查转动台转动是否正常		无卡滞、卡死等现象	
	检查干燥瓶是否正常			
	检查气管		是否破损有泄漏现象	
轮胎检查	取下气嘴防尘帽，拆卸气门芯		注意气门芯快松完时用手挡住气门芯，以免气门芯突然飞出	气门芯螺丝刀

续表

操作步骤	操作细节	展示图	操作注意事项	使用工具
轮胎检查	检查轮胎及轮辋表面		轮胎有无损伤，轮辋有无变形	
	查看轮胎规格是否正确			
	取下轮辋装饰盖		检查装饰盖是否损坏	
	使用铅块钳取下嵌入式铅块	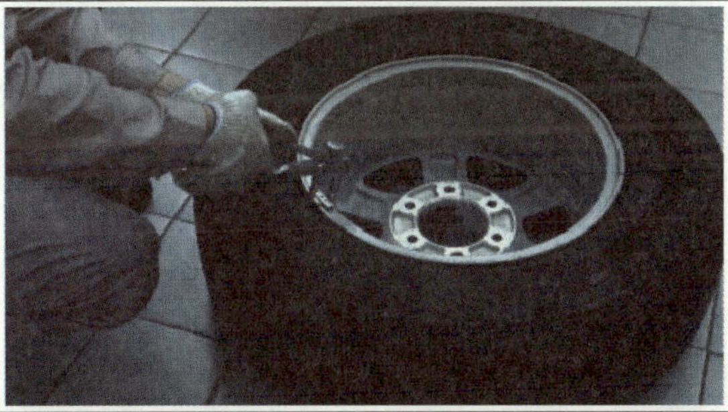	防止扒胎时出现意外	铅块钳
	使用铲刀取下贴片式铅块	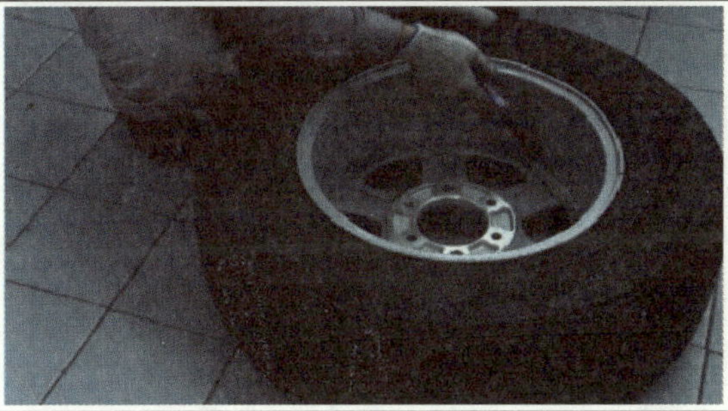	注意不要划伤轮辋	铲刀

续表

操作步骤	操作细节	展示图	操作注意事项	使用工具
轮胎拆卸	放置车轮		先将轮胎外侧朝压铲方向，压铲位置与气门嘴位置呈 180°，压铲与轮辋边缘位置距离为 1 ~ 1.5 cm	扒胎机
	将轮胎内侧紧贴扒胎机		防止轮胎滑移伤人	扒胎机
	踩下压铲踏板，左手扶住轮胎，右手握住铲刀把手，直至轮胎外侧胎唇脱离轮辋		可调整轮胎位置多次进行压铲分离，选取的位置尽量远离气门嘴	扒胎机压铲
	将轮胎内侧朝压铲方向放置，车轮外侧紧贴扒胎机			扒胎机
	将车轮放置在抱卡上，踩下抱卡踏板，直至抱卡卡住车轮			扒胎机抱卡

续表

操作步骤	操作细节	展示图	操作注意事项	使用工具
轮胎拆卸	检查4个卡点是否完全卡住轮辋，上下晃动车轮，检查车轮是否固定牢靠	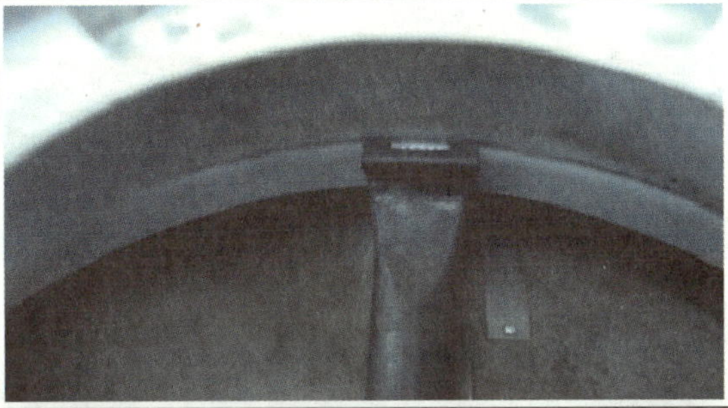		
	调整滚轮压住轮胎			扒胎机滚轮
	在轮胎内唇处涂抹润滑脂，同时使用滚轮将轮胎压松		切勿倚靠设备和轮胎	润滑脂
	安装轮辋防护套			轮辋防护套
	调整鸟头位置		将鸟头调整至距离轮辋边缘2～3 mm的位置	扒胎机鸟头

续表

操作步骤	操作细节	展示图	操作注意事项	使用工具
轮胎拆卸	使用扁撬棍撬起轮胎外侧胎唇		注意观察扁撬棍的摆放位置（远离气门嘴）	扁撬棍
	转动车轮，使轮胎外侧胎唇完全分离轮辋			
	以同样的方法将轮胎内侧胎唇完全分离轮辋			
	调整鸟头位置，取下轮胎			扒胎机鸟头

续表

操作步骤	操作细节	展示图	操作注意事项	使用工具
轮胎修补	使用工具清洁轮胎伤口	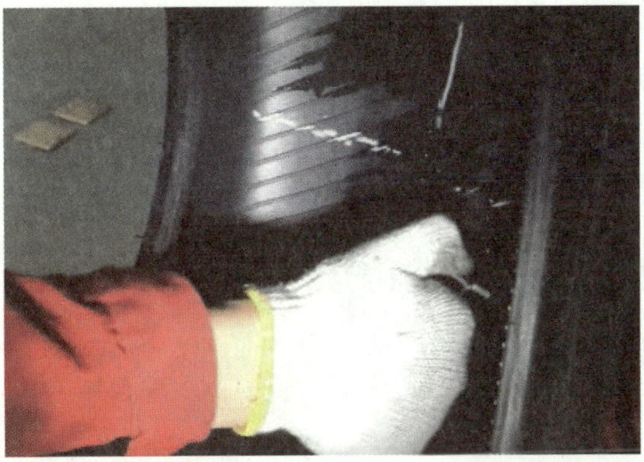		
	使用打磨机打磨伤口	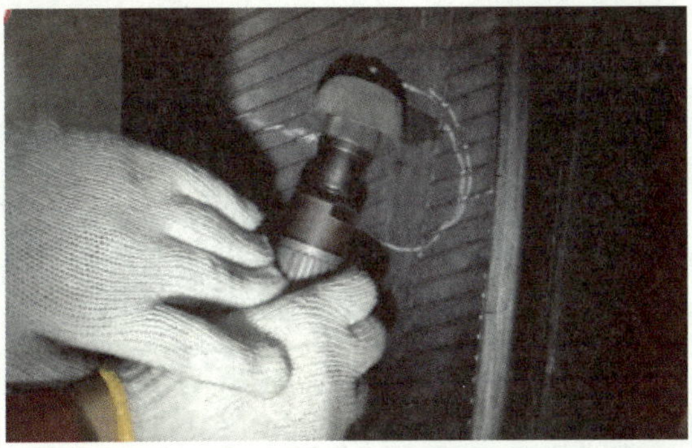		打磨机
	使用电钻打磨伤口			电钻
	将蘑菇钉涂胶后插入伤口中，并用钳子拉紧	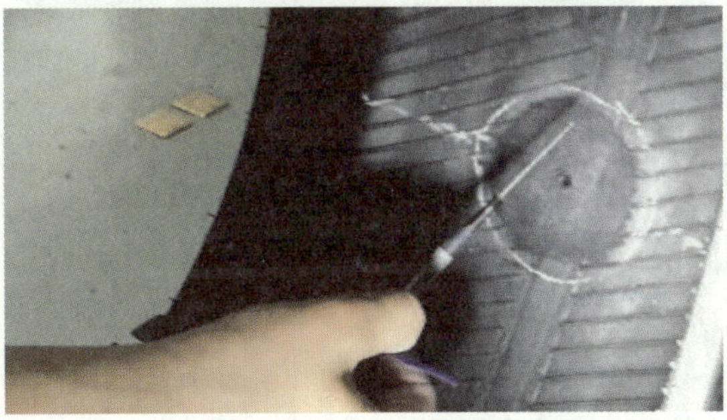	内侧	

续表

操作步骤	操作细节	展示图	操作注意事项	使用工具
轮胎修补	将蘑菇钉涂胶后插入伤口中，并用钳子拉紧	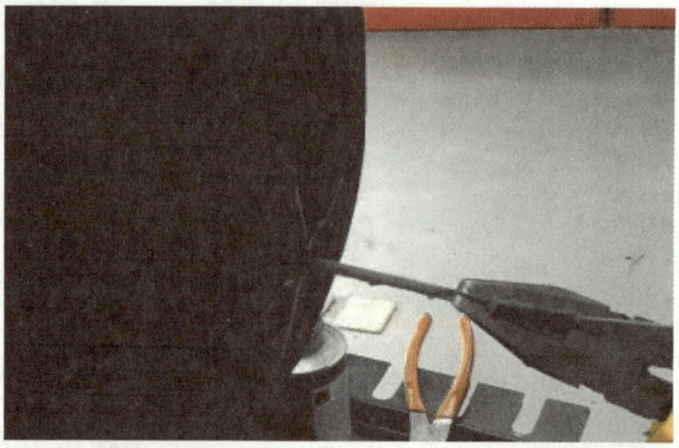	外侧	钳子
	使蘑菇钉面贴合轮胎			
	切除蘑菇钉多余部分	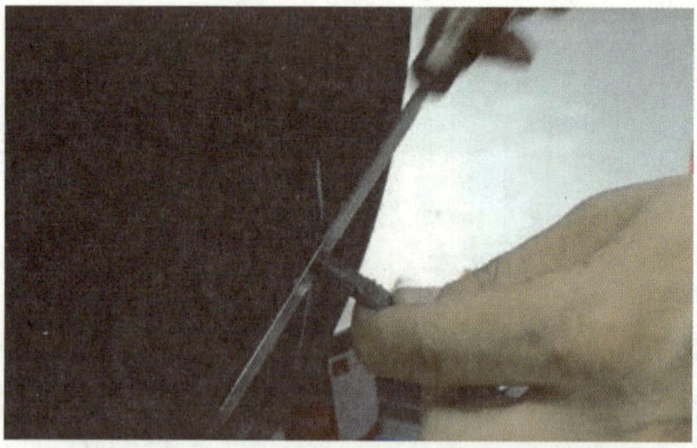	注意清洁轮胎内部产生的杂物	
轮胎安装	检查轮辋有无损伤和变形			

续表

操作步骤	操作细节	展示图	操作注意事项	使用工具
轮胎安装	使用砂纸打磨轮辋边缘，使用抹布清洁轮辋边缘			
	取下轮辋，检查轮辋外观，检查气门嘴有无异常			
	将车轮放置在抱卡上，踩下抱卡踏板，直至抱卡卡住车轮		摇晃轮辋检查是否牢固	扒胎机抱卡
	检查轮胎外观及内侧有无异常			
	涂抹润滑脂	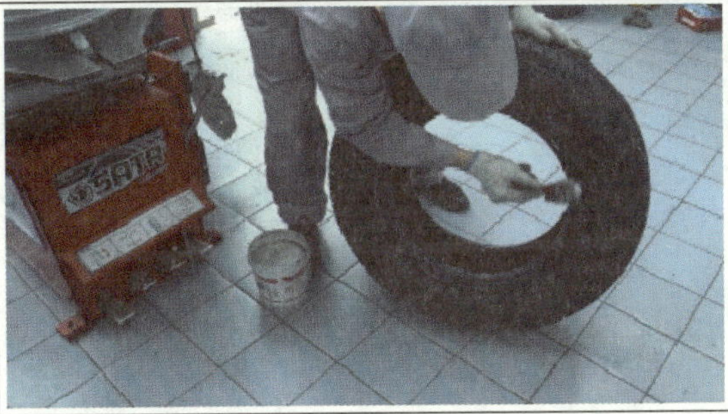		

续表

操作步骤	操作细节	展示图	操作注意事项	使用工具
	注意检查轮胎上的黄色圆形标记，安装时需要将气门嘴对准黄色圆形标记			
	检查轮胎标识，确定轮胎生产年月及型号均无误，确定轮胎安装方向			
轮胎安装	安装轮辋防护套			轮辋防护套
	安装轮胎并调整鸟头位置		鸟头与轮辋边缘距离同样为2～3 mm，将轮胎下层调整到鸟头导向轨上	扒胎机鸟头
	转动车轮，使轮胎下层落入轮辋中			

续表

操作步骤	操作细节	展示图	操作注意事项	使用工具
	取下轮辋防护套，将轮胎上层调整到鸟头导向轨上，将辅助臂移动到轮胎上		注意使用规范	
	转动车轮，使轮胎上层落入轮辋中			
轮胎安装	移开辅助臂及鸟头		注意使用规范	
	使用胎压表将轮胎充气，待轮胎有明显鼓起后安装气门芯			气门芯螺丝刀
	释放抱卡，取下车轮			

续表

操作步骤	操作细节	展示图	操作注意事项	使用工具
轮胎安装	将轮胎气压调整至规定值	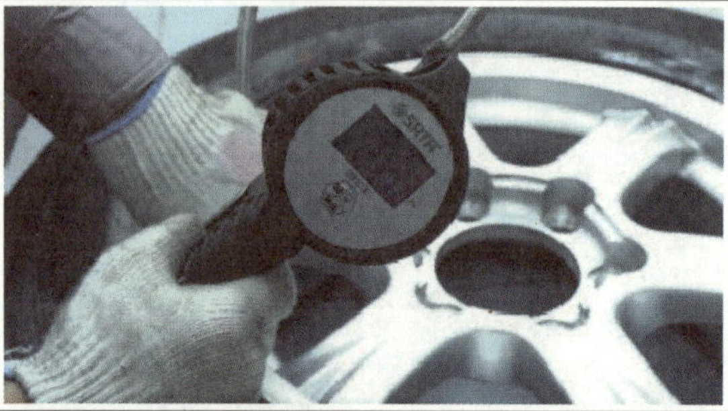		胎压表
	使用喷水壶检查气门嘴及轮胎轮辋接合处是否漏气			喷水壶
动平衡仪使用	检查动平衡仪是否正常		动平衡仪使用规范	动平衡仪
	打开电源开关		用电安全	
	输入车轮信息			

续表

操作步骤	操作细节	展示图	操作注意事项	使用工具
动平衡仪使用	选择合适的车轮顶铁			扒胎机顶铁
	将车轮轻轻放置在转轴上		避免车轮与转轴用力碰撞	
	安装顶铁，卡住车轮			扒胎机顶铁
	测量轮辋边缘距离	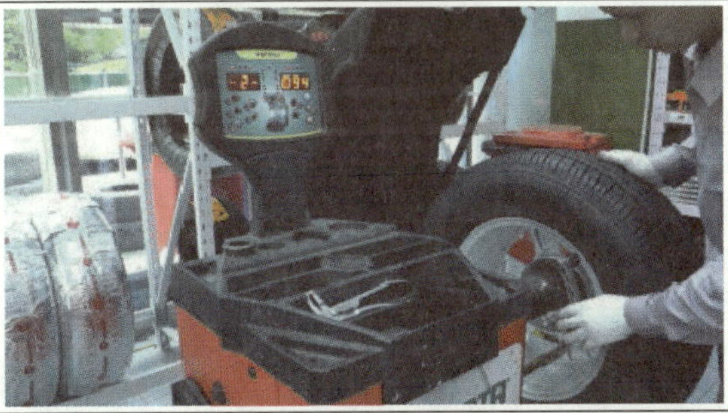	自动生成数据	卡尺
	使用卡尺测量轮辋宽度	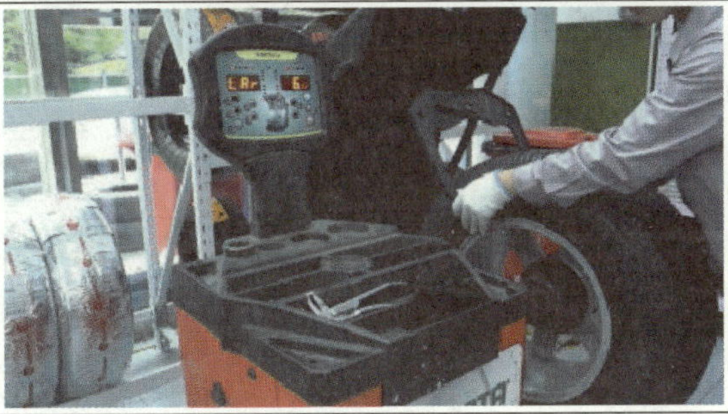	手动输入数据	卡尺

续表

操作步骤	操作细节	展示图	操作注意事项	使用工具
	查看车轮信息，输入尺寸	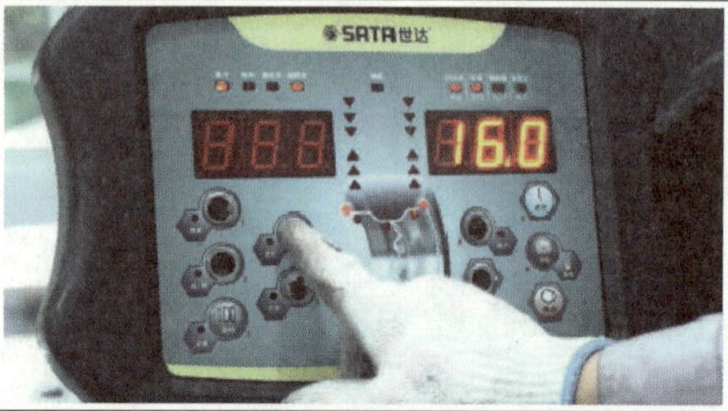		
	放下防护罩，转动车轮，待车轮停止转动后打开防护罩		防止车轮伤人	
动平衡仪使用	手动转动车轮，当指示灯亮起后确定铅块位置安装点		需要清洁铅块安装位置	
	根据显示的数值选择相应的铅块大小			铅块
	踩住制动踏板再安装铅块	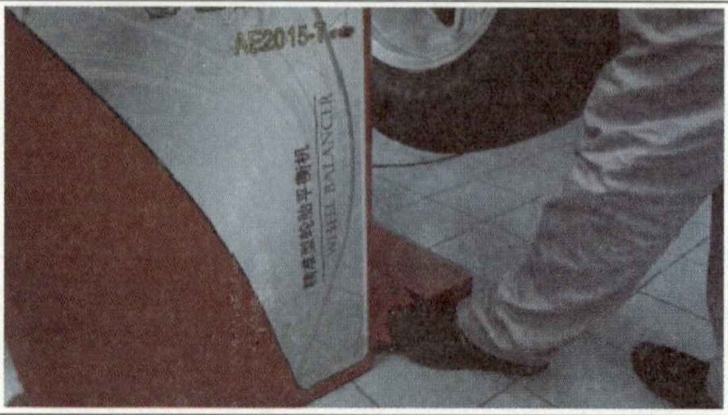	防止车轮转动	

续表

操作步骤	操作细节	展示图	操作注意事项	使用工具
	将铅块安装在指示点上，并检查铅块安装是否牢固	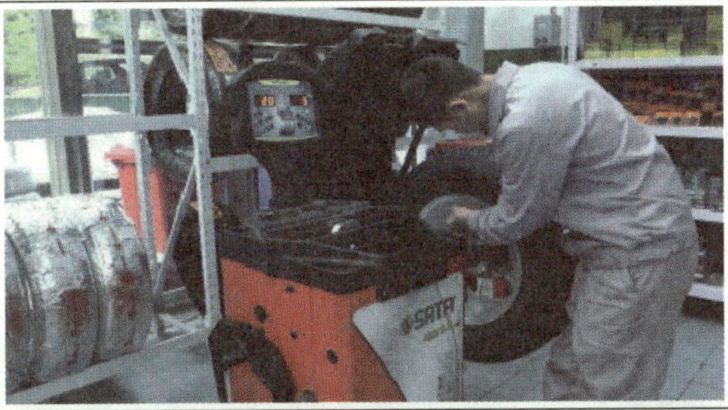		
	放下防护罩，进行复检		数值为0即可，不为 0 可继续添加或更换铅块	
动平衡仪使用	取下车轮顶铁及车轮		注意轻拿轻放	
	清洁设备			
	安装轮辋装饰盖			

续表

操作步骤	操作细节	展示图	操作注意事项	使用工具
安装车轮	安装车轮总成			
	预装车轮螺栓			
	使用风炮沿对角紧固车轮螺栓	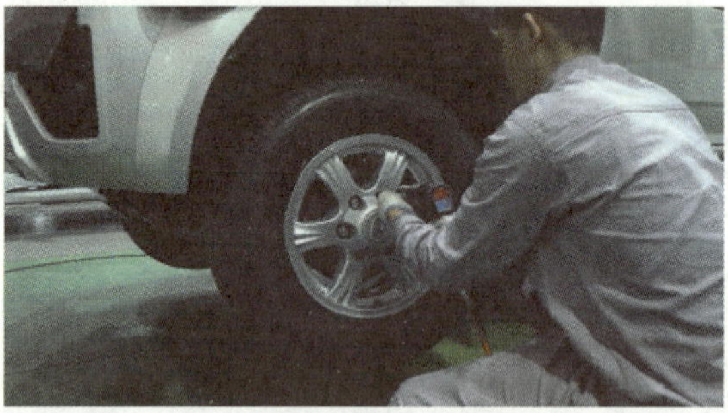		风炮
	调整力矩扳手，对角拧紧螺栓		注意螺栓的拧紧力矩为 135 N·m	力矩扳手

三、汽车车轮检查保养【实操报告】

项目：悬挂系统部件检查与保养（初级）		考核时间：30 分钟	
姓名：	班级：	学号：	考评员签字：
初评：□合格 □不合格	复评：□合格 □不合格	师评：□合格 □不合格	
日期：	日期：	日期：	
考核任务四 汽车车轮检查保养【实操考核报告】			

1. 车辆信息记录

品牌		整车型号		生产日期	
发动机型号		发动机排量		行驶里程	
车辆识别码					

2. 车轮检查

检查项目	磨损检查	损坏检查	维修方式
轮胎检查	□正常 □异常	□裂痕 □鼓包 □脱落 □破损	□更换 □无
轮辋检查	□正常 □异常	□裂痕 □刮花 □变形 □断开	□更换 □无
信息核对	□轮胎尺寸 □生产日期		□有 □无
深度检查	□测量位置 □测量准确 □四轮测量 □正确读数		□合格 □不合格

3. 扒胎机使用

检查项目	检查情况	考核结果
扒胎机外观检查	□污渍 □损坏 □正常	□合格 □不合格
扒胎机压铲使用	□压铲放置位置 □轮胎放置位置 □正确挤压轮胎	□合格 □不合格
扒胎机抱卡使用	□正确选用抱卡方法 □轮胎放置位置 □正确卡住轮胎	□合格 □不合格
扒胎机滚轮使用	□正确使用滚轮 □安装轮辋防护套 □正确压住轮胎	□合格 □不合格
扒胎机鸟头使用	□调整鸟头位置 □使用扁撬棍撬起轮胎外侧胎唇	□合格 □不合格
拆卸车胎	□分离车胎 □转动车轮 □分离内外侧胎唇	□合格 □不合格
轮辋检查整备	□损伤 □变形 □打磨 □清洁	□合格 □不合格
轮胎检查整备	□损伤 □磨损 □标识 □清洁	□合格 □不合格
安装轮胎	□流程顺序 □工具使用 □轮胎充气 □漏气检查	□合格 □不合格
轮胎胎压		

4．动平衡仪使用

检查项目	检查情况	考核结果
动平衡仪外观检查	□污渍　□损坏　□正常	□合格　□不合格
动平衡仪整备	□轮胎信息选择　□选择合适的车轮顶铁	□合格　□不合格
轮胎信息输入	□输入尺寸　□测量轮辋边缘距离　□测量轮辋宽度	□合格　□不合格
检测调整安装	□运行动平衡仪　□确定铅块安装位置　□安装铅块	□合格　□不合格
复检清洁	□动平衡复检　□拆卸顶铁　□清洁动平衡仪	□合格　□不合格
安装车轮	□安装轮毂盖和车轮　□力矩扳手紧固轮胎螺栓	□合格　□不合格

5．轮胎修补

检查项目	检查情况	维修判定
轮胎修补检查	□损坏　□正常	□更换　□修补
轮胎胎压		

四、汽车车轮检查保养【评分细则】

考核任务四　汽车车轮检查保养【评分细则】							
序号	评分项	得分条件	评分	评分要求	自评	互评	师评
1	安全/7S/态度	□1. 能进行工位7S操作 □2. 能进行设备和工具安全检查 □3. 能进行车辆安全防护操作 □4. 能进行工具清洁校准存放操作 □5. 能进行三不落地操作	15	未完成1项扣5分，扣分不得超15分	□熟练 □不熟练	□熟练 □不熟练	□合格 □不合格
2	专业技术能力	作业 1： □1. 能正确预松车轮螺栓 □2. 能正确完成车辆举升准备和检查工作 □3. 能正确举升并锁止举升机 □4. 能正确检查轮胎外观及磨损情况 □5. 能正确核对轮胎信息	50	未完成1项扣2分，扣分不得超50分	□熟练 □不熟练	□熟练 □不熟练	□合格 □不合格

续表

序号	评分项	得分条件	评分	评分要求	自评	互评	师评
2	专业技术能力	□6. 能正确使用花纹深度尺检测轮胎花纹深度 □7. 能正确判读花纹深度尺数值 □8. 能正确使用花纹深度尺测量所有车轮 □9. 能正确拆卸车轮 □10. 能正确检查扒胎机外观和功能是否正常 □11. 能正确核对轮胎信息和检查整备轮胎 □12. 能正确对轮胎进行修复 作业 2: □1. 能正确使用和放置扒胎机压铲 □2. 能正确将轮胎放置到扒胎机抱卡上 □3. 能正确调整滚轮压住轮胎 □4. 能正确调整鸟头位置 □5. 能正确使用扁撬棍撬起轮胎外侧胎唇 □6. 能正确调整鸟头位置，取下轮胎 □7. 能正确检查轮辋有无损伤和变形 □8. 能正确检查轮胎外观及内侧有无异常 □9. 能正确检查轮胎标识和黄色圆形标记 □10. 能正确安装轮胎并调整鸟头位置 □11. 能正确转动车轮，使轮胎下层落入轮辋中	50	未完成1项扣2分，扣分不得超50分	□熟练 □不熟练	□熟练 □不熟练	□合格 □不合格

续表

序号	评分项	得分条件	评分	评分要求	自评	互评	师评
2	专业技术能力	□12. 能正确将辅助臂移动到轮胎上 □13. 能正确转动车轮，使轮胎上层落入轮辋中 □14. 能正确移开辅助臂及鸟头 □15. 能正确安装气门芯并使用胎压表将轮胎充气 □16. 能正确释放抱卡，取下车轮 □17. 能正确将轮胎气压调整至规定值 □18. 能正确使用喷水壶检查轮胎是否漏气 □19. 能正确检查动平衡仪功能是否正常 □20. 能正确选择车轮信息 □21. 能正确选择合适的车轮顶铁 □22. 能正确测量轮辋边缘距离 □23. 能正确使用卡尺测量轮辋宽度 □24. 能正确查看车轮信息，输入尺寸 □25. 能正确放下防护罩，转动车轮 □26. 能正确确定铅块位置安装点 □27. 能正确选择相应大小的铅块 □28. 能正确将铅块安装在指示点上 □29. 能正确进行复检 □30. 能正确取下车轮顶铁及车轮	50	未完成1项扣2分，扣分不得超50分	□熟练 □不熟练	□熟练 □不熟练	□合格 □不合格

续表

序号	评分项	得分条件	评分	评分要求	自评	互评	师评
2	专业技术能力	□31. 能正确清洁设备 □32. 能正确安装轮辋装饰盖 □33. 能正确安装车轮总成 □34. 能正确预装车轮螺栓 □35. 能正确使用风炮沿对角紧固车轮螺栓 □36. 能正确使用力矩扳手紧固螺栓 作业 3: □1. 能正确打磨清洁需要修复的轮胎 □2. 能正确安装修补蘑菇钉 □3. 能正确检查修补情况是否良好	50	未完成1项扣2分,扣分不得超50分	□熟练 □不熟练	□熟练 □不熟练	□合格 □不合格
3	工具及设备的使用能力	□1. 能正确检查工具外观和功能是否正常 □2. 能正确选取作业所需工具 □3. 能正确使用扒胎机 □4. 能正确使用动平衡仪	10	未完成1项扣5分,扣分不得超10分	□熟练 □不熟练	□熟练 □不熟练	□合格 □不合格
4	资料、信息查询能力	□1. 能正确使用维修手册查询资料 □2. 能在规定时间内查询所需资料 □3. 能正确记录所查询资料章节页码 □4. 能正确记录所需维修信息	10	未完成1项扣3分,扣分不得超10分	□熟练 □不熟练	□熟练 □不熟练	□合格 □不合格
5	数据、判读和分析能力	□1. 能判读轮胎信息 □2. 能查询扒胎机使用方法 □3. 能查询动平衡仪使用方法	10	未完成1项扣5分,扣分不得超10分	□熟练 □不熟练	□熟练 □不熟练	□合格 □不合格
6	表单填写与报告的撰写能力	□1. 字迹清晰 □2. 语句通顺 □3. 无错别字 □4. 无涂改 □5. 无抄袭	5	未完成1项扣1分,扣分不得超10分	□熟练 □不熟练	□熟练 □不熟练	□合格 □不合格
总分							

考核项目一 悬挂系统部件检查与保养

悬挂系统部件
检查与保养

一、悬挂系统部件检查与保养【实操报告】

<table>
<tr><td colspan="2">项目：悬挂系统部件检查与保养（初级）</td><td colspan="2">考核时间：50 分钟</td></tr>
<tr><td>姓名：</td><td>班级：</td><td>学号：</td><td rowspan="3">考评员签字：</td></tr>
<tr><td>初评：□合格　□不合格</td><td>复评：□合格　□不合格</td><td>师评：□合格　□不合格</td></tr>
<tr><td>日期：</td><td>日期：</td><td>日期：</td></tr>
<tr><td colspan="4">悬挂系统部件检查与保养（考核项目）【实操考核报告】</td></tr>
</table>

1．车辆信息记录

品牌		整车型号		生产日期	
发动机型号		发动机排量		行驶里程	
车辆识别码					

2．车轮拆卸

检查项目	拆卸情况	考核结果
轮胎预松	□对角线预松车轮螺栓　□正确使用风炮拆卸螺栓	□合格　□不合格
举升车辆	□检查举升机支撑掌　□晃动车身　□举升并锁止举升机	□合格　□不合格

3．悬架螺栓紧固

检查项目	紧固情况	考核结果
上摆臂	□力矩查询　□紧固螺栓　□螺栓记号　□紧固顺序	□合格　□不合格
下摆臂	□力矩查询　□紧固螺栓　□螺栓记号　□紧固顺序	□合格　□不合格
车轮安装	□安装顺序　□螺栓力矩查询　□螺栓紧固顺序	□合格　□不合格

4．车轮检查

检查项目	磨损检查	损坏检查	维修方式
轮胎检查	□正常 □异常	□裂痕 □鼓包 □脱落 □破损	□更换 □无
轮辋检查	□正常 □异常	□裂痕 □刮花 □变形 □断开	□更换 □无
信息核对	□轮胎尺寸 □生产日期		□有 □无
深度检查	□测量位置 □测量准确 □四轮测量 □正确读数		□合格 □不合格

5．车身高度检查

检查项目	检查结果	考核结果
悬架检查	□连接件检查 □轮胎晃动 □连接件紧固	□合格 □不合格
高度测量	□四轮测量 □数值判读 □测量位置	□合格 □不合格
胎压检测	□四轮测量 □数值判读 □工具回收	□合格 □不合格

二、悬挂系统部件检查与保养【评分表】

悬挂系统部件检查与保养（考核项目）【评分细则】							
序号	评分项	得分条件	评分	评分要求	自评	互评	师评
1	安全/7S/态度	□1. 能进行工位7S操作 □2. 能进行设备和工具安全检查 □3. 能进行车辆安全防护操作 □4. 能进行工具清洁校准存放操作 □5. 能进行三不落地操作	15	未完成1项扣5分，扣分不得超15分	□熟练 □不熟练	□熟练 □不熟练	□合格 □不合格
2	专业技术能力	作业1： □1. 能正确预松车轮 □2. 能正确检查举升机支撑掌支撑情况 □3. 能正确晃动、举升并锁止举升机 □4. 能正确拆下车轮 □5. 能正确检查前悬架连接情况 □6. 能正确检查前悬架橡胶套老化情况	50	未完成1项扣5分，扣分不得超50分	□熟练 □不熟练	□熟练 □不熟练	□合格 □不合格

续表

序号	评分项	得分条件	评分	评分要求	自评	互评	师评
2	专业技术能力	作业 2： □1. 能正确安装和检查举升机支撑掌 □2. 能正确举升、检查并锁止举升机 □3. 能正确检查轮胎外观及磨损情况 □4. 能正确核对轮胎信息 □5. 能正确使用花纹深度尺检测轮胎花纹深度 □6. 能正确判读花纹深度尺数值 □7. 能正确使用花纹深度尺测量所有车轮	50	未完成1项扣5分，扣分不得超50分	□熟练 □不熟练	□熟练 □不熟练	□合格 □不合格
3	工具及设备的使用能力	□1. 能正确使用花纹深度尺 □2. 能正确使用胎压表 □3. 能正确使用力矩扳手预松螺栓 □4. 能正确使用风炮拆装螺栓	10	未完成1项扣5分，扣分不得超10分	□熟练 □不熟练	□熟练 □不熟练	□合格 □不合格
4	资料、信息查询能力	□1. 能正确使用维修手册查询资料 □2. 能在规定时间内查询所需资料 □3. 能正确记录所查询资料章节页码 □4. 能正确记录所需维修信息	10	未完成1项扣3分，扣分不得超10分	□熟练 □不熟练	□熟练 □不熟练	□合格 □不合格
5	数据、判读和分析能力	□1. 能判读悬架连接件固定情况 □2. 能判读橡胶套是否老化 □3. 能判读花纹深度尺数值 □4. 能判读胎压表数值	10	未完成1项扣5分，扣分不得超10分	□熟练 □不熟练	□熟练 □不熟练	□合格 □不合格

续表

序号	评分项	得分条件	评分	评分要求	自评	互评	师评
6	表单填写与报告的撰写能力	□1. 字迹清晰 □2. 语句通顺 □3. 无错别字 □4. 无涂改 □5. 无抄袭	5	未完成1项扣1分,扣分不得超5分	□熟练 □不熟练	□熟练 □不熟练	□合格 □不合格
总分							

项目二　转向系统部件检查与保养

任务一　动力液压系统检查保养

动力液压系统检查保养

一、动力液压系统检查保养【工作页】

动力液压系统检查保养【工作页】			
班级		姓名	

一、填空题

1. 液压助力转向系统由__________、__________、__________、动力转向器及控制阀等组成。
2. 动力转向器主要由__________、__________、__________、__________等组成。

二、判断题

1. 转向助力泵是汽车液压动力转向系统中产生油压的动力装置。它安装在发动机上，通过发动机皮带进行动力驱动。(　　)
2. 只要转向助力油液位不低于储液壶或储液壶盖上的“MIN”刻度就不需要进行调整。(　　)

三、识图题

请在空白横线处填写图中序号标记的各部件名称。

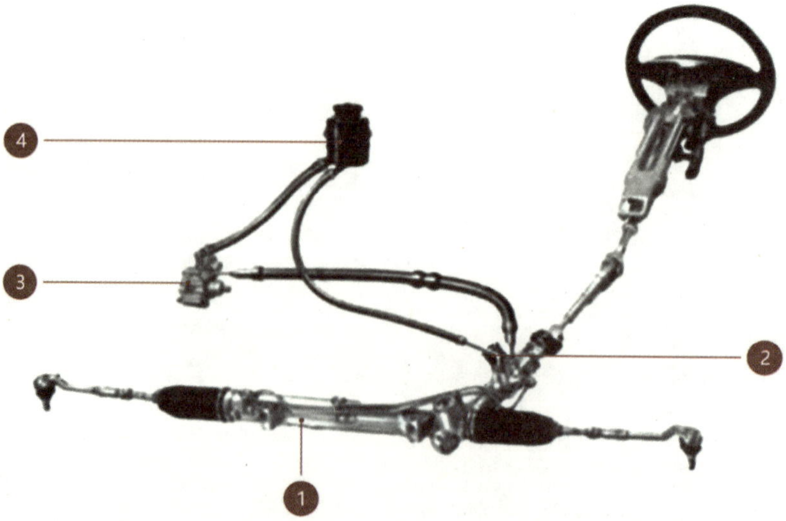

①__________②__________③__________④__________

二、动力液压系统检查保养【操作手册】

动力液压系统检查保养【操作手册】				
操作步骤	操作细节	展示图	操作注意事项	使用工具
工具准备	需要的工具设备有：转向助力油、测试纸、抹布、手电筒、滴管、鲤鱼钳、平口螺丝刀等	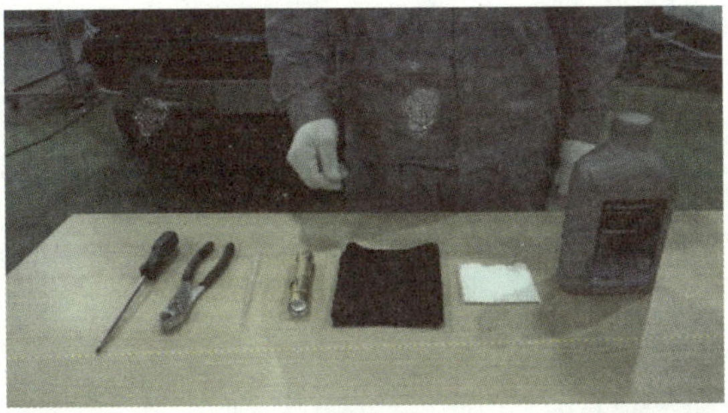		
油液检查	检查转向助力油油位是否正常，检查转向助力油管、助力油壶有无渗油、老化等现象	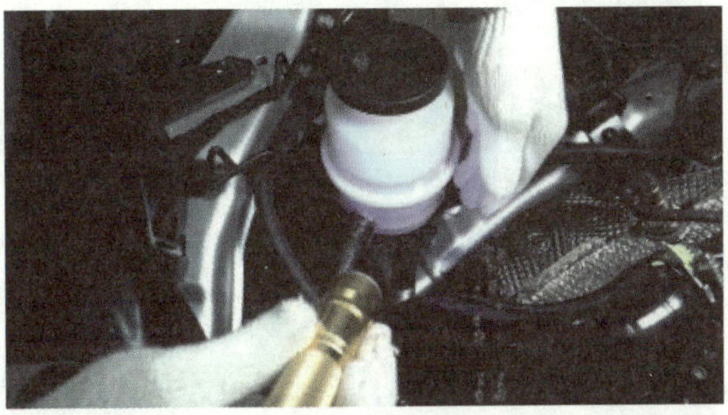	如转向助力油油位低于下限，则油液可能存在泄漏	手电筒
	拧开助力油壶盖，使用滴管取出助力油液	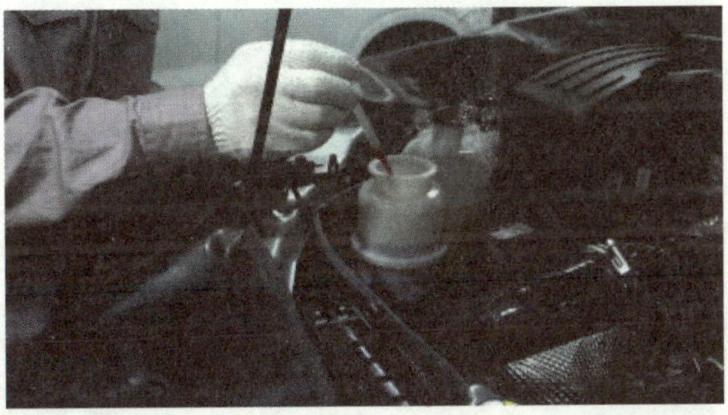	注意清洁油渍	滴管
	将油液滴在测试纸上，观察油质情况	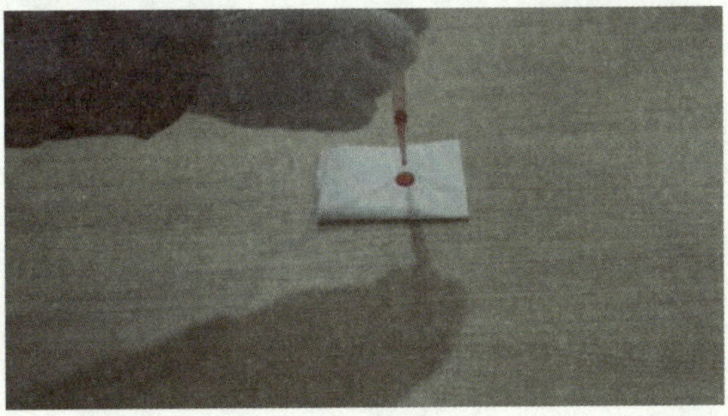	如油液有杂质或稀释、结胶、脏污、变质等现象，则需要更换油液	滴管、测试纸

续表

操作步骤	操作细节	展示图	操作注意事项	使用工具
油液更换及排气	连接油液抽取机，将抽油管放入油壶中抽取油液	 	注意连接稳定	油液抽取机 油液抽取机
	使用鲤鱼钳拆卸油壶管路接头，拔下转向油壶软管	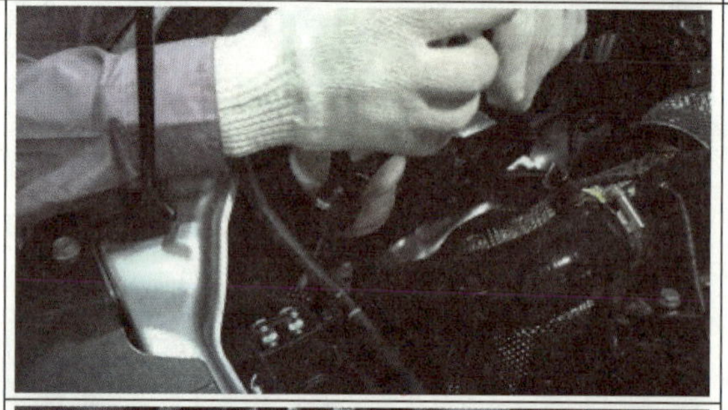 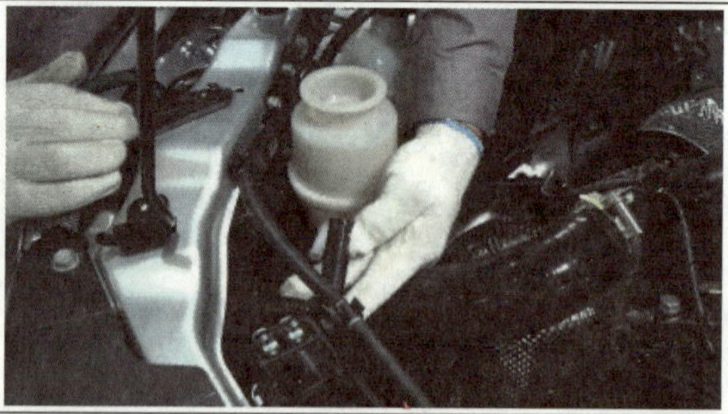	注意油液不要洒落	鲤鱼钳
	将抽油机接头与油壶软管连接	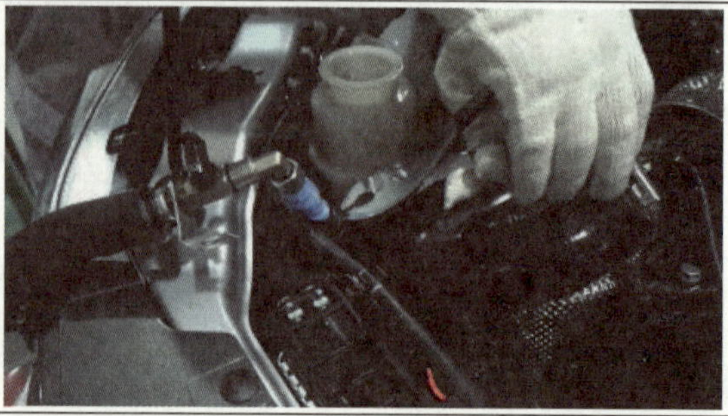		鲤鱼钳

续表

操作步骤	操作细节	展示图	操作注意事项	使用工具
油液更换及排气	使用橡胶塞堵住油壶接头	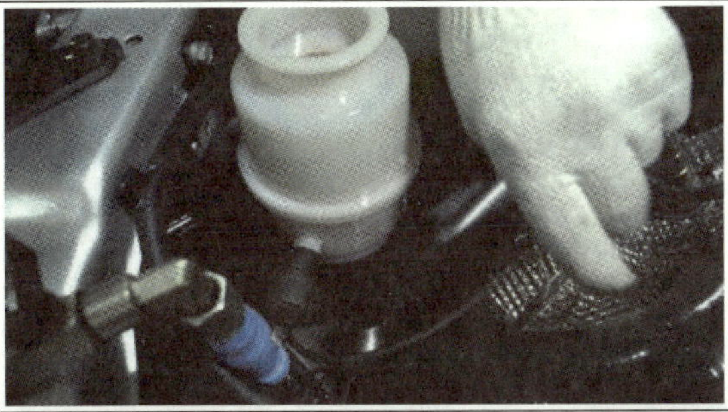		橡胶塞
	添加转向助力油液	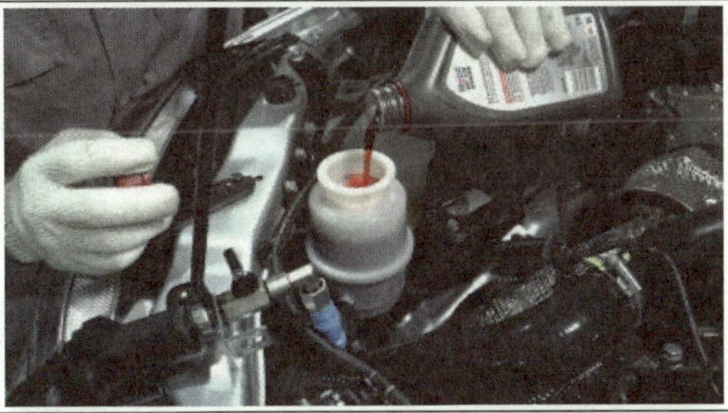	不要添加过量，略高于上限即可	
	更换油管中的油液时，缓慢转动转向盘		不要快速转动转向盘，否则油液可能会从油壶中喷出	
	取下抽油机接头，安装好助力油壶软管	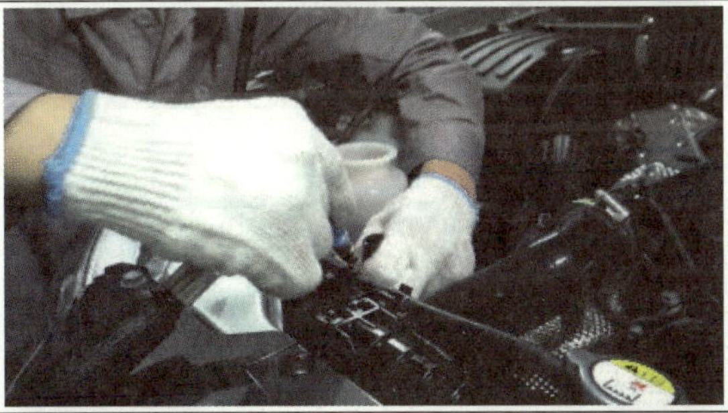 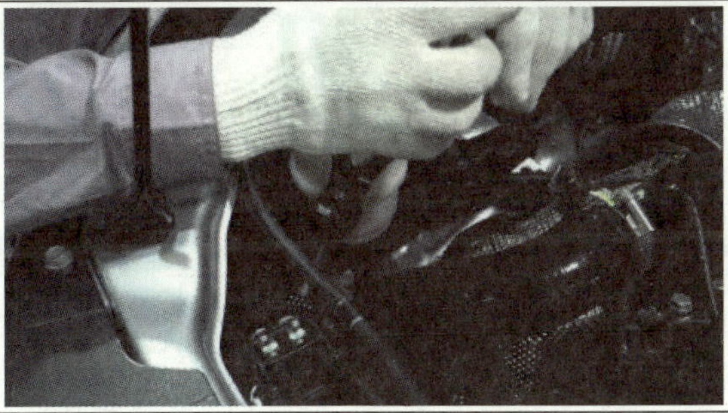	注意清洁	鲤鱼钳

续表

操作步骤	操作细节	展示图	操作注意事项	使用工具
油液更换及排气	启动发动机，缓慢转动转向盘排除转向助力油路中的空气	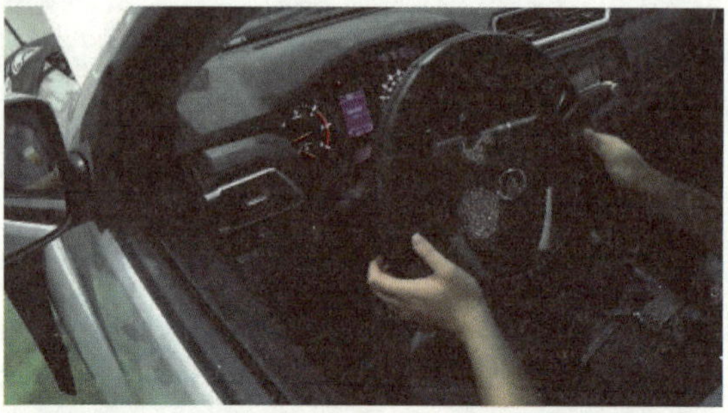	不要快速转动转向盘，否则油液可能会从油壶中喷出	
	将空气排出后检查油液液位，安装油壶盖		油液在上下刻度线之间	

三、动力液压系统检查保养【实操报告】

项目：转向系统部件检查与保养（初级）		考核时间：30 分钟	
姓名：	班级：	学号：	考评员签字：
初评：□合格　□不合格	复评：□合格　□不合格	师评：□合格　□不合格	
日期：	日期：	日期：	
考核任务一　动力液压系统检查保养【实操考核报告】			

1．车辆信息记录

品牌		整车型号		生产日期	
发动机型号		发动机排量		行驶里程	
车辆识别码					

2．转向油油质检查

检查项目	液位检查情况	检查结果	检测项目	结果
转向油液	□太低 □太高 □无	□正常 □异常	油质	□正常 □异常

3．转向系统外观检查

检查项目	泄漏检查情况	泄漏部件名称	维修措施
转向油管	□泄漏 □正常		□更换 □调整 □紧固 □无
转向油壶	□泄漏 □正常		□更换 □调整 □紧固 □无

4．查询用户手册，记录转向系统保养项目里程及周期

保养项目	保养里程及周期		
转向油液更换			

5．查阅维修手册，按照标准流程完成手动变速器油液更换

作业项目	维修资料		
转向油油液更换	油液型号		

四、动力液压系统检查保养【评分细则】

考核任务一　动力液压系统检查保养【评分细则】							
序号	评分项	得分条件	评分	评分要求	自评	互评	师评
1	安全/7S/态度	□1．能进行工位7S操作 □2．能进行设备和工具安全检查 □3．能进行车辆安全防护操作 □4．能进行工具清洁校准存放操作 □5．能进行三不落地操作	15	未完成1项扣5分，扣分不得超15分	□熟练 □不熟练	□熟练 □不熟练	□合格 □不合格

续表

序号	评分项	得分条件	评分	评分要求	自评	互评	师评
2	专业技术能力	作业 1: □1. 能正确检查转向油液位 □2. 能正确检查转向油油质 □3. 能正确拆装油管 □4. 能正确连接油液抽取机 □5. 能正确转动转向盘，排放转向油 □6. 能正确加注转向油 □7. 能正确检查转向油泄漏情况 □8. 能正确对转向系统进行排气 作业 2: □1. 能正确查询转向油更换周期 □2. 能正确查询转向系统排气步骤 □3. 能正确查询转向油管拆装方法 □4. 能正确查询转向油型号	50	未完成1项扣5分，扣分不得超50分	□熟练 □不熟练	□熟练 □不熟练	□合格 □不合格
3	工具及设备的使用能力	□1. 能正确选用维修工具 □2. 能正确使用维修工具 □3. 能正确使用油液抽取机	10	未完成1项扣5分，扣分不得超10分	□熟练 □不熟练	□熟练 □不熟练	□合格 □不合格
4	资料、信息查询能力	□1. 能正确使用维修手册查询资料 □2. 能在规定时间内查询所需资料 □3. 能正确记录所查询资料章节页码 □4. 能正确记录所需维修信息	10	未完成1项扣3分，扣分不得超10分	□熟练 □不熟练	□熟练 □不熟练	□合格 □不合格

续表

序号	评分项	得分条件	评分	评分要求	自评	互评	师评
5	数据、判读和分析能力	□1. 能判断转向油油质和油位是否正常 □2. 能判断转向油是否含有空气 □3. 能判断转向系统是否泄漏	10	未完成1项扣5分,扣分不得超10分	□熟练 □不熟练	□熟练 □不熟练	□合格 □不合格
6	表单填写与报告的撰写能力	□1. 字迹清晰 □2. 语句通顺 □3. 无错别字 □4. 无涂改 □5. 无抄袭	5	未完成1项扣1分,扣分不得超5分	□熟练 □不熟练	□熟练 □不熟练	□合格 □不合格
总分							

任务二　电控液压系统检查保养

一、电控液压系统检查保养【工作页】

电控液压系统检查保养【工作页】			
班级		姓名	

一、填空题

1. 电控液力式助力转向系统主要由__________、__________、__________、转向动力缸、转向液压泵、储油罐、车速传感器和电子控制单元组成。

2. 在检测储液罐液面高度中，温度在__________°C 时，观察储液罐测量尺上的“热”量程；当温度在 0～30 °C 时，则观察测量尺上的“冷”量程。

二、判断题

1. 液压动力转向系统使用发动机的动力来驱动产生液压力的叶轮泵。(　　)

2. 电子液压转向助力系统（EHPS）的助力原理与传统机械式液压转向助力系统不同。(　　)

三、识图题

请在空白横线处填写图中序号标记的各部件名称。

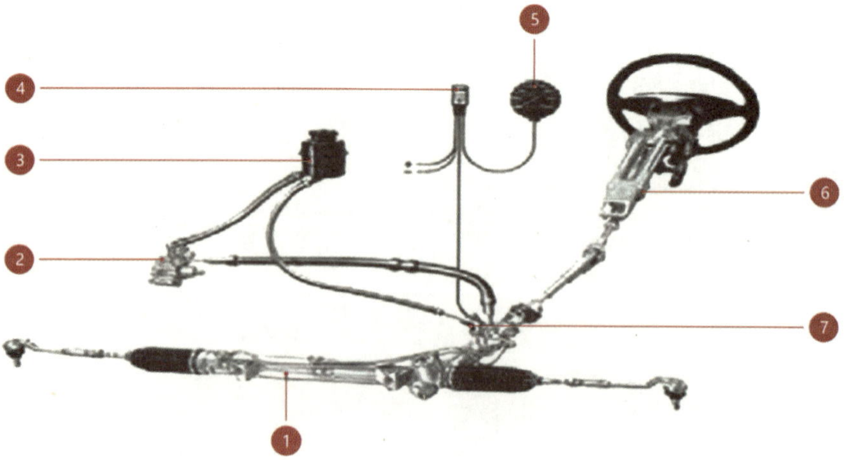

①________②________③________

④________⑤________⑥________⑦________

二、电控液压系统检查保养【操作手册】

电控液压系统检查保养【操作手册】				
操作步骤	操作细节	展示图	操作注意事项	使用工具
工具准备	需要的工具设备有：转向助力油、测试纸、抹布、手电筒、滴管、鲤鱼钳、开口扳手、管钳、平口螺丝刀等			
油液检查	拧开助力油壶盖，使用滴管取出助力油液	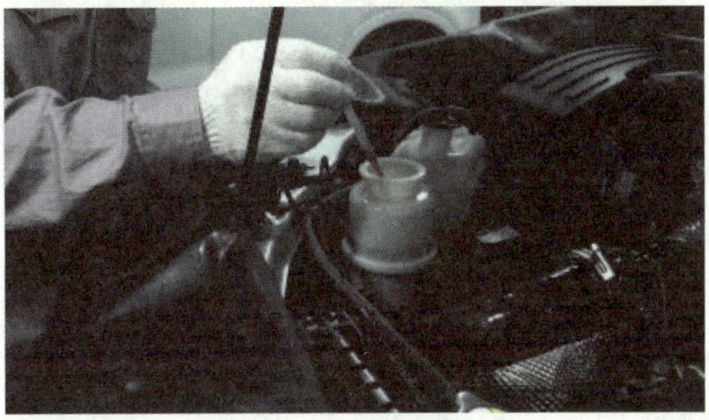	注意清洁油渍	滴管
	将油液滴在测试纸上，观察油质情况	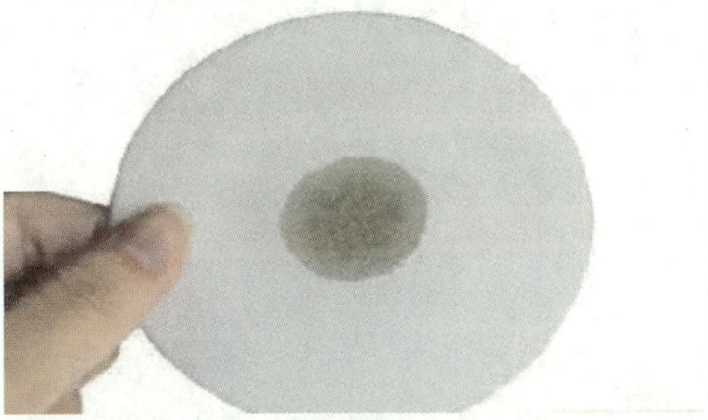	如油液有杂质或稀释、结胶、脏污、变质等现象，则需要更换油液	滴管、测试纸
油液更换及排气	连接油液抽取机，将抽油管放入油壶中抽取油液		注意连接稳定	油液抽取机

续表

操作步骤	操作细节	展示图	操作注意事项	使用工具
油液更换及排气	连接油液抽取机，将抽油管放入油壶中抽取油液		注意连接稳定	油液抽取机
	使用鲤鱼钳拆卸油壶管路接头，拔下转向油壶软管	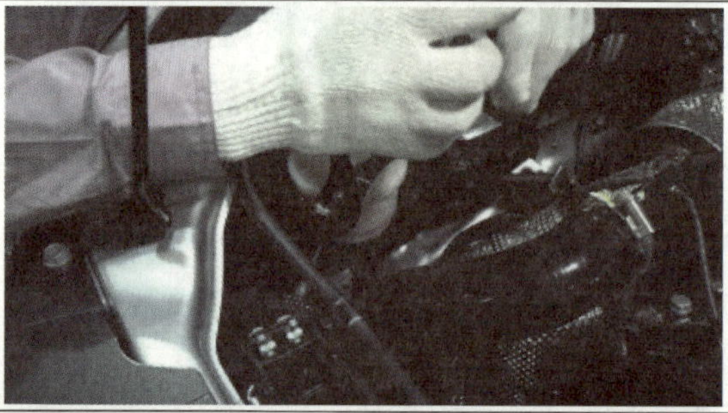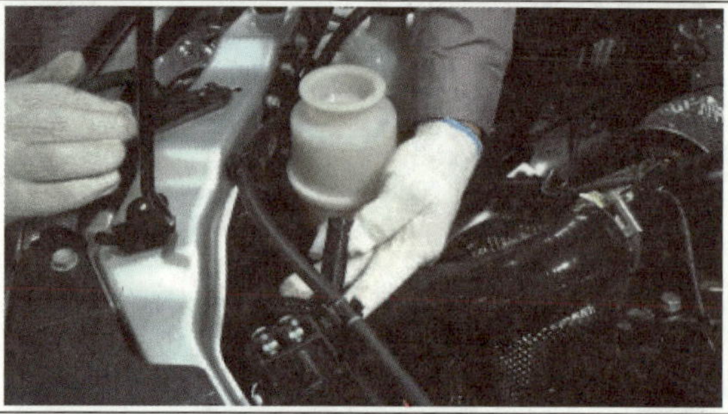	注意油液不要洒落	鲤鱼钳
	将抽油机接头与油壶软管连接	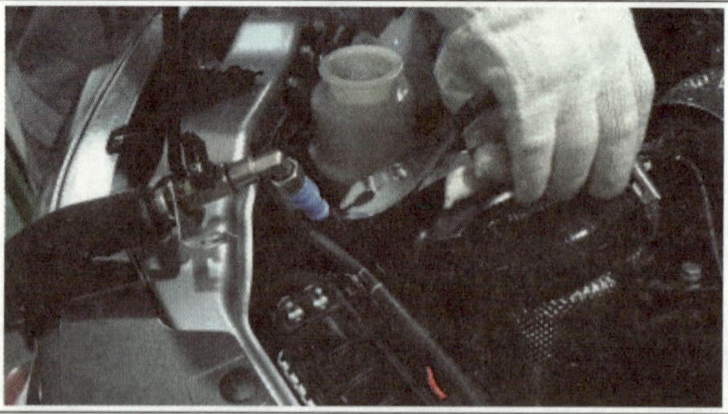		鲤鱼钳
	使用橡胶塞堵住油壶接头	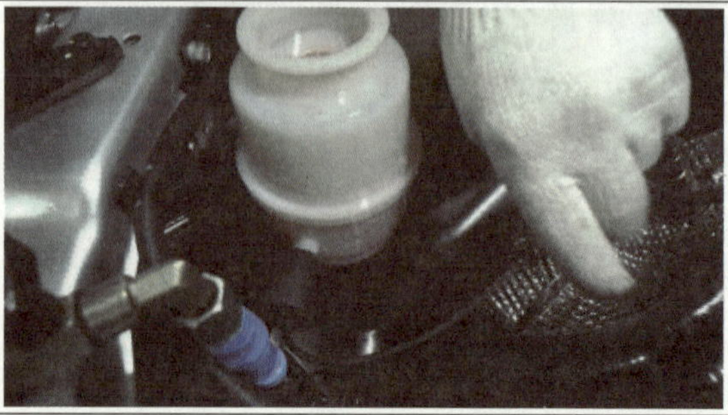		橡胶塞

续表

操作步骤	操作细节	展示图	操作注意事项	使用工具
油液更换及排气	添加转向助力油液		不要添加过量，略高于上限即可	
	更换油管中的油液时，缓慢转动转向盘		不要快速转动转向盘，否则油液可能会从油壶中喷出	
	取下抽油机接头，安装好助力油壶软管	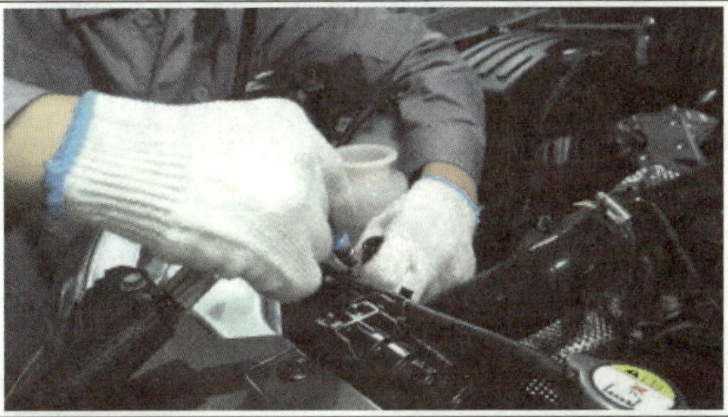 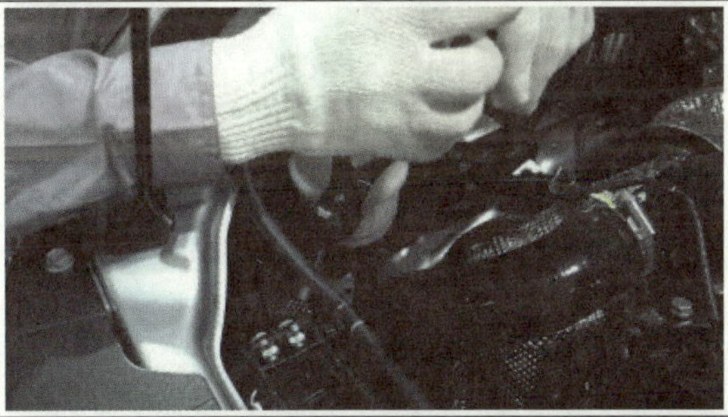	注意清洁	鲤鱼钳
	启动发动机，缓慢转动转向盘排除转向助力油路中的空气		不要快速转动转向盘，否则油液可能会从油壶中喷出	

续表

操作步骤	操作细节	展示图	操作注意事项	使用工具
油液更换及排气	将空气排出后检查油液液位，安装油壶盖	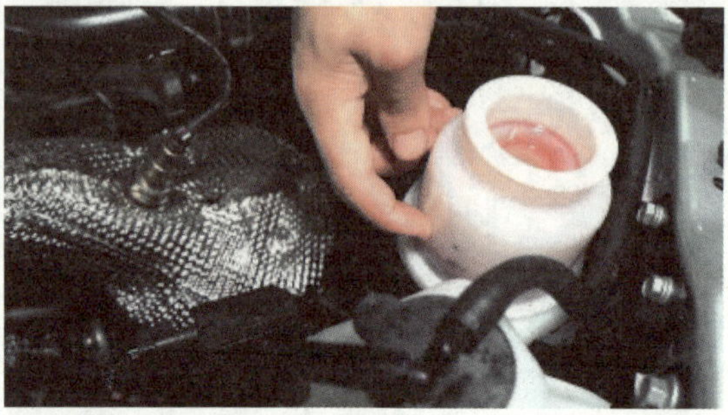	油液在上下刻度线之间	
		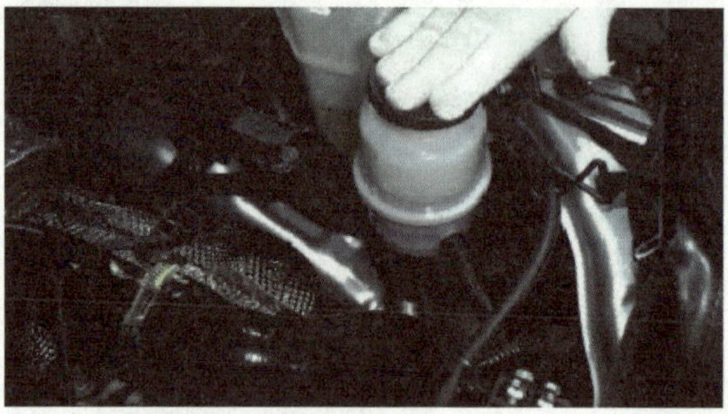		
转向系统泄漏检查	检查转向助力油油位是否正常，检查转向助力油管、助力油壶有无渗油老化等现象	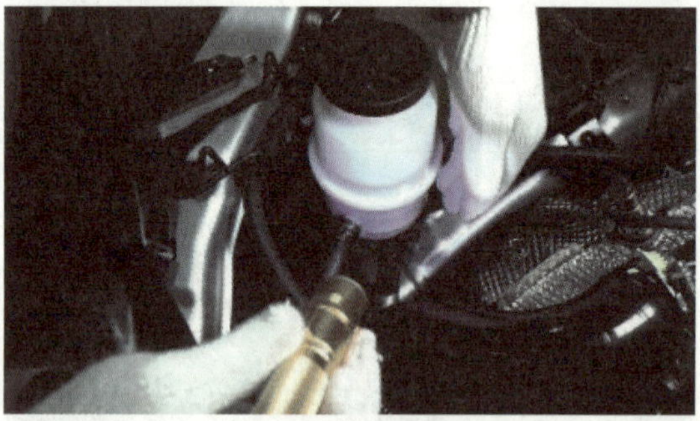	如转向助力油油位低于下限，则油液可能存在泄漏现象	手电筒
拆卸转向拉杆外球头	使用开口扳手拧松锁紧螺栓	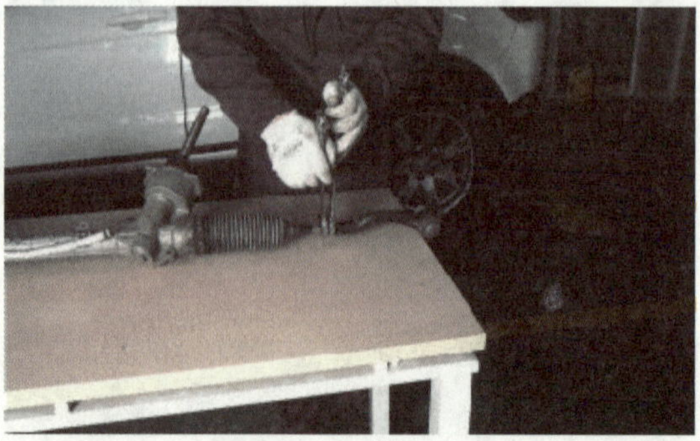		开口扳手

续表

操作步骤	操作细节	展示图	操作注意事项	使用工具
拆卸转向拉杆外球头	取下转向拉杆外球头	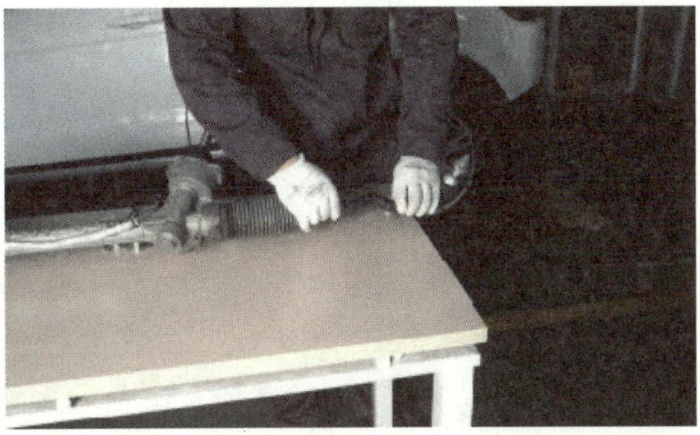		
	取下球笼套卡箍	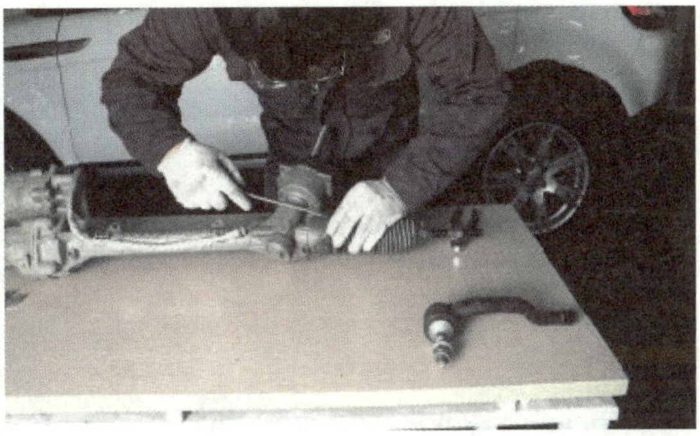		平口螺丝刀
		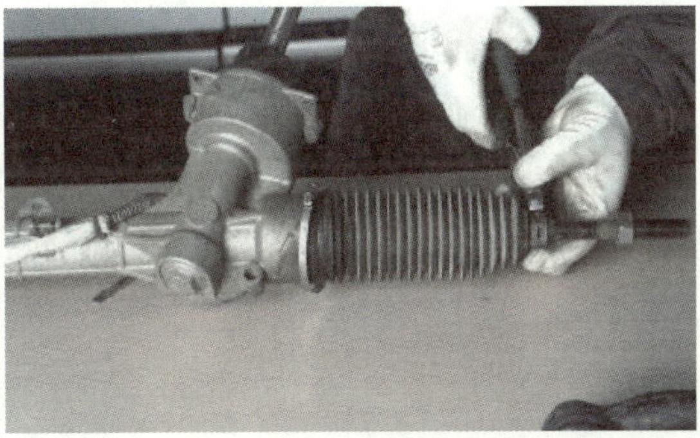		鲤鱼钳
	取下球笼套	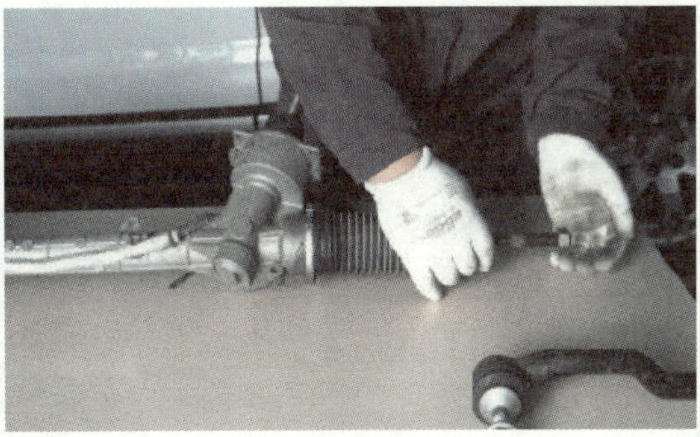		

续表

操作步骤	操作细节	展示图	操作注意事项	使用工具
拆卸转向拉杆外球头	取下球笼套	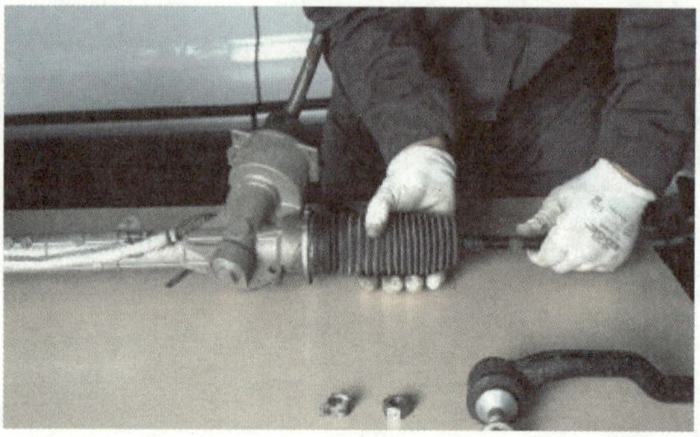		
	拧松拉杆螺栓	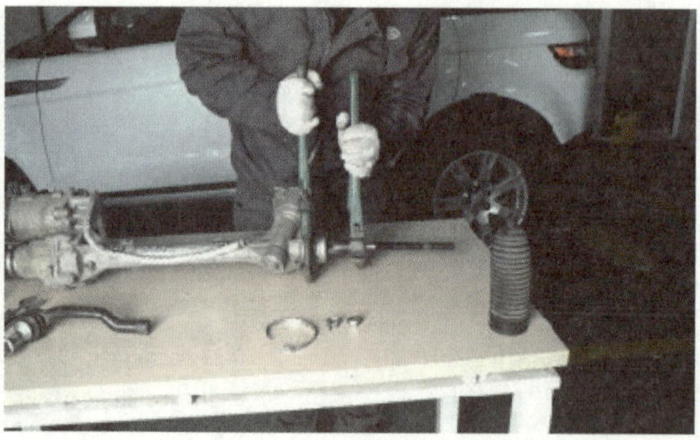		管钳
	旋出拉杆	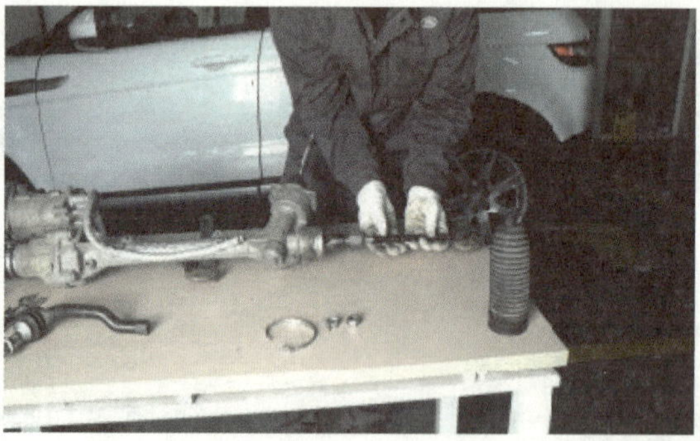		
	检查拉杆	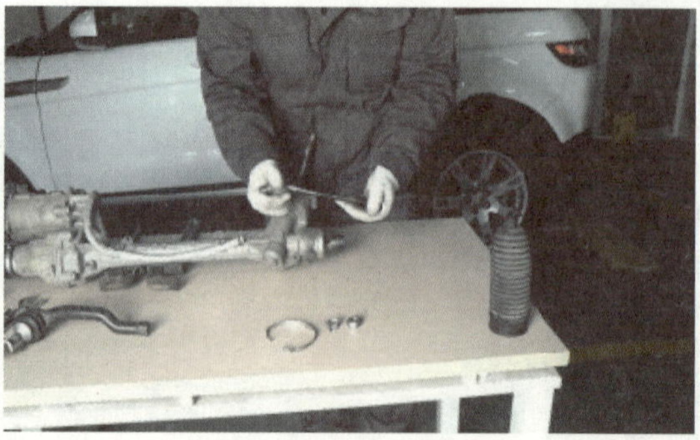	检查有无变形、损伤	

续表

<table>
<tr><th>操作步骤</th><th>操作细节</th><th>展示图</th><th>操作注意事项</th><th>使用工具</th></tr>
<tr><td rowspan="4">安装转向拉杆外球头</td><td>将拉杆旋入</td><td>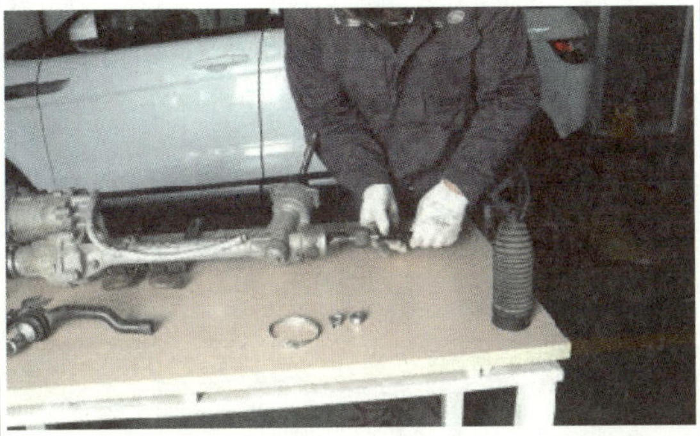</td><td></td><td></td></tr>
<tr><td>拧紧拉杆</td><td>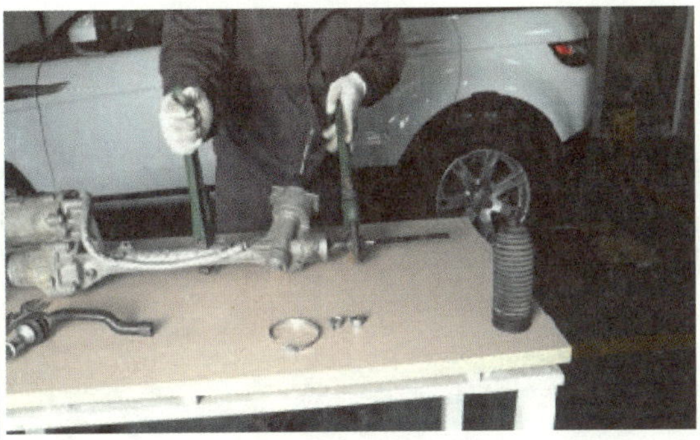</td><td></td><td>管钳</td></tr>
<tr><td>安装球笼套</td><td></td><td></td><td></td></tr>
<tr><td>安装球笼套卡箍</td><td>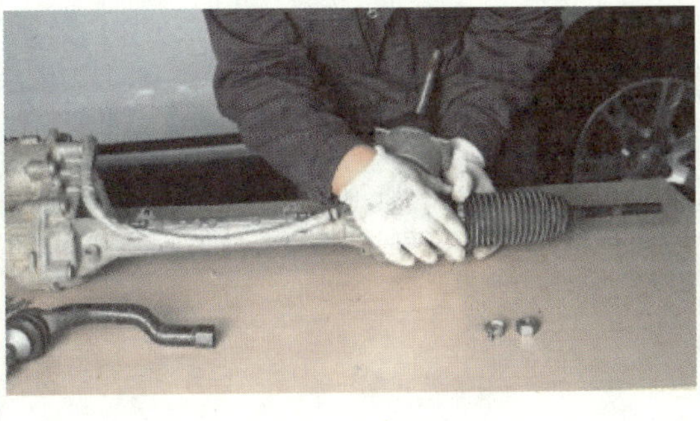</td><td>注意卡紧</td><td></td></tr>
</table>

续表

操作步骤	操作细节	展示图	操作注意事项	使用工具
安装转向拉杆外球头	安装球笼套卡箍	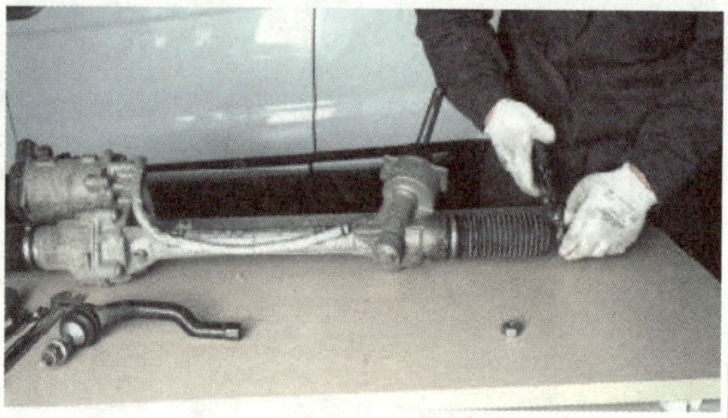	卡子安装到位	鲤鱼钳
	旋入固定螺母	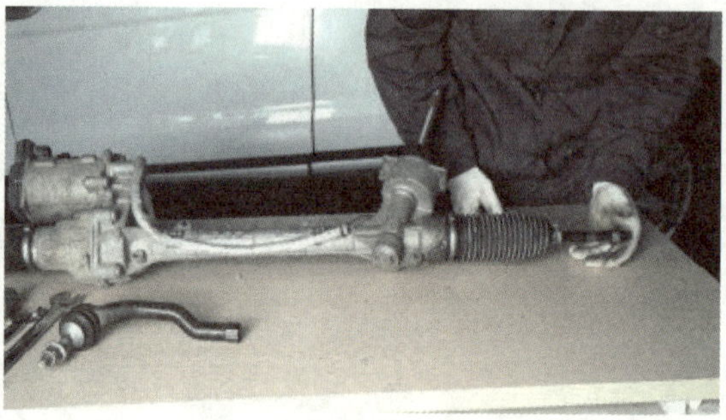		
	旋入拉杆外球头	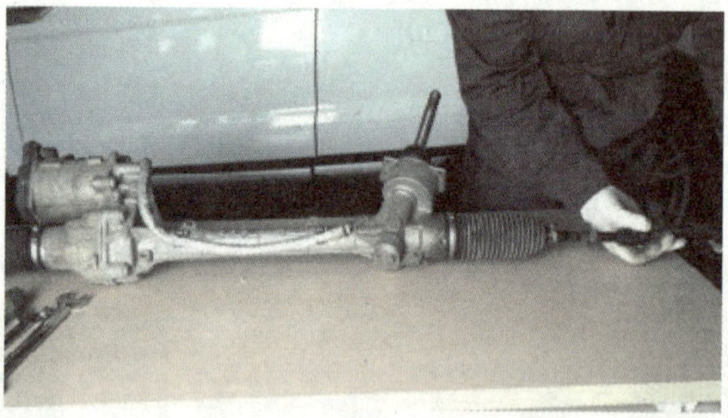		
	拧紧拉杆球头固定螺栓	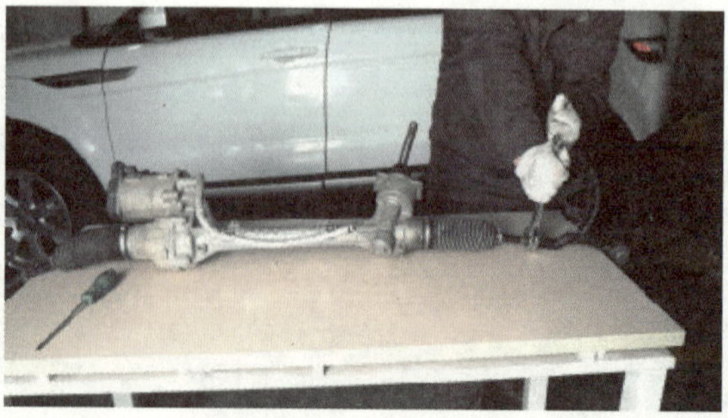		开口扳手

三、电控液压系统检查保养【实操报告】

项目：转向系统部件检查与保养（初级）		考核时间：30分钟	
姓名：	班级：	学号：	考评员签字：
初评：☐合格 ☐不合格	复评：☐合格 ☐不合格	师评：☐合格 ☐不合格	
日期：	日期：	日期：	
考核任务二 电控液压系统检查保养【实操考核报告】			

1．车辆信息记录

品牌		整车型号		生产日期	
发动机型号		发动机排量		行驶里程	
车辆识别码					

2．转向油油质检查

检查项目	液位检查情况	检查结果	检测项目	结果
转向油液	☐太低 ☐太高 ☐无	☐正常 ☐异常	油质	☐正常 ☐异常

3．电控转向系统泄漏检查

检查项目	泄漏检查情况	泄漏部件名称	维修措施
转向油管	☐泄漏 ☐正常		☐更换 ☐调整 ☐紧固 ☐无
转向油壶	☐泄漏 ☐正常		☐更换 ☐调整 ☐紧固 ☐无

4．查询用户手册，记录转向系统保养项目里程及周期

保养项目	保养里程及周期		
转向油液更换			

四、电控液压系统检查保养【评分细则】

考核任务二 电控液压系统检查保养【评分细则】							
序号	评分项	得分条件	评分	评分要求	自评	互评	师评
1	安全/7S/态度	☐1. 能进行工位7S操作 ☐2. 能进行设备和工具安全检查	15	未完成1项扣5分，扣分不得超15分	☐熟练 ☐不熟练	☐熟练 ☐不熟练	☐合格 ☐不合格

续表

序号	评分项	得分条件	评分	评分要求	自评	互评	师评
1	安全/7S/态度	□3. 能进行车辆安全防护操作 □4. 能进行工具清洁校准存放操作 □5. 能进行三不落地操作	15	未完成1项扣3分，扣分不得超15分	□熟练 □不熟练	□熟练 □不熟练	□合格 □不合格
2	专业技术能力	作业1： □1. 能正确检查转向油油位 □2. 能正确检查转向油油质 □3. 能正确检查电控转向系统是否泄漏 □4. 能正确拆卸转向拉杆外球头 □5. 能正确安装转向拉杆外球头 □6. 能正确拆卸转向拉杆球笼套 □7. 能正确安装转向拉杆球笼套 □8. 能正确查询转向油更换周期 □9. 能正确查询转向油型号	50	未完成1项扣7分，扣分不得超50分	□熟练 □不熟练	□熟练 □不熟练	□合格 □不合格
3	工具及设备的使用能力	□1. 能正确选用维修工具 □2. 能正确使用维修工具 □3. 能正确使用油液抽取机	10	未完成1项扣5分，扣分不得超10分	□熟练 □不熟练	□熟练 □不熟练	□合格 □不合格
4	资料、信息查询能力	□1. 能正确使用维修手册查询资料 □2. 能在规定时间内查询所需资料 □3. 能正确记录所查询资料章节页码 □4. 能正确记录所需维修信息	10	未完成1项扣3分，扣分不得超10分	□熟练 □不熟练	□熟练 □不熟练	□合格 □不合格
5	数据、判读和分析能力	□1. 能判断转向油质是否正常 □2. 能判断转向油位是否正常 □3. 能判断转向拉杆是否正常	10	未完成1项扣5分，扣分不得超10分	□熟练 □不熟练	□熟练 □不熟练	□合格 □不合格
6	表单填写与报告的撰写能力	□1. 字迹清晰 □2. 语句通顺 □3. 无错别字 □4. 无涂改 □5. 无抄袭	5	未完成1项扣1分，扣分不得超5分	□熟练 □不熟练	□熟练 □不熟练	□合格 □不合格
总分							

任务三　车轮四轮定位调整

车轮四轮定位调整

一、车轮四轮定位调整【工作页】

车轮四轮定位调整【工作页】			
班级		姓名	

一、填空题

1. 汽车如果没有正确的前轮定位，将引起＿＿＿＿＿＿、＿＿＿＿＿＿等不良反应，增加驾驶员的劳动强度，同时转向车轮在向前滚动时将会产生侧滑现象。

2. 主销内倾角失准后，如主销内倾角过＿＿＿＿＿＿，会使汽车行驶稳定性变差，不易保持直线行驶，转向盘操纵频繁，而且转向沉重。

二、判断题

1. 当车轮外倾角不符合规定时，须检查轮毂轴承是否松旷、转向节铜套是否磨损和转向节轴是否变形等，根据故障情况可予以修复或更换。(　　)

2. 车轮前束失准时，过大或过小都将引起轮胎偏磨损，影响轮胎使用寿命。前束过大，车轮内侧磨损严重；前束过小，车轮外侧磨损加快。(　　)

三、识图题

判断下图中的三种情况分别是车轮前束处于什么状态（填写正常、过大、过小）。

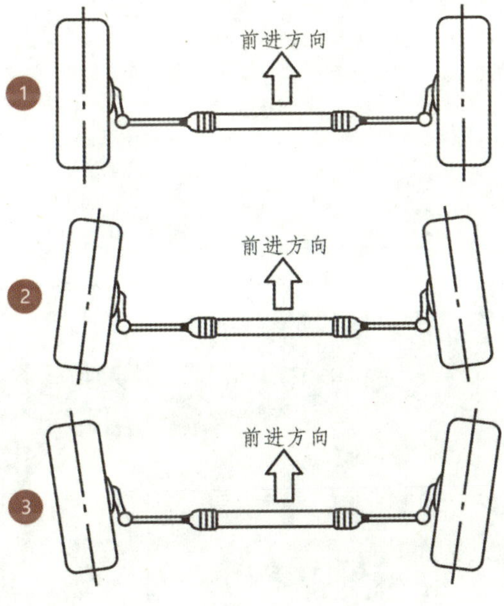

①＿＿＿＿＿＿②＿＿＿＿＿＿③＿＿＿＿＿＿

二、车轮四轮定位调整【操作手册】

车轮四轮定位调整【操作手册】				
操作步骤	操作细节	展示图	操作注意事项	使用工具
工具准备	需要的工具设备有：撬棍、力矩扳手、套筒接杆、套筒、手电筒、挡块、螺丝刀、活动扳手、开口扳手、胎压表。 目视检查工具设备外观有无损伤，刻度是否清晰		注意检查力矩扳手刻度显示是否清晰，调节器是否正常	
升降机检查	四轮定位升降机举升检查		检查升降机稳定性、有无损坏、能否正常升降、锁止情况	
	升降机锁止检查			
	晃动举升机，检查举升机是否稳定			

续表

操作步骤	操作细节	展示图	操作注意事项	使用工具
升降机检查	检查举升机铰链处是否有损坏			
	升降机检查			
	升起子机部分			
	晃动检查子机部分的稳定性			
	降下子机和母机			

续表

操作步骤	操作细节	展示图	操作注意事项	使用工具
	给车辆驱动轮安装挡块	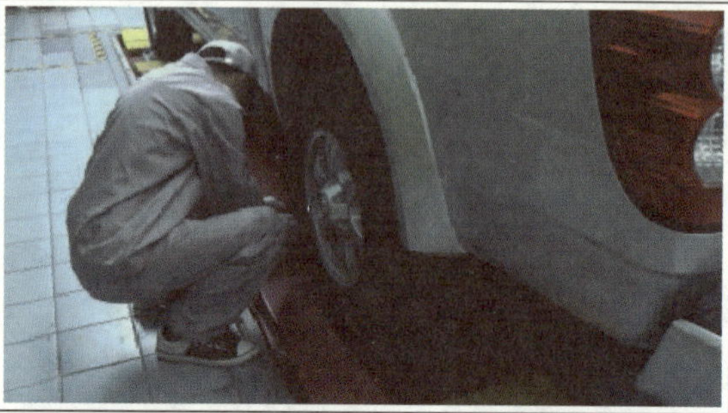		挡块
	通过举升机母机升起车辆		举升前放下驻车制动	
车辆检查	车辆底盘连接件松动检查			撬棍
	检查悬挂部分连接是否有松动			撬棍
	检查底盘各连接部分螺丝是否松动			撬棍

续表

操作步骤	操作细节	展示图	操作注意事项	使用工具
车辆检查	降下车辆			
	左前轮轮胎外观检查	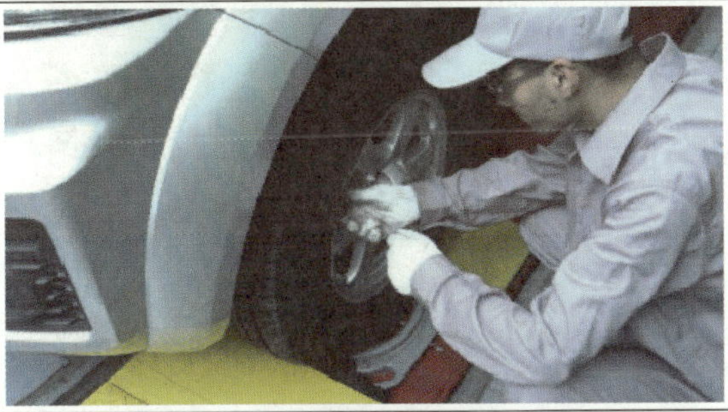	检查轮胎外观磨损是否正常、有无破损，轮辋有无断裂	
	检查左前轮胎压是否在标准范围内		压力不足及时补充	胎压表
	左后轮轮胎外观检查	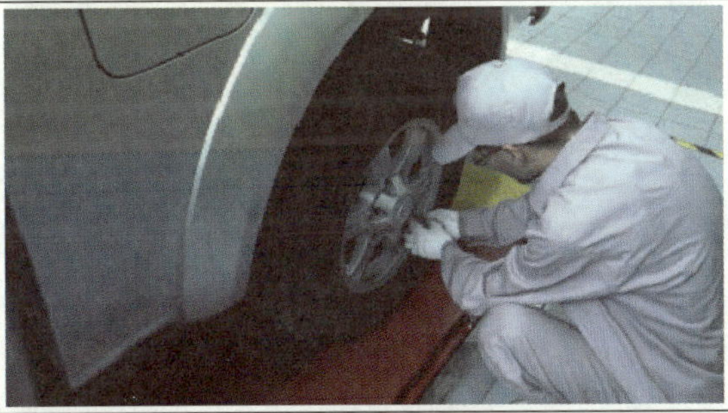	检查轮胎外观磨损是否正常、有无破损，轮辋有无断裂	
	检查左后轮胎压是否在标准范围内	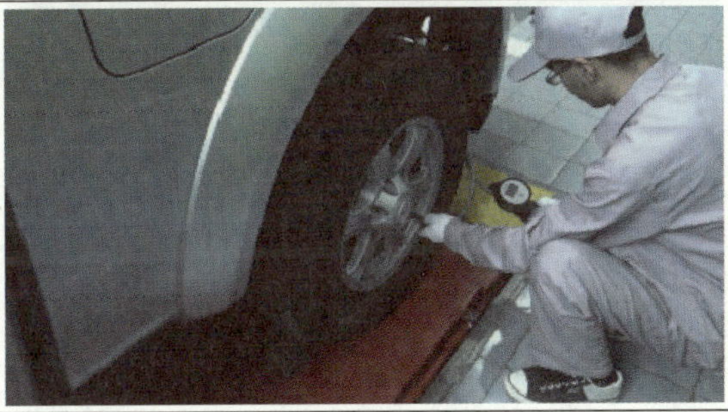	压力不足时及时补充	胎压表

续表

操作步骤	操作细节	展示图	操作注意事项	使用工具
车辆检查	右后轮轮胎外观检查		检查轮胎外观磨损是否正常、有无破损，轮辋有无断裂	
	检查右后轮胎压是否在标准范围内		压力不足时及时补充	胎压表
	右前轮轮胎外观检查		检查轮胎外观磨损是否正常、有无破损，轮辋有无断裂	
	检查右前轮胎压是否在标准范围内		压力不足时及时补充	胎压表
四轮数据检测	安装转向盘锁止器	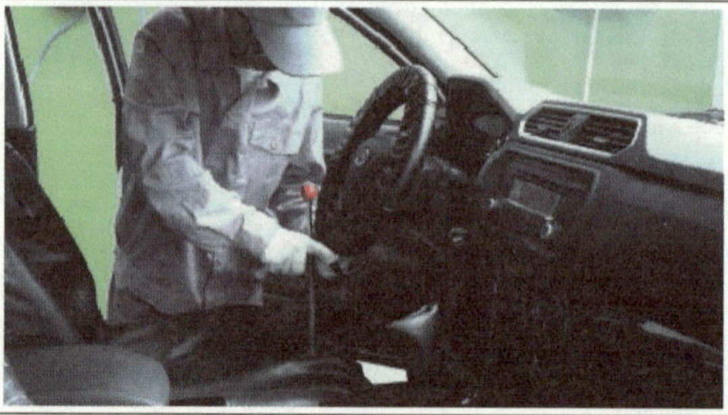	避免压坏座椅	转向盘锁止器

续表

操作步骤	操作细节	展示图	操作注意事项	使用工具
四轮数据检测	检查转向盘锁止器安装是否稳固	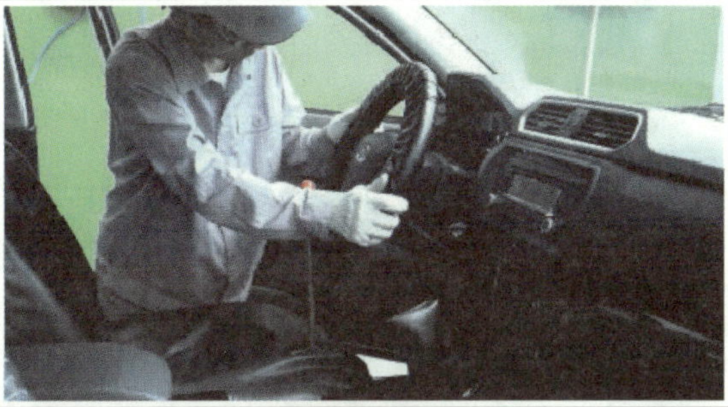	固定稳固后再进行下一步	转向盘锁止器
	安装右前轮定位夹具		注意定位夹具相对应的车轮方位，避免刮花轮毂	定位夹具
	安装右前轮定位夹具保险绳		防止夹具脱落	夹具保险绳
	夹具安装位置		注意夹具安装在轮辋外边缘与轮胎相接的位置	
	安装右后轮定位夹具		注意定位夹具相对应的车轮方位	定位夹具

续表

操作步骤	操作细节	展示图	操作注意事项	使用工具
	安装左前轮定位夹具		注意定位夹具相对应的车轮方位	定位夹具
	安装左前轮定位夹具保险绳		防止夹具脱落	夹具保险绳
四轮数据检测	安装左后轮定位夹具		注意定位夹具相对应的车轮方位	定位夹具
	打开四轮定位系统			
	选择标靶监视	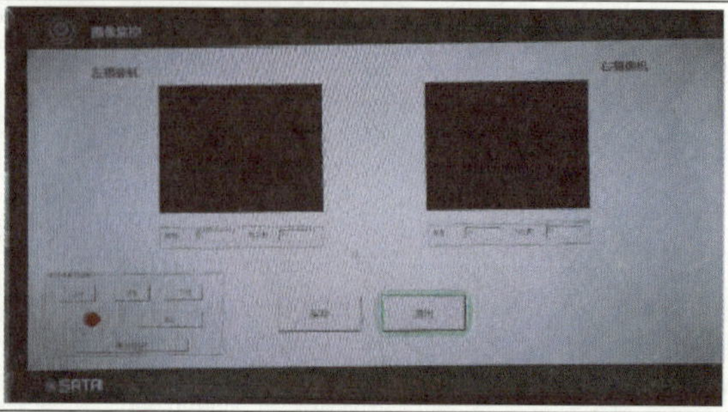		

续表

操作步骤	操作细节	展示图	操作注意事项	使用工具
四轮数据检测	通过举升机母机升起车辆		举升机使用安全规范	
	通过左右摄像监控对准四轮定位仪	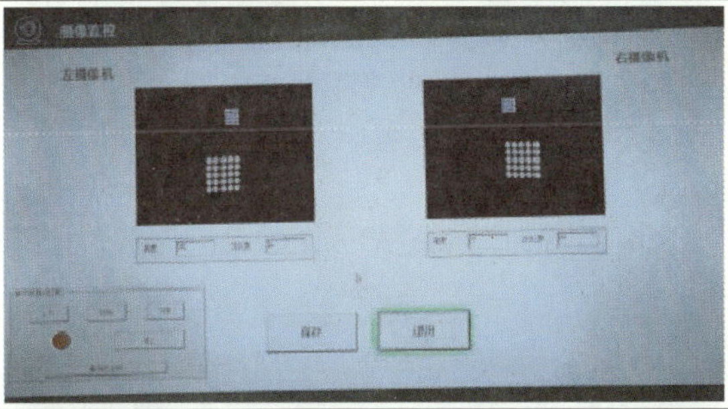	定位点在屏幕中间即可	
	选择车型	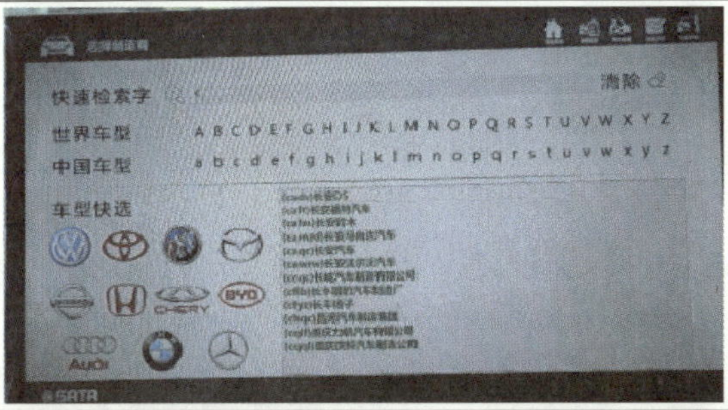	根据车型选择	
	拔出左前车轮转角盘锁销			
	取下车轮后挡块		只用向后移动后挡块即可，前挡块不用移动	

续表

操作步骤	操作细节	展示图	操作注意事项	使用工具
四轮数据检测	拔出右前车轮转角盘锁销			
	根据提示向后推车	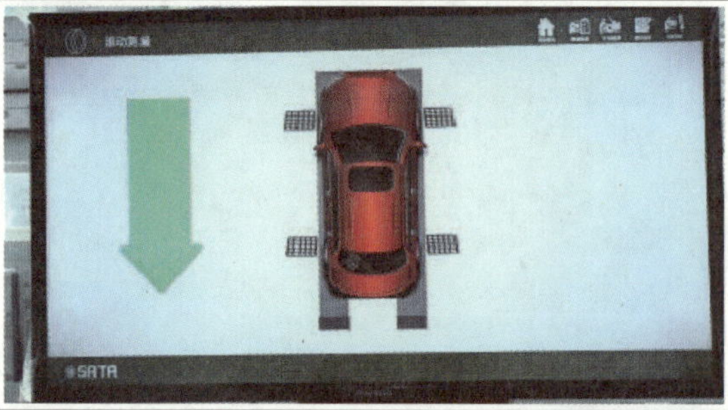	缓慢推车	
	根据提示向前推车		缓慢推车	
	点击定位系统主销调整	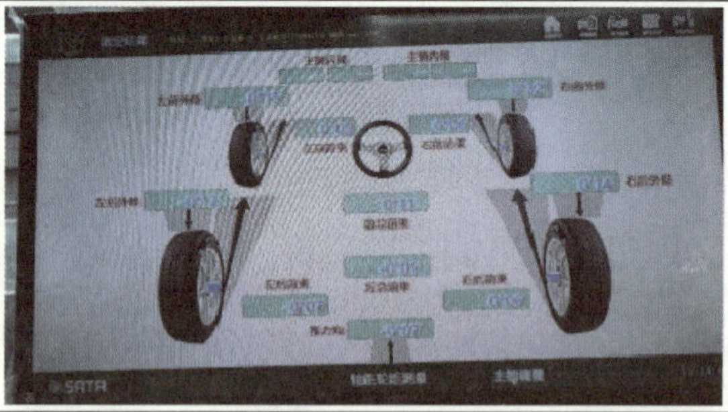		
	小心进入主驾室		使用梯子上下时注意安全	梯子

续表

操作步骤	操作细节	展示图	操作注意事项	使用工具
	根据提示缓慢向左转动转向盘	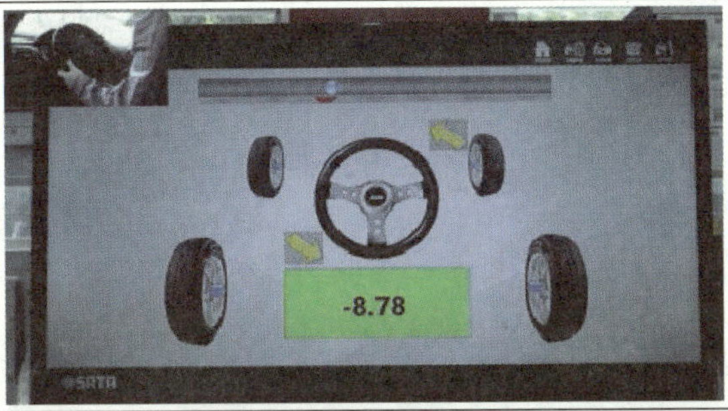	取下转向盘锁止器后，缓慢转动转向盘	转向盘锁止器
	根据提示缓慢向右转动转向盘		缓慢转动转向盘	
四轮数据检测	根据提示缓慢回正转动转向盘	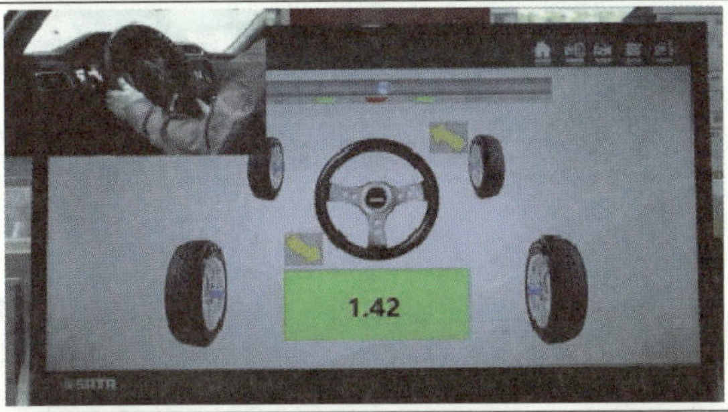	缓慢转动转向盘	
	查看测定结果	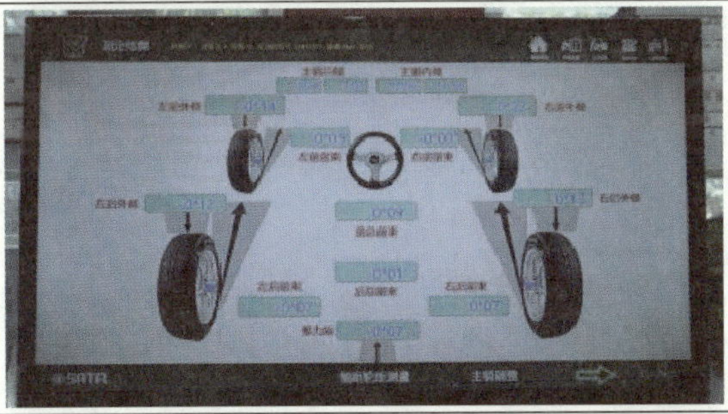		
	查看前轮调整数值			

续表

操作步骤	操作细节	展示图	操作注意事项	使用工具
调整	用活动扳手拧松右侧转向拉杆螺丝	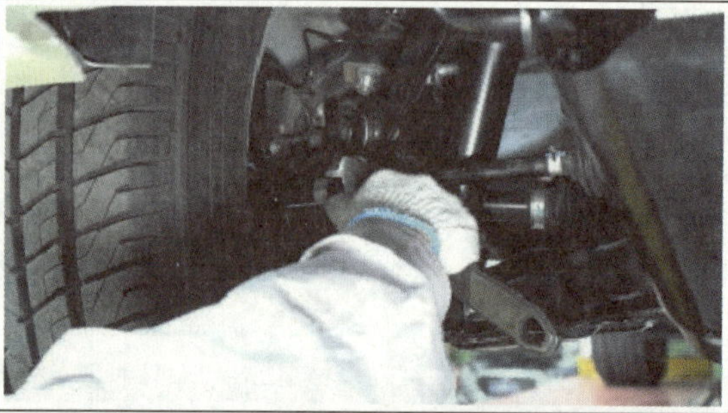	缓慢松开螺母就行	活动扳手
	根据提示，使用扳手缓慢转动右侧转向拉杆，直到调整到正常范围内		此处是转动拉杆，不是螺母	扳手
	用活动扳手拧松左侧转向拉杆螺丝	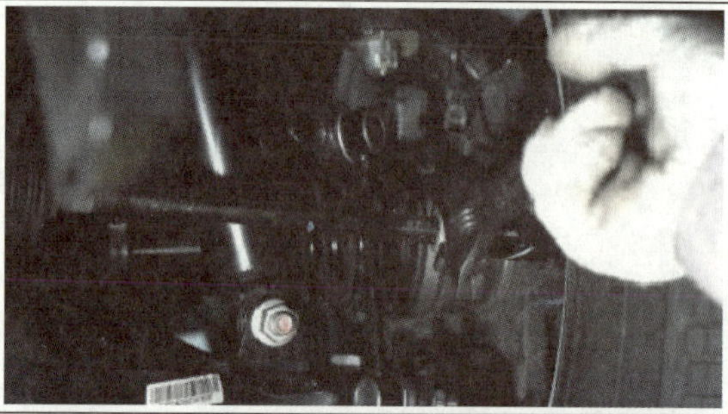	缓慢松开螺母就行	活动扳手
	根据提示，使用扳手缓慢转动左侧转向拉杆，直到调整到正常范围内	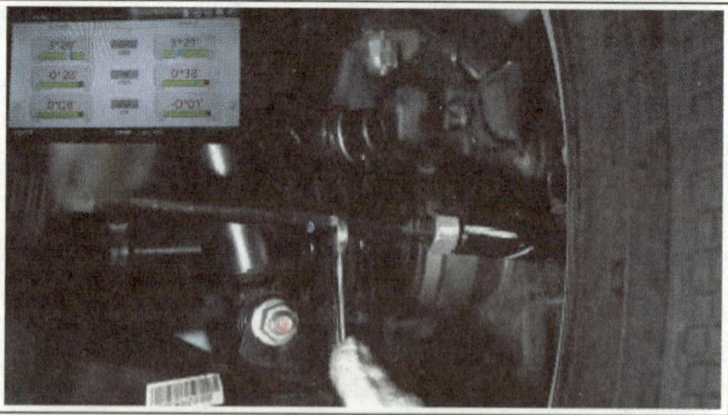	此处是转动拉杆，不是螺母	扳手
	使用扳手固定右侧转向拉杆，拧紧固定螺丝	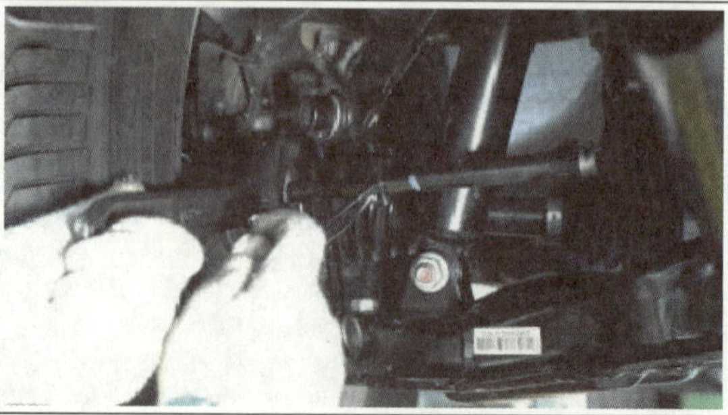	不要转动拉杆，只拧紧螺母	活动扳手、开口扳手

续表

操作步骤	操作细节	展示图	操作注意事项	使用工具
调整	使用扳手固定左侧转向拉杆，拧紧固定螺丝		不要转动拉杆，只拧紧螺母	活动扳手、开口扳手
再次数据检测	四轮定位系统退回到滚动测量选项，开始向后和向前推车		缓慢推车	
	根据提示缓慢向左、向右、回正转动转向盘		缓慢转动转向盘	
	查看前轮调整数值是否在正常范围内	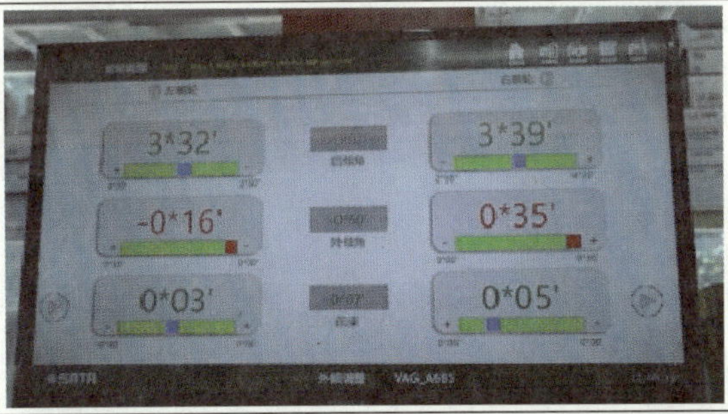		
	退出系统	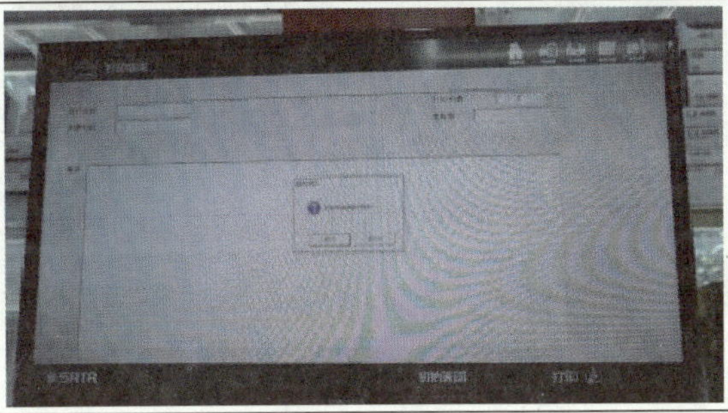		

续表

操作步骤	操作细节	展示图	操作注意事项	使用工具
回收设备	给左右拉杆螺丝打上记号	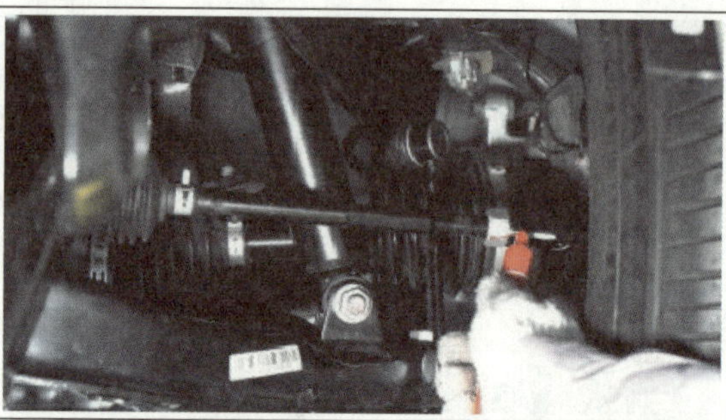		记号笔
	降下车辆	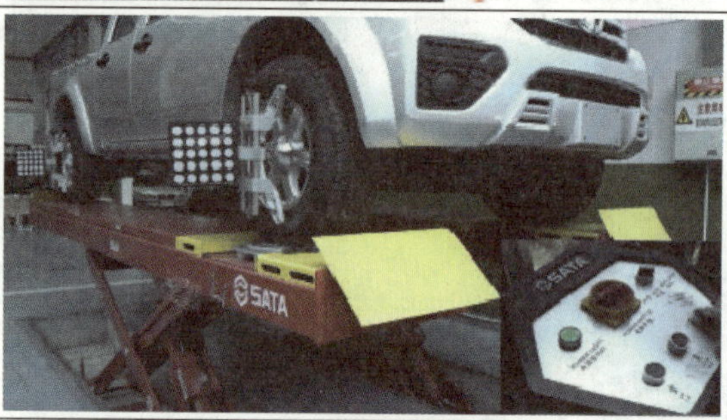	确定升降机周围及车底安全后降下车辆	
	取下右后轮定位夹具保险绳和夹具		避免夹具落下刮花轮毂	定位夹具保险绳、夹具
	将夹具和保险绳放回指定位置		放置到指定对应位置	
	取下右前轮定位夹具保险绳和夹具，并放回指定位置		避免夹具落下刮花轮毂	定位夹具保险绳、夹具

续表

操作步骤	操作细节	展示图	操作注意事项	使用工具
回收设备	取下左后轮定位夹具保险绳和夹具，并放回指定位置		避免夹具落下刮花轮毂	定位夹具保险绳、夹具
	取下左前轮定位夹具保险绳和夹具，并放回指定位置		避免夹具落下刮花轮毂	定位夹具保险绳、夹具
	取下转向盘锁止器，并放回工具箱			转向盘锁止器

三、车轮四轮定位调整【实操报告】

项目：转向系统部件检查与保养（初级）		考核时间：30 分钟	
姓名	班级：	学号：	考评员签字：
初评：□合格　□不合格	复评：□合格　□不合格	师评：□合格　□不合格	
日期：	日期：	日期：	
考核任务三　车轮四轮定位调整【实操考核报告】			

1．车辆信息记录

品牌		整车型号		生产日期	
发动机型号		发动机排量		行驶里程	
车辆识别码					

2．检查转向系统各部件，查询维修手册，记录故障部件名称及位置

序号	部件名称	检查情况	维修措施
1			
2			
3			
4			

3．检查并调整轮胎气压

轮胎气压	左前	右前	左后	右后
调整前				
调整后				

4．使用四轮定位仪读取该车数据，并调整前轮前束

检查项目	左前	右前
前束角		
前束调整后		

四、车轮四轮定位调整【评分细则】

考核任务三　车轮四轮定位调整【评分细则】							
序号	评分项	得分条件	评分	评分要求	自评	互评	师评
1	安全/7S/态度	□1. 能进行工位7S操作 □2. 能进行设备和工具安全检查 □3. 能进行车辆安全防护操作 □4. 能进行工具清洁校准存放操作 □5. 能进行三不落地操作	15	未完成1项扣5分，扣分不得超15分	□熟练 □不熟练	□熟练 □不熟练	□合格 □不合格

续表

序号	评分项	得分条件	评分	评分要求	自评	互评	师评
2	专业技术能力	作业 1: □1. 能正确拆装设备传感器 □2. 能正确举升车辆至一定高度 □3. 能正确调试设备传感器 □4. 能正确按照提示进行偏位补偿 □5. 能正确锁止制动踏板 □6. 能正确固定转向盘 □7. 能正确读取四轮定位数据 □8. 能正确调整前轮至正常范围 作业 2: □1. 能正确打开主机找到匹配车型 □2. 能正确输入车辆信息 □3. 能正确操作界面进入所需程序 □4. 能正确读取四轮定位数据变化 作业 3: □1. 能正确查询四轮定位数据标准 □2. 能正确查询前束调整方法 □3. 能正确查询车辆信息 □4. 能正确查询设备使用方法	50	未完成1项扣5分,扣分不得超50分	□熟练 □不熟练	□熟练 □不熟练	□合格 □不合格
3	工具及设备的使用能力	□1. 能正确使用四轮定位仪 □2. 能正确使用制动踏板锁止器 □3. 能正确使用转向盘锁止工具 □4. 能正确使用调整工具	10	未完成1项扣5分,扣分不得超10分	□熟练 □不熟练	□熟练 □不熟练	□合格 □不合格

续表

序号	评分项	得分条件	评分	评分要求	自评	互评	师评
4	资料、信息查询能力	□1. 能正确使用维修手册查询资料 □2. 能在规定时间内查询所需资料 □3. 能正确记录所查询资料章节页码 □4. 能正确记录所需维修信息	10	未完成1项扣3分，扣分不得超10分	□熟练 □不熟练	□熟练 □不熟练	□合格 □不合格
5	数据、判读和分析能力	□1. 能正确判断四轮定位数据是否正常 □2. 能正确分析确定左右横拉杆调整量 □3. 能正确分析左右横拉杆调整方向	10	未完成1项扣5分，扣分不得超10分	□熟练 □不熟练	□熟练 □不熟练	□合格 □不合格
6	表单填写与报告的撰写能力	□1. 字迹清晰 □2. 语句通顺 □3. 无错别字 □4. 无涂改 □5. 无抄袭	5	未完成1项扣1分，扣分不得超5分	□熟练 □不熟练	□熟练 □不熟练	□合格 □不合格
总分							

任务四　电控转向功能检查

一、电控转向功能检查【工作页】

电控转向功能检查【工作页】			
班级		姓名	

一、填空题

1. 电动式电控动力转向系统简称__________，它以直流电动机作为助力源。电子控制单元根据车速和转向参数控制电动机的通电电流强度，调节电动机工作转矩，进而控制转向助力的强度。

2. 电动式电控动力转向系统主要由__________、__________、直流马达、减速机构和故障指示灯等组成。

二、判断题

1. 转矩传感器一般与直流马达制作成一体，当驾驶员操作转向盘时，转向时的转矩通过转向主轴把转向转矩施加到转矩传感器输入轴上。(　　)

2. 直流马达的作用是将热能转变成机械能输出，它由转子、定子和马达轴等组成；减速机构由蜗轮蜗杆装置组成。(　　)

三、识图题

请在空白横线处填写图中序号标记的各部件名称。

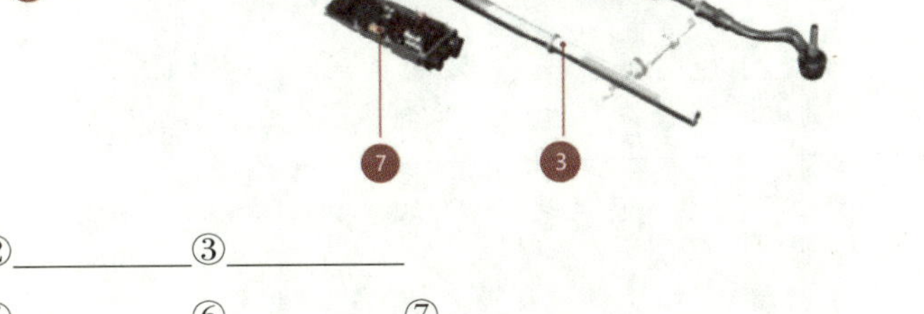

①__________②__________③__________

④__________⑤__________⑥__________⑦__________

二、电控转向功能检查【操作手册】

电控转向功能检查【操作手册】				
操作步骤	操作细节	展示图	操作注意事项	使用工具
工具准备	需要的工具设备有：直尺、机油枪、解码器			
电控转向功能检查	向左和向右慢慢转动转向盘，检查转向盘的自由行程		最大自由行程为 30 mm	直尺
	分别将转向盘左右打死，检查最大转向角度			
	调节转向盘上下高度，检查调节功能是否正常，锁止功能是否正常			

续表

<table>
<tr><th>操作步骤</th><th>操作细节</th><th>展示图</th><th>操作注意事项</th><th>使用工具</th></tr>
<tr><td rowspan="4">电控转向功能检查</td><td>使用机油枪润滑转向十字节</td><td>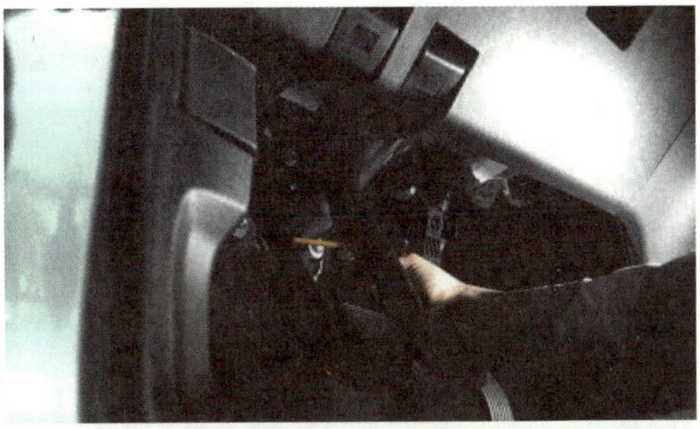</td><td></td><td>机油枪</td></tr>
<tr><td>连接诊断仪到OBD（车载诊断系统）接口</td><td></td><td>注意选择相适应的接口</td><td></td></tr>
<tr><td>打开解码器选择相应的车型及年款</td><td>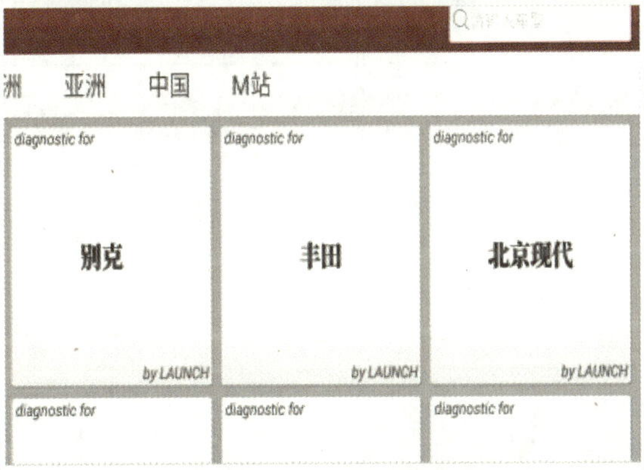</td><td>注意选择相应的车型、年款</td><td></td></tr>
<tr><td>确定车型</td><td>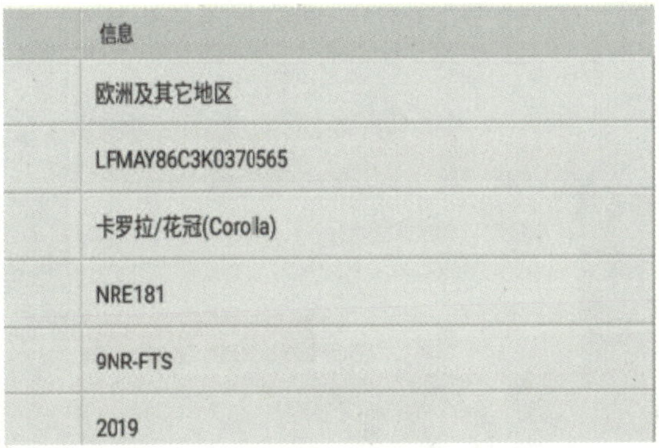</td><td></td><td></td></tr>
</table>

续表

操作步骤	操作细节	展示图	操作注意事项	使用工具
电控转向功能检查	选择系统			
		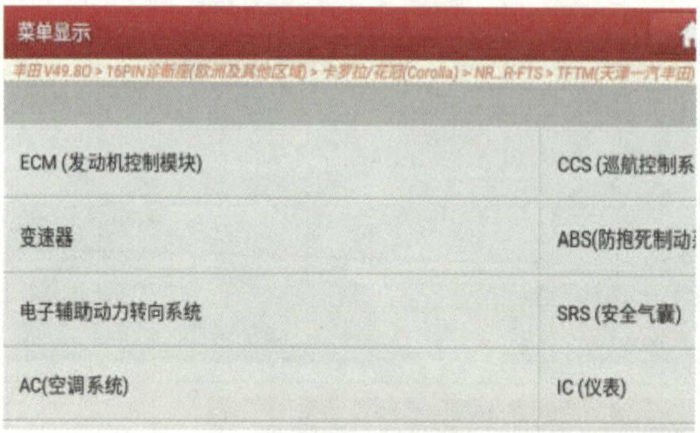		
故障码与数据流读取，复位学习	读取、清除故障码	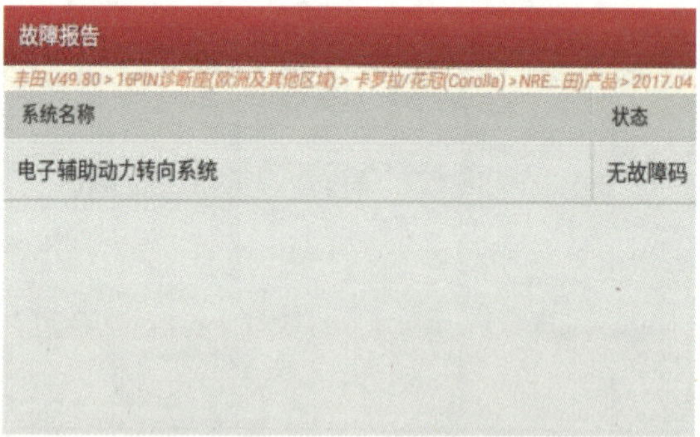		
		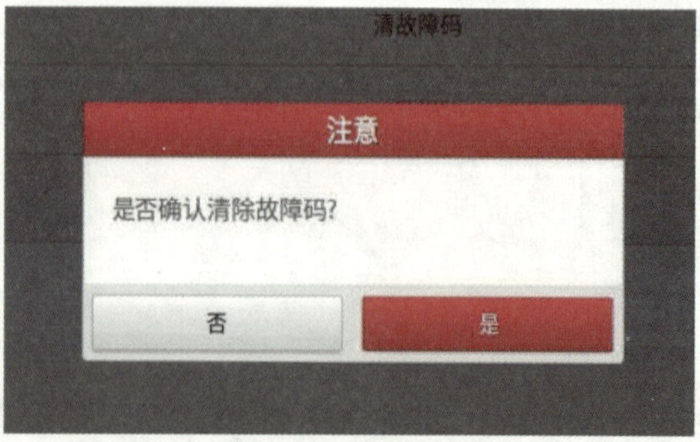		

续表

<table>
<tr><th>操作步骤</th><th>操作细节</th><th>展示图</th><th>操作注意事项</th><th>使用工具</th></tr>
<tr><td rowspan="4">故障码与数据流读取，复位学习</td><td>读取、清除故障码</td><td>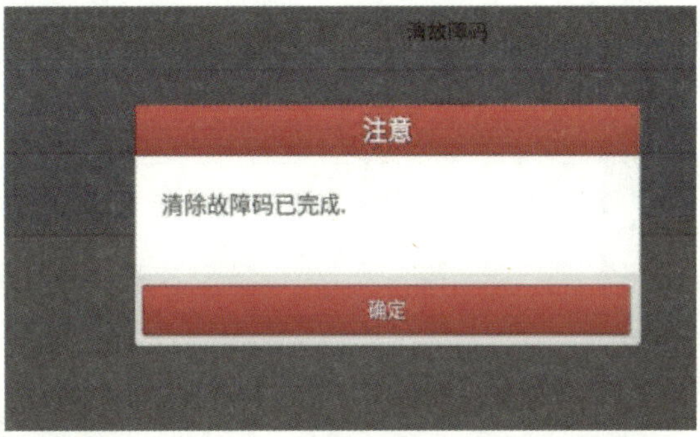
</td><td></td><td></td></tr>
<tr><td rowspan="3">读取数据流</td><td>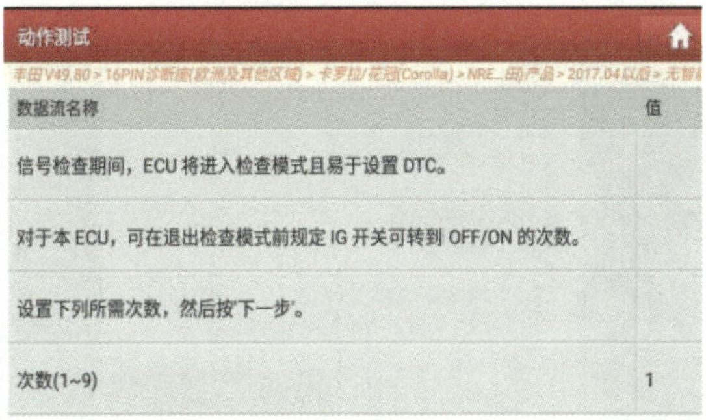
</td><td></td><td></td></tr>
<tr><td>
</td><td></td><td></td></tr>
<tr><td>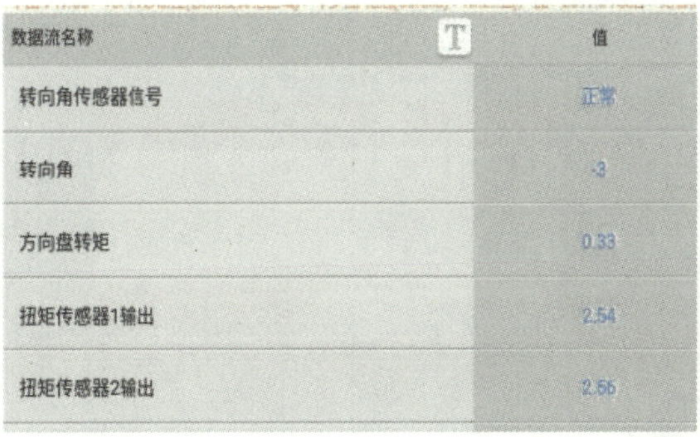
</td><td></td><td></td></tr>
</table>

续表

操作步骤	操作细节	展示图	操作注意事项	使用工具
故障码与数据流读取，复位学习	读取数据流	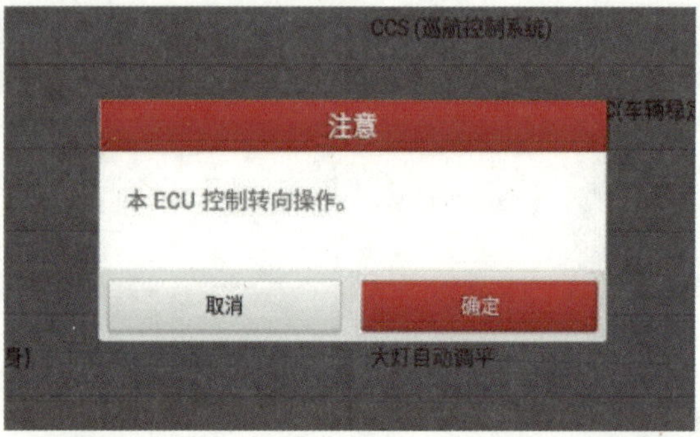		
	转向复位学习	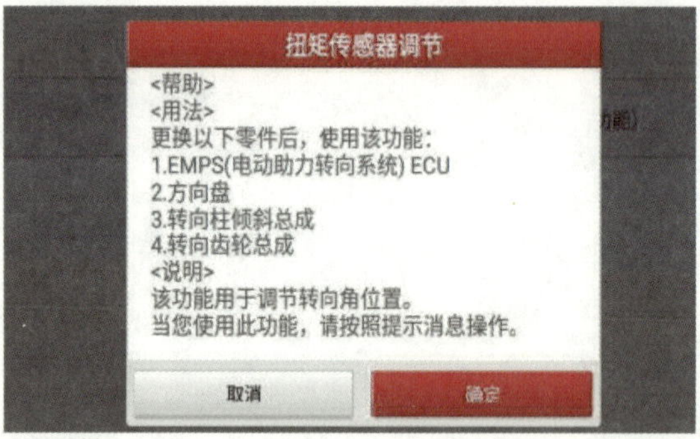		
		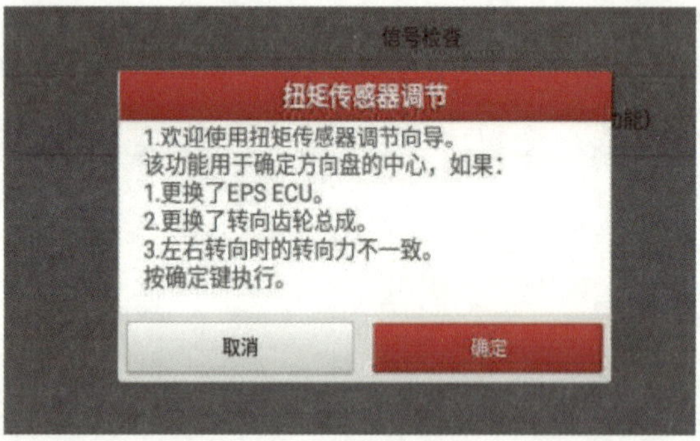		
		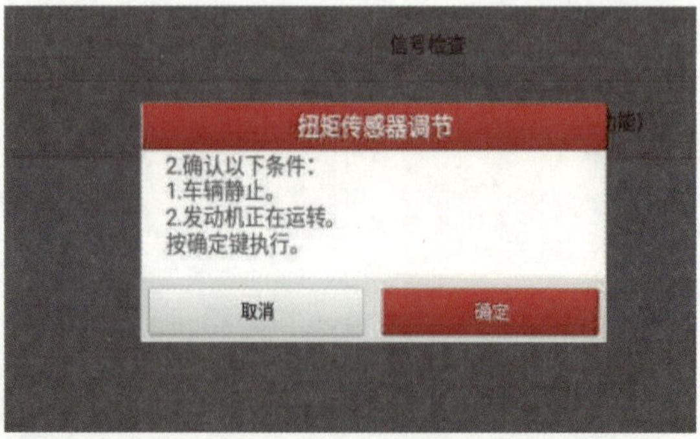		

续表

操作步骤	操作细节	展示图	操作注意事项	使用工具
故障码与数据流读取，复位学习	转向复位学习	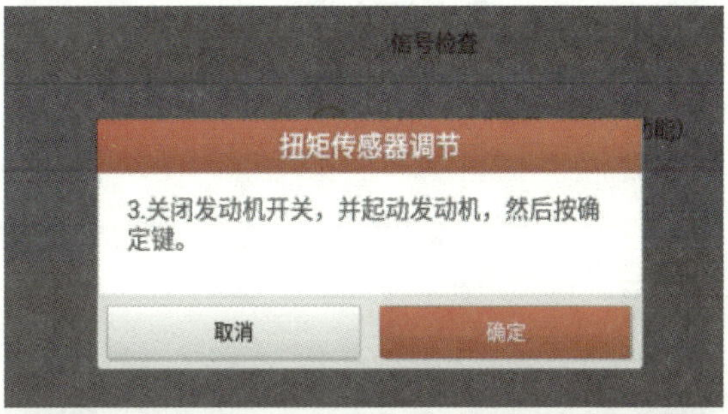		

		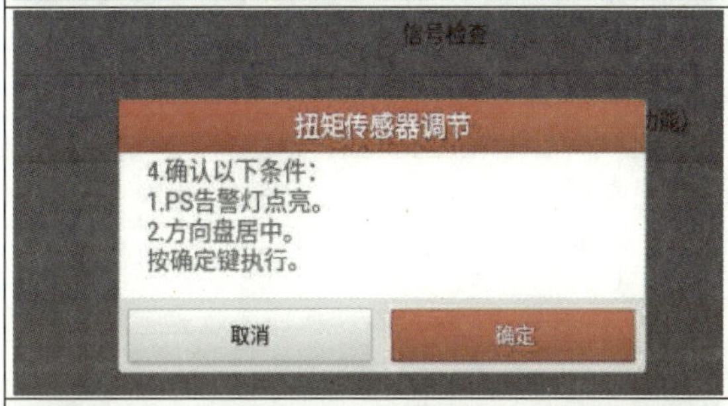		

		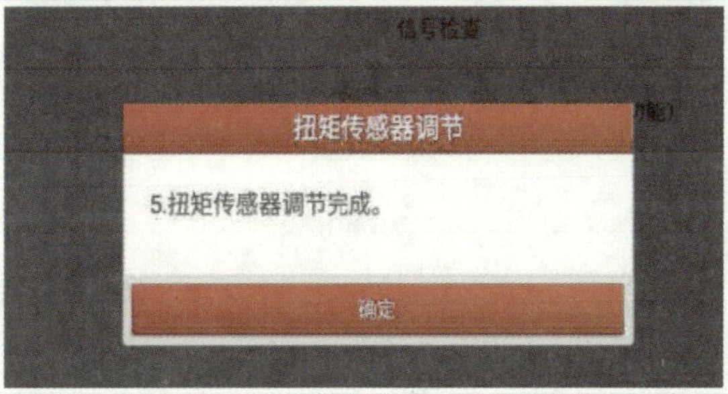		

三、电控转向功能检查【实操报告】

<table>
<tr><td colspan="2">项目：转向系统部件检查与保养（初级）</td><td colspan="2">考核时间：30 分钟</td></tr>
<tr><td>姓名：</td><td>班级：</td><td>学号：</td><td rowspan="3">考评员签字：</td></tr>
<tr><td>初评：□合格　□不合格</td><td>复评：□合格　□不合格</td><td>师评：□合格　□不合格</td></tr>
<tr><td>日期：</td><td>日期：</td><td>日期：</td></tr>
<tr><td colspan="4">考核任务四　电控转向功能检查【实操考核报告】</td></tr>
</table>

1. 车辆信息记录

品牌		整车型号		生产日期	
发动机型号		发动机排量		行驶里程	
车辆识别码					

2. 测量检查

检查项目	数值	结果
方向盘自由间隙测量		□正常　□异常
检查转向行程		□正常　□异常
转向柱锁止功能		□正常　□异常
转向柱倾斜功能		□正常　□异常

3. 故障码及数据流读取

故障码	数据流

4. 转向复位学习步骤

1	
2	
3	
4	
5	

四、电控转向功能检查【评分细则】

考核任务四　电控转向功能检查【评分细则】							
序号	评分项	得分条件	评分	评分要求	自评	互评	师评
1	安全/7S/态度	□1. 能进行工位 7S 操作 □2. 能进行设备和工具安全检查 □3. 能进行车辆安全防护操作 □4. 能进行工具清洁校准存放操作 □5. 能进行三不落地操作	15	未完成 1 项扣 5 分，扣分不得超 15 分	□熟练 □不熟练	□熟练 □不熟练	□合格 □不合格
2	专业技术能力	作业 1: □1. 能正确检查转向助力功能 □2. 能正确检查转向行程 □3. 能正确测量转向盘自由间隙 □4. 能正确检查转向柱锁止功能 □5. 能正确检查转向柱倾斜功能 □6. 能正确润滑和紧固转向柱万向节 作业 2: □1. 能读取并清除故障码 □2. 能正确读取转向系统数据流 □3. 能正确操作诊断仪进行电子转向复位	50	未完成 1 项扣 5 分，扣分不得超 50 分	□熟练 □不熟练	□熟练 □不熟练	□合格 □不合格
3	工具及设备的使用能力	□1. 能正确使用机油枪 □2. 能正确使用直尺测量	10	未完成 1 项扣 5 分，扣分不得超 10 分	□熟练 □不熟练	□熟练 □不熟练	□合格 □不合格
4	资料、信息查询能力	□1. 能正确使用维修手册查询资料 □2. 能在规定时间内查询所需资料 □3. 能正确记录所查询资料章节页码 □4. 能正确记录所需维修信息	10	未完成 1 项扣 3 分，扣分不得超 10 分	□熟练 □不熟练	□熟练 □不熟练	□合格 □不合格

续表

序号	评分项	得分条件	评分	评分要求	自评	互评	师评
5	数据、判读和分析能力	□1. 能判断转向间隙是否正常 □2. 能判断转向十字节是否正常 □3. 能判断转向柱倾斜功能是否正常 □4. 能判断转向柱锁止功能是否正常	10	未完成1项扣5分,扣分不得超10分	□熟练 □不熟练	□熟练 □不熟练	□合格 □不合格
6	表单填写与报告的撰写能力	□1. 字迹清晰 □2. 语句通顺 □3. 无错别字 □4. 无涂改 □5. 无抄袭	5	未完成1项扣1分,扣分不得超5分	□熟练 □不熟练	□熟练 □不熟练	□合格 □不合格
总分							

任务五　转向机械部件检查

转向机械部件检查

一、转向机械部件检查【工作页】

转向机械部件检查【工作页】			
班级		姓名	

一、填空题

1. 机械转向系统由__________、__________和__________三部分组成。

2. 机械转向器也称为转向机，是完成由__________运动到__________运动（或近似直线运动）的一组齿轮机构。

二、判断题

1. 转向器按其结构形式可分为齿轮齿条式、循环球式、蜗杆曲柄指销式三种。(　　)

2. 转向盘到转向器之间的所有零部件总称为转向操纵机构。(　　)

三、识图题

请在空白横线处填写图中序号标记的各部件名称。

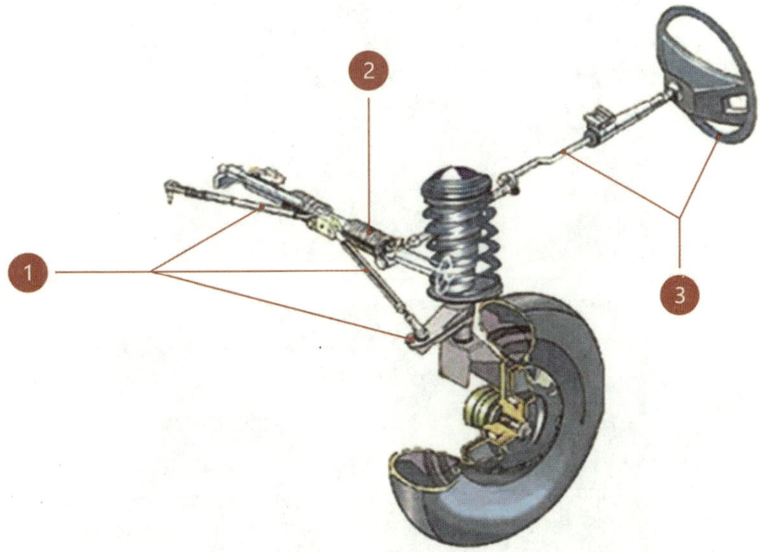

①__________②__________③__________

二、转向机械部件检查【操作手册】

转向机械部件检查【操作手册】				
操作步骤	操作细节	展示图	操作注意事项	使用工具
工具准备	检查工具规格是否正确，工具外观是否破损		注意检查力矩扳手刻度显示是否清晰，调节器是否正常	
检查转向部件	检查转向球头有无漏油损坏，转向球笼套有无漏油损坏	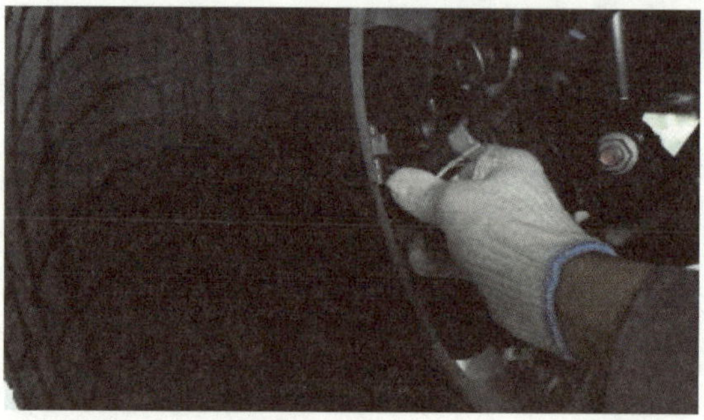	若损坏和老化，需更换	手电筒
	检查转向油管	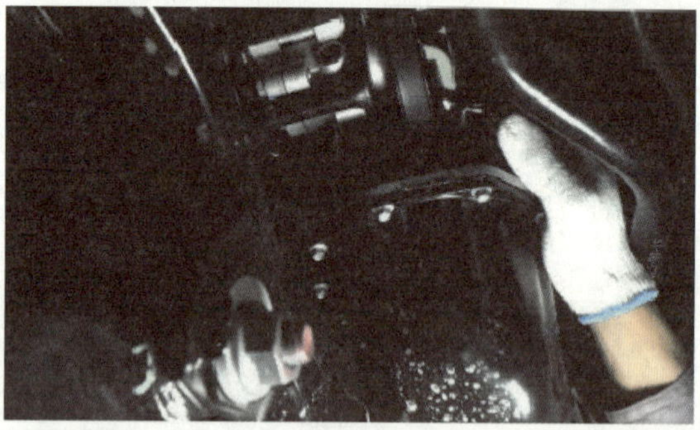	有无压扁渗油等现象	
	检查转向助力泵皮带有无裂纹或松动，转向助力泵有无漏油等现象	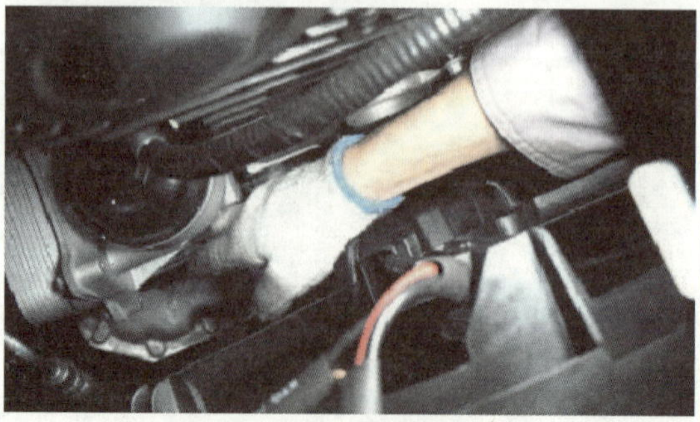		

续表

操作步骤	操作细节	展示图	操作注意事项	使用工具
检查转向部件	来回轻微转动转向盘，检查十字节有无旷动			螺丝刀
拆卸安装调整皮带	拆卸动力转向泵皮带，拧松螺栓，完全放松压在皮带上的张紧轮		螺栓应分次拧松	
	拧松螺栓	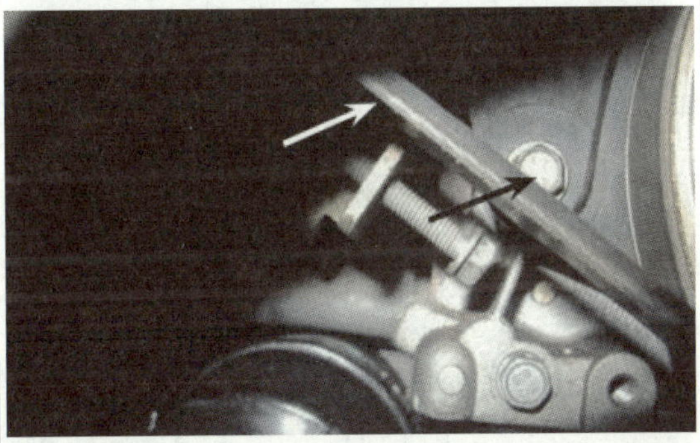	操作空间较小，注意操作安全	
	拆除皮带		操作空间较小，注意操作安全	

续表

操作步骤	操作细节	展示图	操作注意事项	使用工具
拆卸安装调整皮带	安装曲轴皮带轮、空调压缩机皮带轮、助力转向泵皮带轮			
	把皮带张力数字显示检测仪安装在皮带上		张紧器应安装到位	皮带张力数字显示检测仪
	拧紧螺栓 3，使皮带张紧力达到（120 + 3）kN			皮带张力数字显示检测仪
	拧紧螺栓 1、2	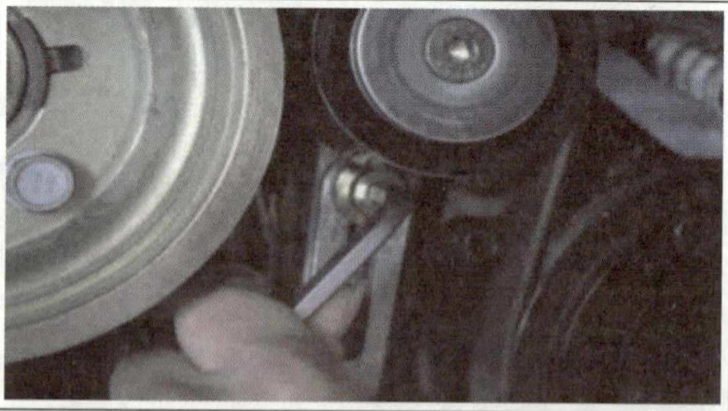		内六角旋具
	拆下皮带张力数字显示检测仪	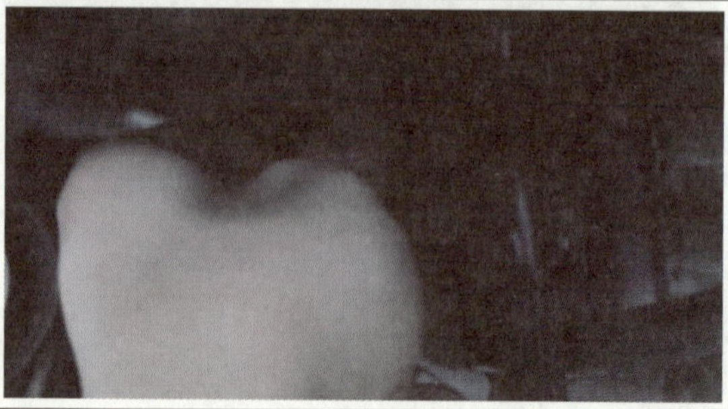		

三、转向机械部件检查【实操报告】

项目：转向系统部件检查与保养（初级）		考核时间：30 分钟	
姓名：	班级：	学号：	考评员签字：
初评：□合格 □不合格	复评：□合格 □不合格	师评：□合格 □不合格	
日期：	日期：	日期：	
考核任务五 转向机械部件检查【实操考核报告】			

1. 车辆信息记录

品牌		整车型号		生产日期	
发动机型号		发动机排量		行驶里程	
车辆识别码					

2. 转向机械部件检查

检查项目	检查情况	维修措施
转向球头		□更换 □调整 □紧固 □无
转向横拉杆		□更换 □调整 □紧固 □无
转向十字节		□更换 □调整 □紧固 □无

3. 转向助力泵皮带拆装

检查项目	检查情况	维修措施
皮带检查		□更换 □调整 □紧固 □无
皮带调整	调整数据：	

四、转向机械部件检查【评分细则】

考核任务五　转向机械部件检查【评分细则】							
序号	评分项	得分条件	评分	评分要求	自评	互评	师评
1	安全/7S/态度	□1. 能进行工位7S操作 □2. 能进行设备和工具安全检查 □3. 能进行车辆安全防护操作 □4. 能进行工具清洁校准存放操作 □5. 能进行三不落地操作	15	未完成1项扣5分，扣分不得超15分	□熟练 □不熟练	□熟练 □不熟练	□合格 □不合格
2	专业技术能力	作业 1: □1. 能正确检查转向球头间隙 □2. 能正确检查转向横拉杆变形情况 □3. 能正确检查转向十字节是否正常 □4. 能正确拆卸转向助力泵皮带 □5. 能正确安装转向助力泵皮带 □6. 能正确调整转向助力泵皮带	50	未完成1项扣10分，扣分不得超50分	□熟练 □不熟练	□熟练 □不熟练	□合格 □不合格
3	工具及设备的使用能力	□1. 能正确选用维修工具 □2. 能正确使用维修工具	10	未完成1项扣5分，扣分不得超10分	□熟练 □不熟练	□熟练 □不熟练	□合格 □不合格
4	资料、信息查询能力	□1. 能正确使用维修手册查询资料 □2. 能在规定时间内查询所需资料 □3. 能正确记录所查询资料章节页码 □4. 能正确记录所需维修信息	10	未完成1项扣3分，扣分不得超10分	□熟练 □不熟练	□熟练 □不熟练	□合格 □不合格
5	数据、判读和分析能力	□1. 能判断转向球头是否正常 □2. 能判断转向横拉杆是否正常 □3. 能判断转向柱间隙是否正常	10	未完成1项扣5分，扣分不得超10分	□熟练 □不熟练	□熟练 □不熟练	□合格 □不合格
6	表单填写与报告的撰写能力	□1. 字迹清晰 □2. 语句通顺 □3. 无错别字 □4. 无涂改 □5. 无抄袭	5	未完成1项扣1分，扣分不得超5分	□熟练 □不熟练	□熟练 □不熟练	□合格 □不合格
总　分							

考核项目二 转向系统部件检查与保养

转向系统部件检查与保养

一、转向系统部件检查与保养【实操报告】

<table>
<tr><td colspan="2">项目：转向系统部件检查与保养（考核项目）</td><td colspan="2">考核时间：50 分钟</td></tr>
<tr><td>姓名：</td><td>班级：</td><td>学号：</td><td rowspan="3">考评员签字：</td></tr>
<tr><td>初评：□合格 □不合格</td><td>复评：□合格 □不合格</td><td>师评：□合格 □不合格</td></tr>
<tr><td>日期：</td><td>日期：</td><td>日期：</td></tr>
<tr><td colspan="4">转向系统部件检查与保养（考核项目）【实操考核报告】</td></tr>
</table>

1. 车辆信息记录

品牌		整车型号		生产日期	
发动机型号		发动机排量		行驶里程	
车辆识别码					

2. 转向机械部件检查

检查项目	检查情况	维修措施
转向球头		□更换 □调整 □紧固 □无
转向横拉杆		□更换 □调整 □紧固 □无
转向十字节		□更换 □调整 □紧固 □无

3. 转向检查

检查项目	数值	结果
转向盘自由间隙测量		□正常 □异常
检查转向行程		□正常 □异常
转向柱锁止功能		□正常 □异常
转向柱倾斜功能		□正常 □异常

4．转向油油质检查

检查项目	液位检查情况	检查结果	检测项目	结果
转向油液	□太低　□太高　□无	□正常　□异常	油质	□正常　□异常

5．转向系统外观检查

检查项目	泄漏检查情况	泄漏部件名称	维修措施
转向油管	□泄漏　□正常		□更换　□调整　□紧固　□无
转向油壶	□泄漏　□正常		□更换　□调整　□紧固　□无

6．查阅维修手册，记录转向系统保养项目里程及周期，按照标准流程完成手动变速器油液更换

作业项目	维修资料			
转向油油液更换	油液型号			
	保养里程及周期			

二、转向系统部件检查与保养【评分表】

转向系统部件检查与保养（考核项目）【评分细则】							
序号	评分项	得分条件	评分	评分要求	自评	互评	师评
1	安全/7S/态度	□1. 能进行工位7S操作 □2. 能进行设备和工具安全检查 □3. 能进行车辆安全防护操作 □4. 能进行工具清洁校准存放操作 □5. 能进行三不落地操作	15	未完成1项扣5分，扣分不得超15分	□熟练 □不熟练	□熟练 □不熟练	□合格 □不合格
2	专业技术能力	作业1： □1. 能正确检查转向球头间隙 □2. 能正确检查转向横拉杆变形情况 □3. 能正确检查转向十字节是否正常 □4. 能正确检查转向助力、转向柱锁止功能					

续表

序号	评分项	得分条件	评分	评分要求	自评	互评	师评
2	专业技术能力	□5. 能正确检查转向行程 □6. 能正确测量转向盘自由间隙 □7. 能正确检查转向柱倾斜功能 □8. 能正确润滑和紧固转向柱万向节 □9. 能正确检查转向油液位 □10. 能正确检查转向油油质 □11. 能正确加注、排放转向助力油	50	未完成1项扣5分，扣分不得超50分	□熟练 □不熟练	□熟练 □不熟练	□合格 □不合格
3	工具及设备的使用能力	□1. 能正确选用维修工具 □2. 能正确使用维修工具	10	未完成1项扣5分，扣分不得超10分	□熟练 □不熟练	□熟练 □不熟练	□合格 □不合格
4	资料、信息查询能力	□1. 能正确使用维修手册查询资料 □2. 能在规定时间内查询所需资料 □3. 能正确记录所查询资料章节页码 □4. 能正确记录所需维修信息	10	未完成1项扣3分，扣分不得超10分	□熟练 □不熟练	□熟练 □不熟练	□合格 □不合格
5	数据、判读和分析能力	□1. 能判断转向球头是否正常 □2. 能判断转向横拉杆是否正常 □3. 能判断转向柱间隙是否正常 □4. 能判断转向油油质和油位是否正常	10	未完成1项扣5分，扣分不得超10分	□熟练 □不熟练	□熟练 □不熟练	□合格 □不合格
6	表单填写与报告的撰写能力	□1. 字迹清晰 □2. 语句通顺 □3. 无错别字 □4. 无涂改 □5. 无抄袭	5	未完成1项扣1分，扣分不得超5分	□熟练 □不熟练	□熟练 □不熟练	□合格 □不合格
总分							

项目三　制动系统部件检查与保养

任务一　液压系统检查保养

液压系统检查保养

一、液压系统检查保养【工作页】

液压系统检查保养【工作页】			
班级		姓名	

一、填空题

1. 液压式行车制动系统主要由____________、____________、制动总泵、储液罐、制动管路和制动器等组成。

2. 汽车制动液又称刹车油，是用于汽车系统中传递____________压力的液体。

二、判断题

1. 制动主缸也称制动总泵，其作用是将制动踏板输入的机械能转换成液压能。(　　)

2. 真空助力器主要由前/后壳体、膜片、膜片回位弹簧、顶杆、制动阀和推杆等组成。(　　)

三、识图题

请在空白横线处填写图中序号标记的各部件名称。

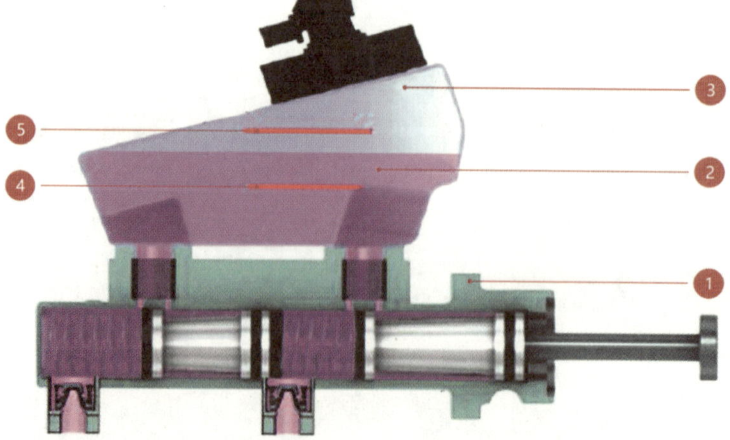

①____________②____________③____________④____________⑤____________

二、液压系统检查保养【操作手册】

液压系统检查保养【操作手册】				
操作步骤	操作细节	展示图	操作注意事项	使用工具
工具准备	需要的工具设备有：制动液检测仪、10 mm 开口扳手、8 mm 开口扳手、制动液更换机。 目视检查工具设备外观有无损伤	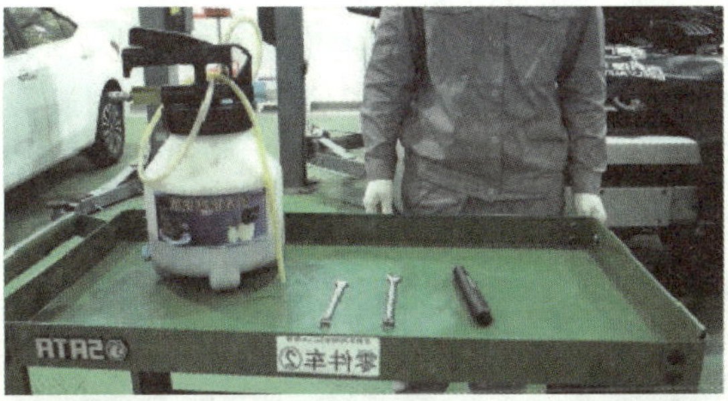	注意检查制动液检测仪外观有无损坏，电量是否充足，指示灯有无损坏	
检查制动管路、制动液检查	检查制动液油管、油壶有无损坏渗油等现象		注意检查接头有无凹瘪、严重锈蚀、裂纹现象，连接是否可靠无渗漏	
	使用制动液检测仪检测制动液导电率是否正常		根据笔上 LED 灯的显示情况，判断制动液的含水量。绿色 LED 灯说明制动液含水量低，制动液合格；黄色 LED 灯说明制动液含水量一般，可以继续使用；红色 LED 灯说明制动液含水量较高，制动液不能继续使用，需要及时更换	
车辆举升	调整举升机 4 个支撑托盘位置和高度，使托盘中心点对准车辆举升点	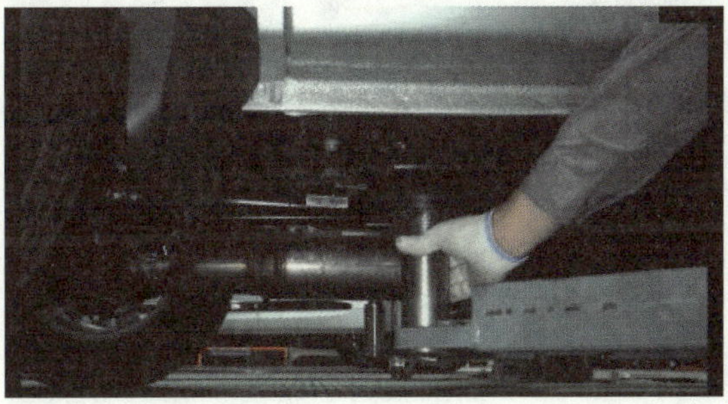	调整支撑臂时，同侧支撑臂尽量张开，使重心更稳，两侧支撑点最好对称	

续表

操作步骤	操作细节	展示图	操作注意事项	使用工具
车辆举升	将车辆举升离地，摇晃车身，检查车辆是否稳定可靠，托盘位置是否正确		如位置不正确，需放下车辆重新调整	
	操作举升机将车辆举升到合适高度后进行锁止		确定举升机锁止后才可进入车下进行作业	
制动液的添加及制动分泵排空气	检查制动分泵油管有无破损渗漏等现象	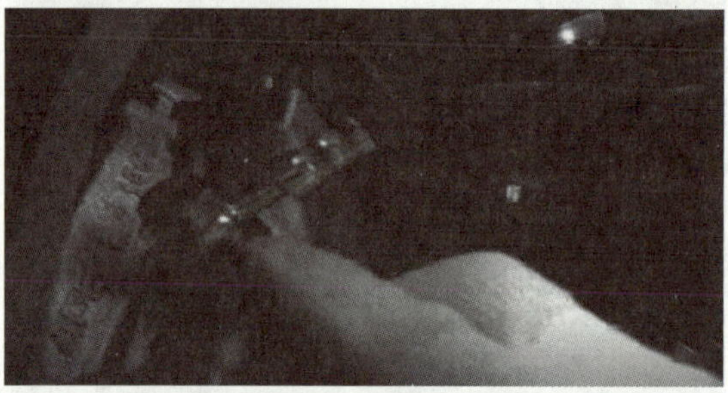	注意制动分泵的边缘有无漏油，密封圈有无凹坑，如有漏油情况，应检查制动液油位	
	确认无误后，降下举升机		注意下降车辆前，确保下方没有任何障碍物	
	拧开制动液油壶盖，添加油液		注意添加制动液时，要严格使用厂方规定的品种和类型	

续表

操作步骤	操作细节	展示图	操作注意事项	使用工具
制动液的添加及制动分泵排空气	操作举升机将车辆举升到合适高度后进行锁止		确定举升机锁止后才可进入车下进行作业	
	取下右后制动分泵排气孔防尘帽，连接抽油软管	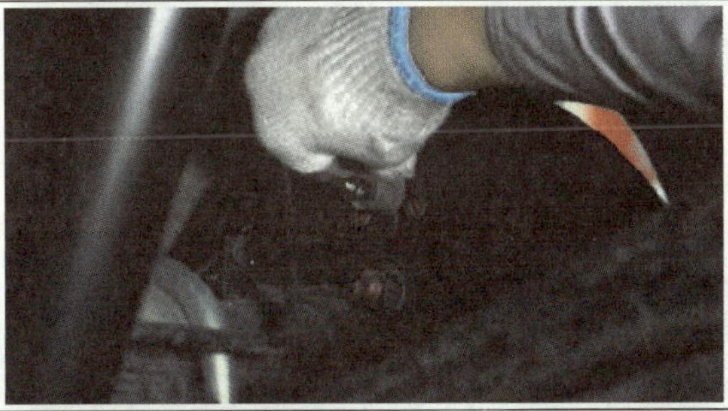	注意不要让任何异物（如污物或灰尘）从连接部位进入制动管路	
	使用开口扳手拧松排气螺栓	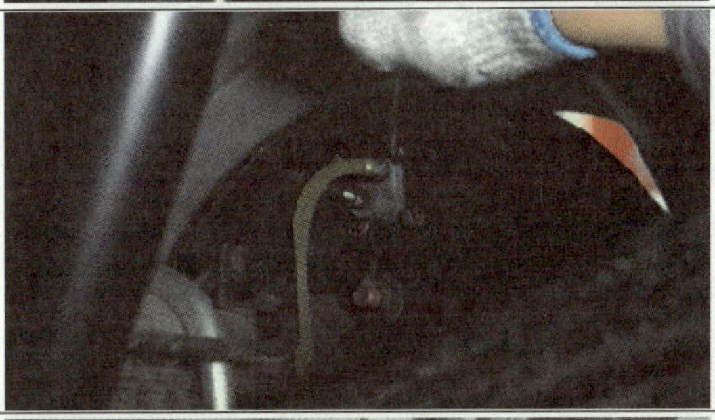	不要扭曲或损坏制动管路。不要让任何异物（如污物或灰尘）从连接部位进入制动管路	8 mm开口扳手
	使用制动液更换机抽取油液	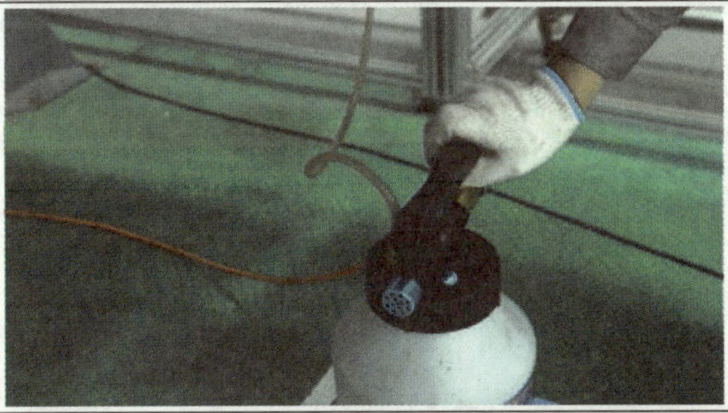	注意直到放出的制动液清澈并无气泡	制动液更换机
	使用开口扳手拧紧排气螺栓，安装防尘帽	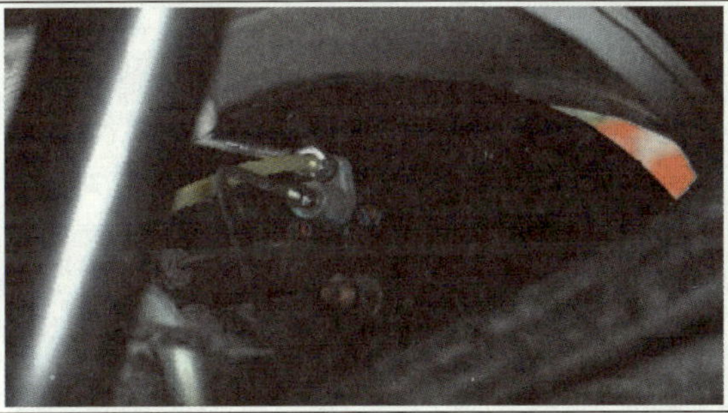	注意排气螺栓一定拧紧到位，制动液有很强的腐蚀性，不要渗漏到汽车其他部位上	8 mm开口扳手

续表

操作步骤	操作细节	展示图	操作注意事项	使用工具
制动液的添加及制动分泵排空气	使用记号笔标注排空螺栓	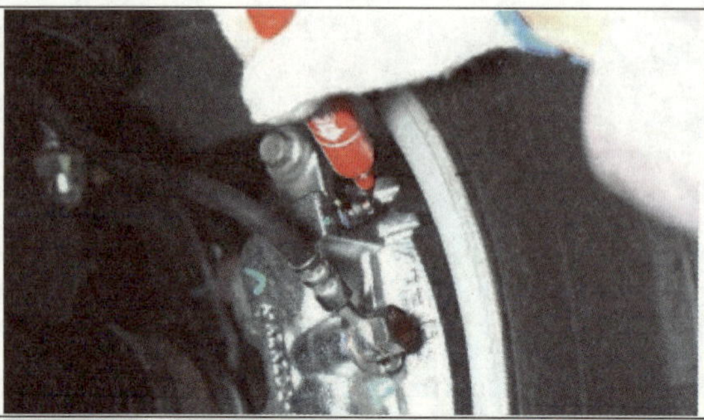		记号笔
	以同样的方法排空左后、右前、左前制动分泵	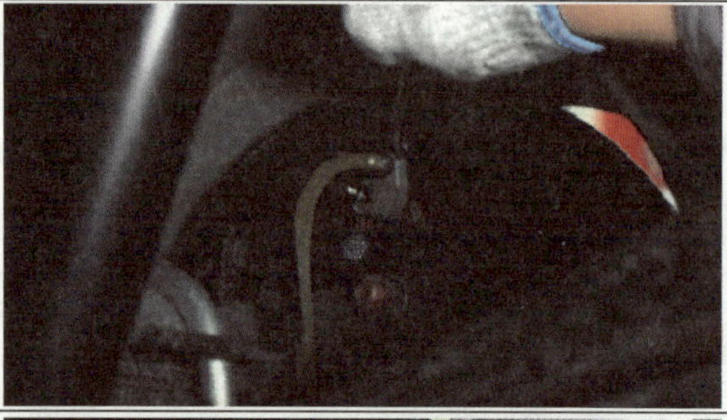	注意事项同上	8 mm开口扳手、10 mm开口扳手、制动液更换机
	添加制动液	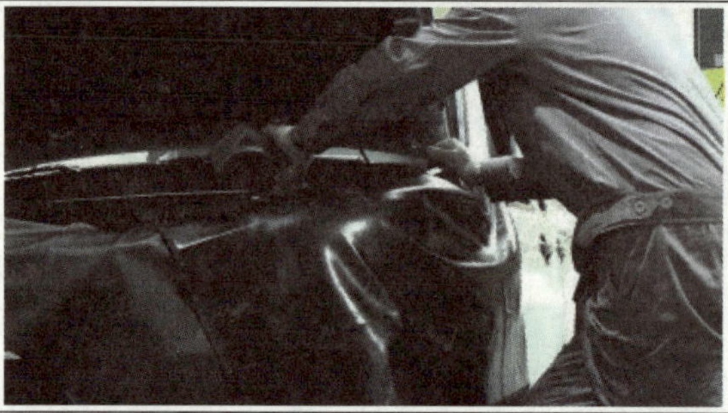	注意液位保持在储液罐的“MIN”和“MAX”线之间	
	反复踩踏制动踏板，检查踏板是否正常		注意制动踏板从最高点踩至最低点，反复5~6次	
	检查制动液液面高度是否正常	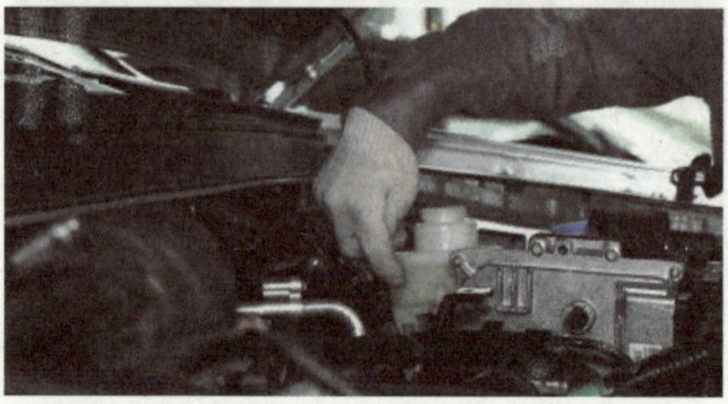	注意检查储液罐液位应在“MIN”和“MAX”线之间	

三、液压系统检查保养【实操报告】

项目：制动系统部件检查与保养（初级）		考核时间：30 分钟	
姓名	班级：	学号：	考评员签字：
初评：□合格　□不合格	复评：□合格　□不合格	师评：□合格　□不合格	
日期：	日期：	日期：	
考核任务一　液压系统检查保养【实操考核报告】			

1．车辆信息记录

品牌		整车型号		生产日期	
发动机型号		发动机排量		行驶里程	
车辆识别码					

2．制动液液位检查

检查项目	液位检查情况	检查结果	检测项目	检测数据	结果
制动液	□太低　□太高　□无	□正常　□异常	油质	层	□正常　□异常
含水率	□太低　□太高　□无	□正常　□异常	含水率	%	□正常　□异常

3．制动液泄漏检查

检查项目	泄漏检查情况	泄漏部件名称	维修措施
制动液	□泄漏　□正常	加注壶	□更换　□调整　□紧固　□无
制动液	□泄漏　□正常	管路	□更换　□调整　□紧固　□无
制动液	□泄漏　□正常	管路接口	□更换　□调整　□紧固　□无

4．查阅维修手册，按照标准流程完成制动液更换

作业项目	维修资料			
制动液更换	制动液容量		制动液型号	
	排气口螺栓紧固规格		油液含水率	

四、液压系统检查保养【评分细则】

考核任务一　液压系统检查保养【评分细则】							
序号	评分项	得分条件	评分	评分要求	自评	互评	师评
1	安全/7S/态度	□1. 能进行工位 7S 操作 □2. 能进行设备和工具安全检查 □3. 能进行车辆安全防护操作 □4. 能进行工具清洁校准存放操作 □5. 能进行三不落地操作	15	未完成1项扣5分，扣分不得超15分	□熟练 □不熟练	□熟练 □不熟练	□合格 □不合格
2	专业技术能力	作业 1： □1. 能正确检查油管和油路是否泄漏 □2. 能正确检测含水率 □3. 能正确支撑举升机并举升车辆 □4. 能正确检查制动分泵是否泄漏 □5. 能正确添加制动油液 □6. 能正确取下排气口防尘帽并连接软管 作业 2： □1. 能正确添加制动液 □2. 能正确检查踏板是否正常 □3. 能正确检查制动液液位高度是否正常 作业 3： □1. 能正确查询添加油液标号 □2. 能正确查询油液添加位置 □3. 能正确判断排气位置	50	未完成1项扣5分，扣分不得超50分	□熟练 □不熟练	□熟练 □不熟练	□合格 □不合格
3	工具及设备的使用能力	□1. 能正确检查工具外观及功能 □2. 能正确使用制动液更换机	10	未完成1项扣5分，扣分不得超10分	□熟练 □不熟练	□熟练 □不熟练	□合格 □不合格

续表

序号	评分项	得分条件	评分	评分要求	自评	互评	师评
4	资料、信息查询能力	□1. 能正确使用维修手册查询资料 □2. 能在规定时间内查询所需资料 □3. 能正确记录所查询资料章节页码 □4. 能正确记录所需维修信息	10	未完成1项扣3分，扣分不得超10分	□熟练 □不熟练	□熟练 □不熟练	□合格 □不合格
5	数据、判读和分析能力	□能判断加注量是否充足	10	未完成1项扣10分，扣分不得超10分	□熟练 □不熟练	□熟练 □不熟练	□合格 □不合格
6	表单填写与报告的撰写能力	□1. 字迹清晰 □2. 语句通顺 □3. 无错别字 □4. 无涂改 □5. 无抄袭	5	未完成1项扣1分，扣分不得超5分	□熟练 □不熟练	□熟练 □不熟练	□合格 □不合格
总分							

任务二　鼓式制动检查保养

鼓式制动检查保养

一、鼓式制动检查保养【工作页】

鼓式制动检查保养【工作页】			
班级		姓名	

一、填空题

1. 四轮汽车在制动过程中，由于惯性的作用，前轮的负荷远大于后轮，前轮制动力要比后轮大，后轮起辅助制动作用，为了节省成本，一般后轮都是____________制动方式。

2. 车轮制动器局部调整是在制动摩擦片磨损后，制动气室推杆行程超过____________ mm 情况下或二级维护时，所进行的调整作业。

二、判断题

1. 汽车前进时，按照制动鼓旋转方向看去，制动蹄张开方向与制动鼓旋转方向相同时，该蹄称为领蹄；若相反则称为从蹄。(　　)

2. 轮缸安装在制动器底板上，进行制动时液压式轮缸的活塞向外移动，推动制动蹄将摩擦片压紧制动鼓，从而实现制动。(　　)

三、识图题

请在空白横线处填写图中序号标记的各部件名称。

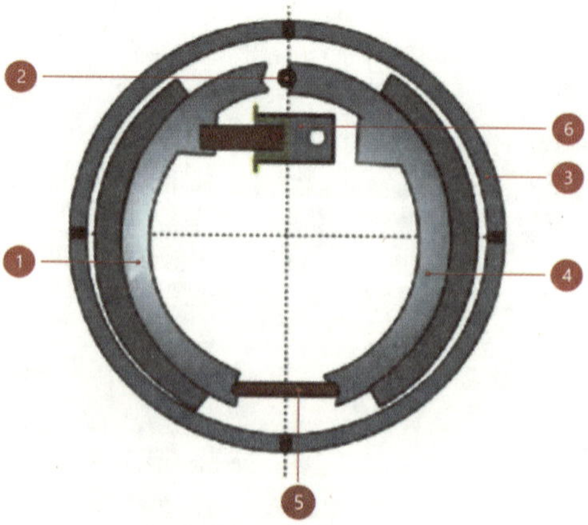

①____________②____________③____________

④____________⑤____________⑥____________

二、鼓式制动检查保养【操作手册】

鼓式制动检查保养【操作手册】				
操作步骤	操作细节	展示图	操作注意事项	使用工具
工具准备	需要的工具设备有：配件盒、力矩扳手、中号棘轮扳手、19 mm 六角套筒、T30 旋具、中号短接杆、大转中转接头、钢丝钳、斜口钳、尖嘴钳、平口螺丝刀、游标卡尺、毛刷、记号笔、风炮、抹布。 目视检查工具设备外观有无损伤，刻度是否清晰		注意检查力矩扳手刻度显示是否清晰，调节器是否正常，检查游标尺刻度是否清晰	
拆卸车轮	使用力矩扳手对角预松后车轮螺栓		对角线预松螺栓	力矩扳手、19 mm 六角套筒
	将车辆举升离地，摇晃车身	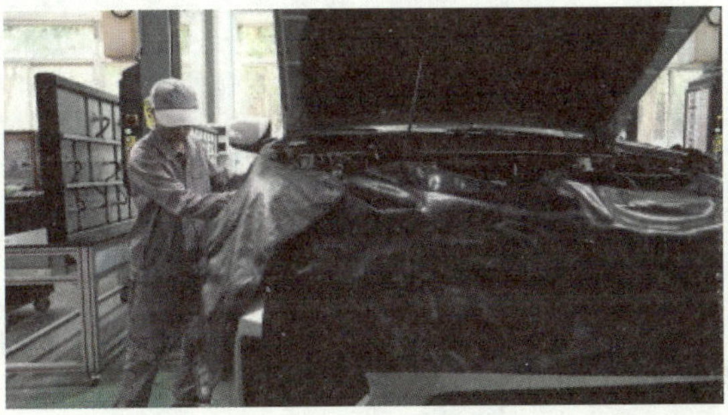	检查车辆是否稳定可靠，托盘位置是否正确	

续表

操作步骤	操作细节	展示图	操作注意事项	使用工具
拆卸车轮	操作举升机将车辆举升到合适高度后进行锁止		举升机使用安全规范、锁止举升机后才能继续作业	
	使用风炮拆卸车轮螺栓		对角线拆卸螺栓，注意风炮转动方向	风炮、19 mm六角套筒
	取下车轮总成		轮辋正面朝上	
制动鼓检测	释放驻车制动	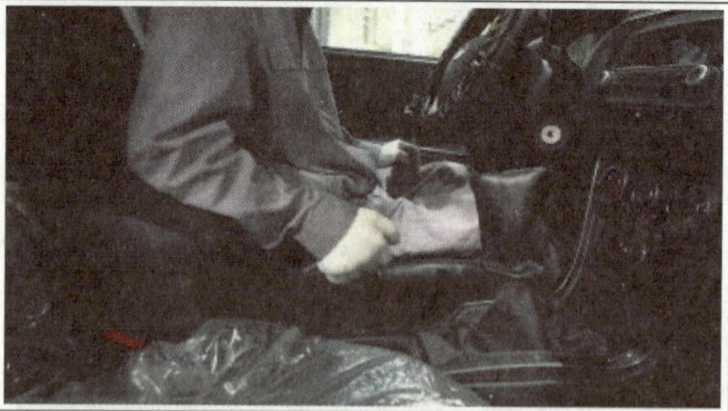	完全释放	
	拆卸后制动鼓定位螺栓	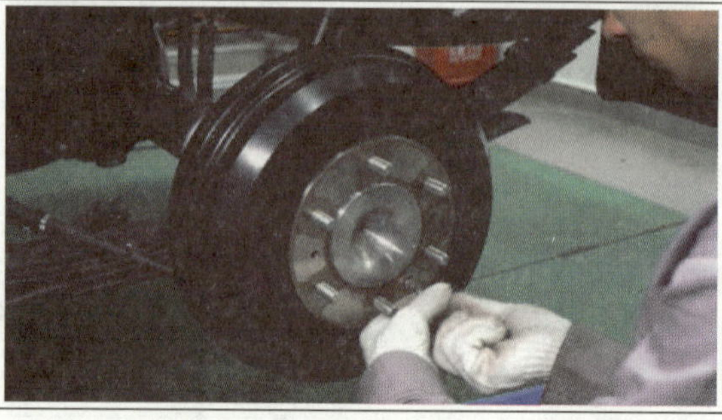	放入配件盒	T30旋具、接杆、扳手

续表

操作步骤	操作细节	展示图	操作注意事项	使用工具
制动鼓检测	取下制动鼓			
	清洁制动鼓		先清洁再测量	刷子、抹布
	使用游标卡尺测量制动鼓内径	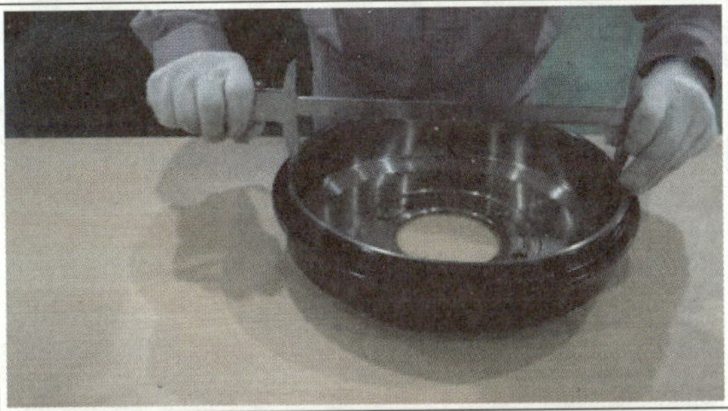	测量时分两次以“十字”位置进行测量，制动鼓内径标准为 295 mm，最大磨损为 297 mm	游标卡尺
拆卸制动蹄	使用平口螺丝刀将制动蹄下部撬出		注意避免弹簧弹出丢失	平口螺丝刀
	使用钳子将制动蹄调整拉环取下		检查弹簧有无变形	钳子

续表

操作步骤	操作细节	展示图	操作注意事项	使用工具
拆卸制动蹄	使用钳子将拨片调隙弹簧取下		检查弹簧有无变形	钳子
	摁下压簧并转动，拆下制动蹄压簧、压簧拉杆组件	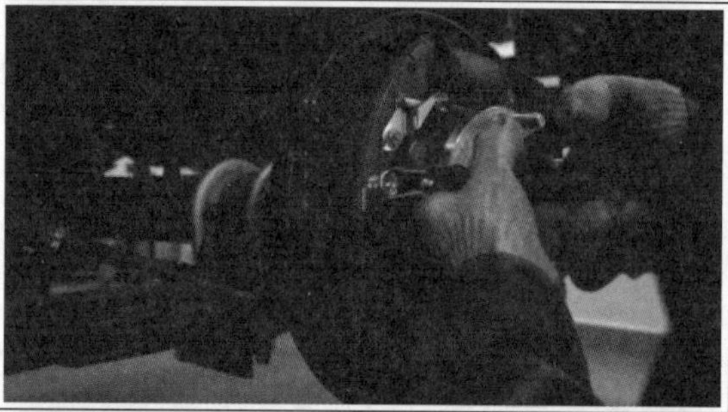	检查弹簧、拉杆有无弯曲变形	尖嘴钳
	用同样的方法拆卸另一侧的弹簧组件并检查		检查弹簧、拉杆有无弯曲变形	尖嘴钳
	拆下回位弹簧与调隙机构总成、制动蹄拉簧，再拆下制动蹄带拨片总成		注意避免掉落	
	从驻车制动拉臂上拆下驻车制动拉线	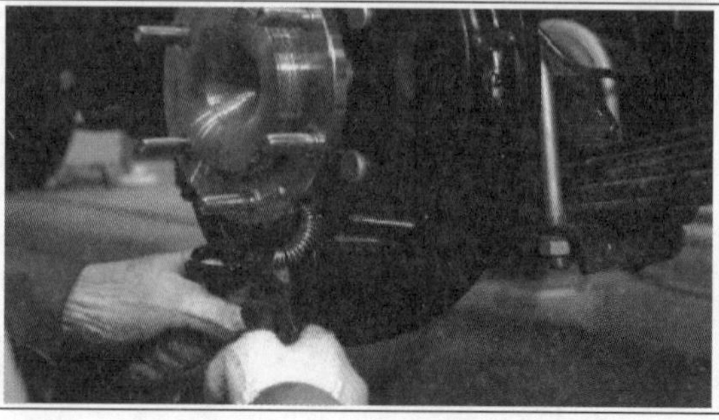	避免剪断拉线	钢丝钳

续表

操作步骤	操作细节	展示图	操作注意事项	使用工具
拆卸制动蹄	清洁后制动挡板			刷子
检测安装制动蹄	清洁并检查制动蹄片外观有无损坏、有无明显的异常磨损	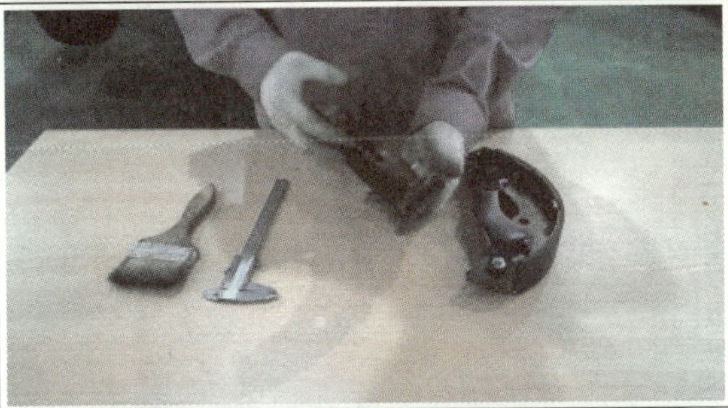	有损坏和异常磨损及时更换	毛刷
	使用游标卡尺测量制动蹄片厚度	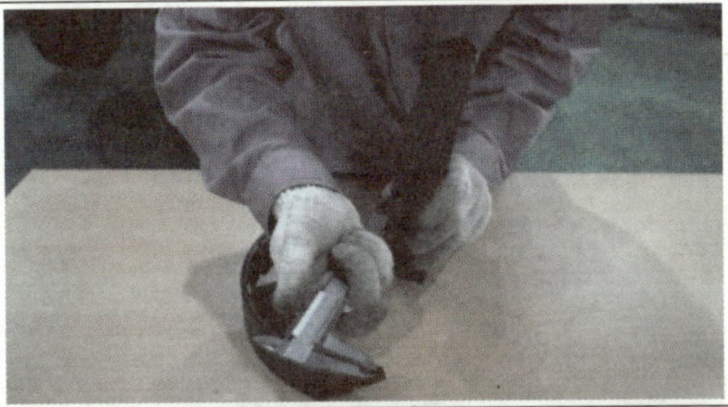	测量位置为制动蹄片的上中下三个位置、制动蹄片标准厚度为 5 mm，最小值为 2 mm	游标卡尺
	安装驻车制动拉线弹簧	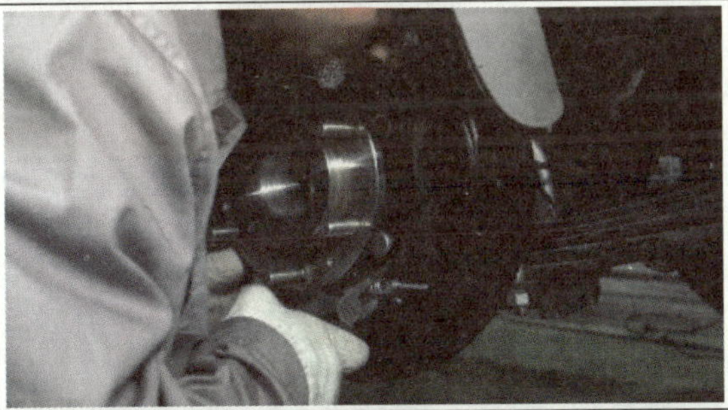	避免剪断拉线	钳子
	在驻车制动拉臂上安装驻车制动拉线		将拉线头从制动拉臂中间的缝隙中穿出	尖嘴钳

续表

操作步骤	操作细节	展示图	操作注意事项	使用工具
检测安装制动蹄	安装好拉簧，安装后制动蹄带拨片总成，使蹄端插进轮缸总成内	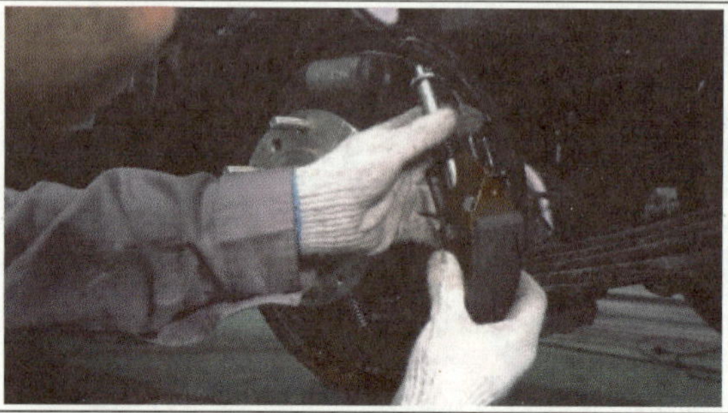		
	将调隙轴头装入前制动蹄片，并将回位弹簧安装在制动蹄带拨片总成上；将调隙杆安装在后制动蹄片上，并将回位弹簧安装在制动蹄带拉臂总成上	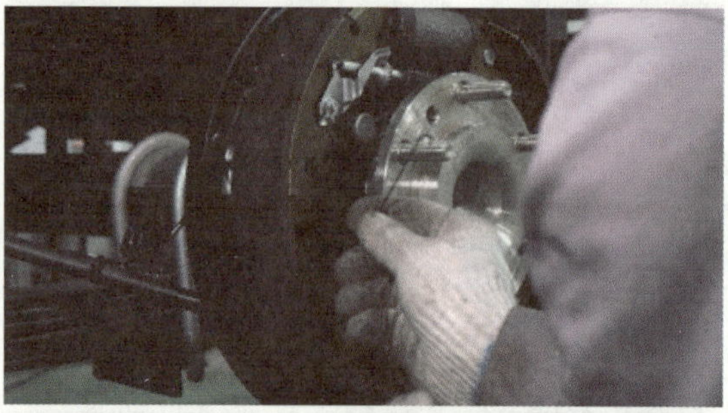		
	将压簧穿入压簧拉杆，摁下压簧并旋转，将压簧拉杆头挡在压簧槽内	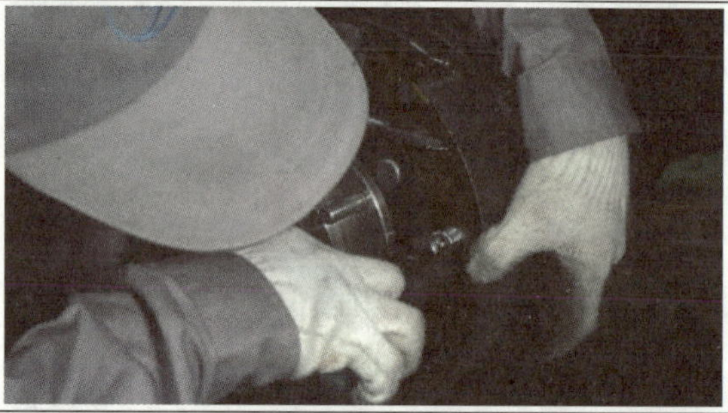		钳子
	安装弹簧，将制动片卡入限位挡板中			平口螺丝刀
安装制动鼓和车轮	安装制动鼓	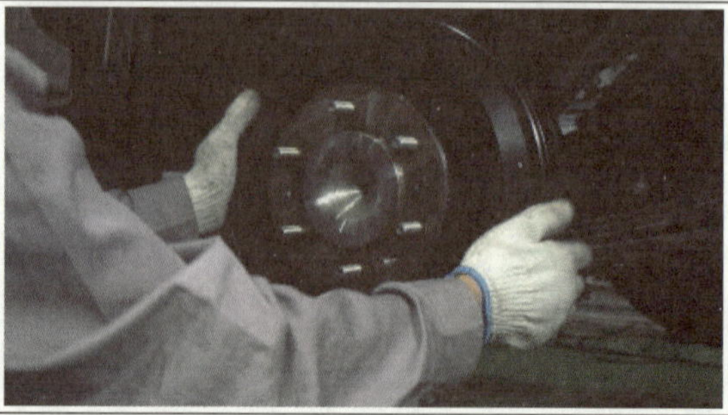		

续表

操作步骤	操作细节	展示图	操作注意事项	使用工具
安装制动鼓和车轮	安装制动鼓定位螺栓	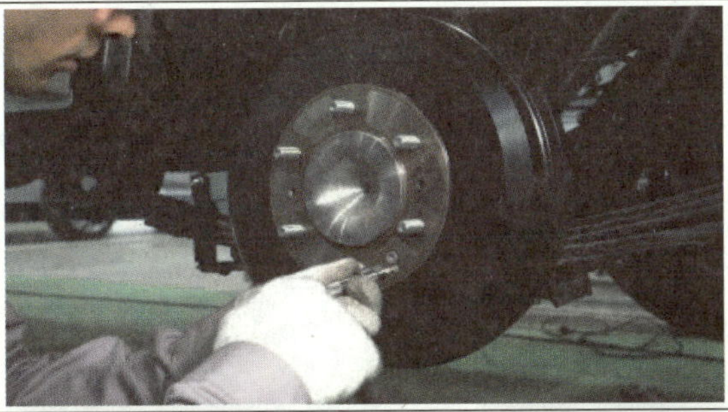		T30旋具、接杆、扳手
	反复拉放驻车制动，再反复踩踏制动踏板	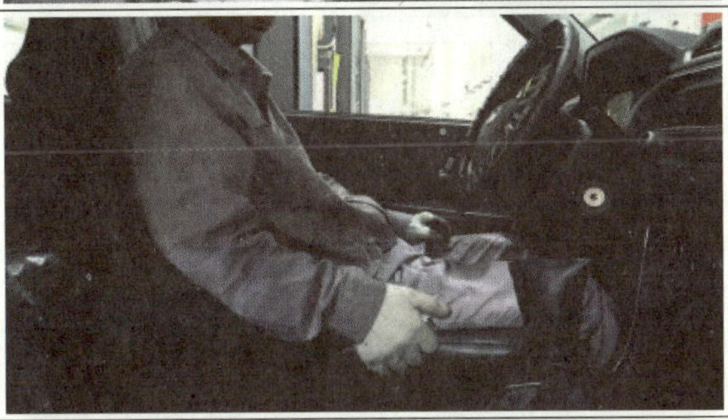		
	安装车轮总成，预装轮胎螺栓		对角线安装车轮螺母，至少旋入3圈	19 mm六角套筒
	使用风炮将螺栓沿对角线拧紧		对角线安装，注意风炮转动方向	风炮、19 mm六角套筒
	降下举升机			

续表

操作步骤	操作细节	展示图	操作注意事项	使用工具
安装制动鼓和车轮	调整力矩扳手力矩，拧紧车轮螺栓		注意车轮固定螺栓的拧紧力矩为 135 N·m	力矩扳手、19 mm 六角套筒

三、鼓式制动检查保养【实操报告】

项目：制动系统部件检查与保养（初级）		考核时间：30 分钟	
姓名：	班级：	学号：	考评员签字：
初评：□合格　□不合格	复评：□合格　□不合格	师评：□合格　□不合格	
日期：	日期：	日期：	
考核项任务二　鼓式制动检查保养【实操考核报告】			

1．车辆信息记录

品牌		整车型号		生产日期	
发动机型号		发动机排量		行驶里程	
车辆识别码					

2．拆装车轮

检查项目	检查情况	检查结果
车辆举升	□检查支撑掌　□检查举升稳定性　□锁止举升机	□合格　□不合格
车轮拆卸	□预松车轮螺栓　□使用风炮拆卸车轮螺栓　□取下车轮	□合格　□不合格

3．制动总成拆卸检测

检查项目	检查情况	检查结果
检测制动鼓厚度		□合格　□不合格
检测制动片厚度		□合格　□不合格
拆卸制动机构	□拆卸顺序　□拆下驻车制动拉线　□清洁制动片	□合格　□不合格
安装制动总成	□安装驻车制动拉线　□安装制动机构　□安装制动鼓 □安装定位螺栓　□安装顺序　□安装车轮　□测试制动器	□合格　□不合格

四、鼓式制动检查保养【评分细则】

考核任务二　鼓式制动检查保养【评分细则】							
序号	评分项	得分条件	评分	评分要求	自评	互评	师评
1	安全/7S/态度	□1. 能进行工位 7S 操作 □2. 能进行设备和工具安全检查 □3. 能进行车辆安全防护操作 □4. 能进行工具清洁校准存放操作 □5. 能进行三不落地操作	15	未完成 1 项扣 5 分，扣分不得超 15 分	□熟练 □不熟练	□熟练 □不熟练	□合格 □不合格
2	专业技术能力	作业 1: □1. 能正确预松车轮螺栓 □2. 能正确检查支撑掌和晃动车身 □3. 能正确使用风炮拆卸车轮 □4. 能正确释放驻车制动 □5. 能正确拆卸后制动鼓定位螺栓 □6. 能正确取下制动鼓 作业 2: □1. 能正确清洁制动鼓 □2. 能正确测量制动鼓内径 □3. 能正确撬出制动蹄下部 □4. 能正确取下制动蹄调整拉环 □5. 能正确将拨片调隙弹簧取下	50	未完成 1 项扣 5 分，扣分不得超 50 分	□熟练 □不熟练	□熟练 □不熟练	□合格 □不合格

续表

序号	评分项	得分条件	评分	评分要求	自评	互评	师评
2	专业技术能力	作业 3: □1. 能正确拆下制动蹄压簧、压簧拉杆组件 □2. 能正确拆下制动机构总成和驻车制动拉线 □3. 能正确清洁并测量制动片厚度 □4. 能正确安装驻车制动拉线弹簧 □5. 能正确安装制动机构总成 □6. 能正确安装制动鼓和定位螺栓 □7. 能正确安装车轮	50	未完成1项扣5分,扣分不得超50分	□熟练 □不熟练	□熟练 □不熟练	□合格 □不合格
3	工具及设备的使用能力	□1. 能正确检查工具外观和功能 □2. 能正确使用测量工具 □3. 能正确使用工具	10	未完成1项扣5分,扣分不得超10分	□熟练 □不熟练	□熟练 □不熟练	□合格 □不合格
4	资料、信息查询能力	□1. 能正确使用维修手册查询资料 □2. 能在规定时间内查询所需资料 □3. 能正确记录所查询资料章节页码 □4. 能正确记录所需维修信息	10	未完成1项扣3分,扣分不得超10分	□熟练 □不熟练	□熟练 □不熟练	□合格 □不合格
5	数据、判读和分析能力	□1. 能读取厚度测量数值 □2. 能读取制动鼓内径值 □3. 能判读数据是否正常	10	未完成1项扣5分,扣分不得超10分	□熟练 □不熟练	□熟练 □不熟练	□合格 □不合格
6	表单填写与报告的撰写能力	□1. 字迹清晰 □2. 语句通顺 □3. 无错别字 □4. 无涂改 □5. 无抄袭	5	未完成1项扣1分,扣分不得超5分	□熟练 □不熟练	□熟练 □不熟练	□合格 □不合格
总分							

任务三　盘式制动检查保养

盘式制动检查保养

一、盘式制动检查保养【工作页】

盘式制动检查保养【工作页】			
班级		姓名	

一、填空题

1. 盘式制动器由＿＿＿＿＿＿控制，主要零部件有制动盘、摩擦衬块、分泵、制动钳、油管等。

2. 由于制动摩擦片比较容易磨损，因此在内侧摩擦片上装有衬块磨损指示器，当摩擦片厚度由于磨损减少到约＿＿＿＿＿＿mm 时，固定在摩擦片背板上的衬块磨损指示器开始接触到制动转子盘，并在行驶过程中发出尖叫声来提醒驾驶员。

二、判断题

1. 制动器使用一段时间后，需要对盘式制动器进行检查。检查的项目包括制动蹄片厚度检查、制动轮缸是否有制动液泄漏、制动钳是否有油污、制动摩擦片是否过度磨损、制动摩擦片隔热层是否损坏、制动盘厚度是否符合标准、制动盘摩擦端面跳动量是否在正常范围内等。(　　)

2. 摩擦衬块是指钳夹活塞推动挤压在制动盘上的摩擦材料。摩擦衬块分为摩擦材料和底板，两者直接压嵌在一起。(　　)

三、识图题

请在空白横线处填写图中序号标记的各部件名称。

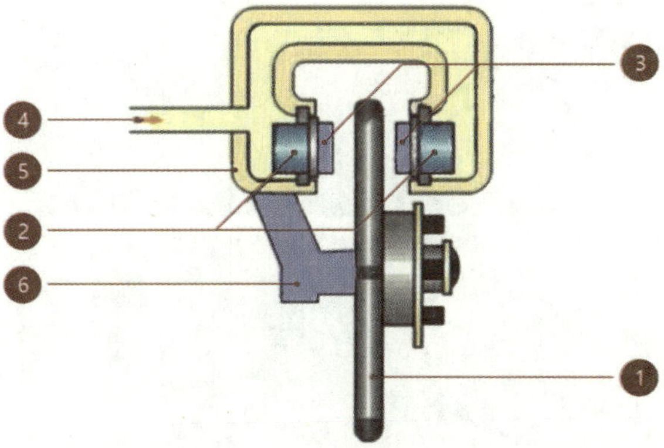

①＿＿＿＿＿＿②＿＿＿＿＿＿③＿＿＿＿＿＿

④＿＿＿＿＿＿⑤＿＿＿＿＿＿⑥＿＿＿＿＿＿

二、盘式制动检查保养【操作手册】

盘式制动检查保养【操作手册】				
操作步骤	操作细节	展示图	操作注意事项	使用工具
工具准备	需要的工具设备有：配件盒、扭力扳手、19 mm 六角套筒、20 mm 开口扳手、大号棘轮扳手、14 mm 六角套筒、刻度尺、游标卡尺、百分表、千分尺、磁力表座、记号笔、抹布、风炮。 目视检查工具设备外观有无损伤，刻度是否清晰		注意检查力矩扳手刻度显示是否清晰；调节器是否正常；检查百分表显示是否清晰，并调整归零；检查千分尺刻度是否清晰，并调整归零	
拆卸轮胎	使用力矩扳手沿对角顺序预松轮胎螺栓	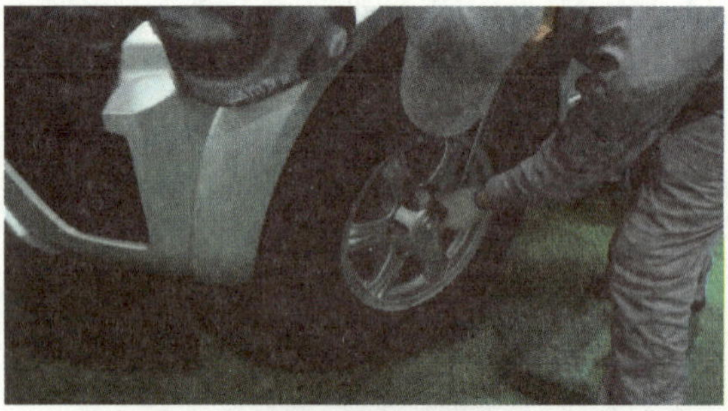	沿对角顺序预松轮胎螺栓	力矩扳手、19 mm 六角套筒
	将车辆举升离地，摇晃车身	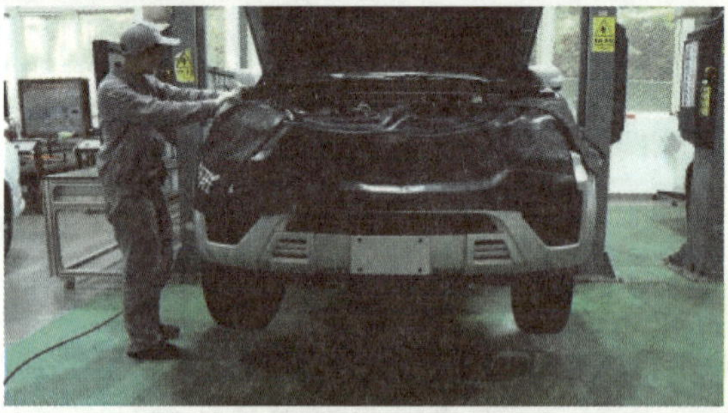	检查车辆是否稳定可靠，托盘位置是否正确	
	操作举升机将车辆举升到合适高度后进行锁止	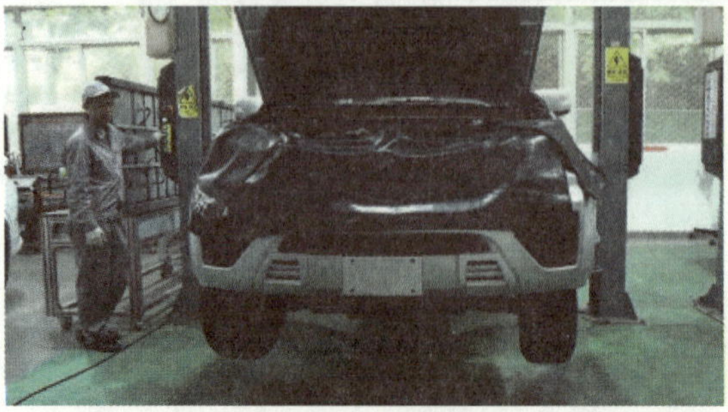	锁止后再进行作业	

续表

操作步骤	操作细节	展示图	操作注意事项	使用工具
拆卸轮胎	使用风炮沿对角拆卸车轮螺栓		沿对角顺序拆卸轮胎螺栓，注意风炮旋转方向	风炮、19 mm 六角套筒
	取下车轮	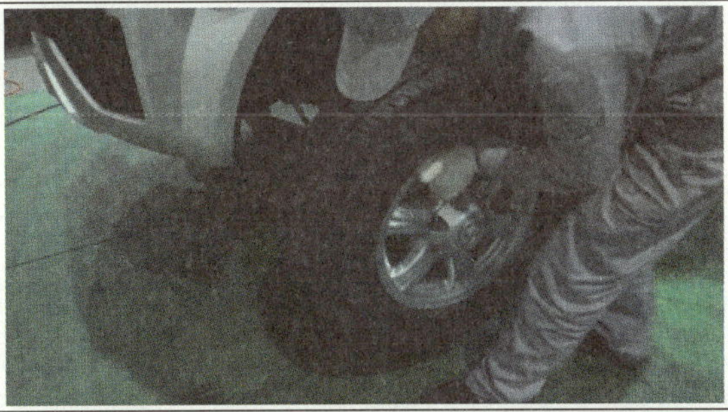		
拆卸制动卡钳	拆卸卡钳螺栓	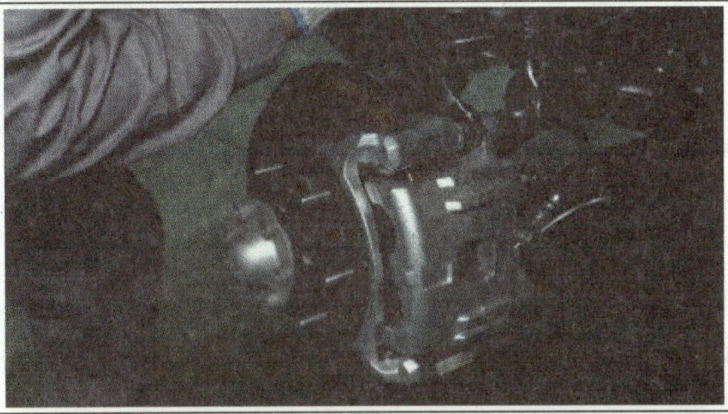	拆卸时需要开口扳手辅助	20 mm 开口扳手
	取下制动卡钳		检查活塞是否正常，并使用挂钩将卡钳挂在悬架上，避免油管受力损坏	挂钩
检测保养	取下制动片			

续表

操作步骤	操作细节	展示图	操作注意事项	使用工具
检测保养	使用测量尺测量制动片厚度	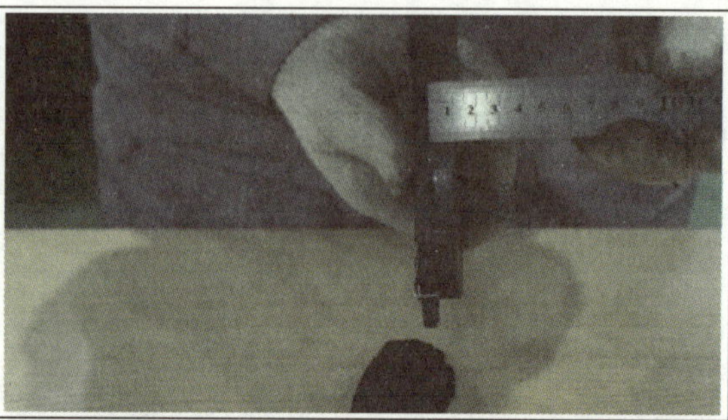	制动片的使用极限为 2 mm	测量尺
	清洁制动盘			刷子
	使用千分尺多位置测量制动盘厚度		使用千分尺多位置测量制动盘厚度，制动盘最小厚度为 24 mm，制动盘单面最大允许磨损量为 1 mm	千分尺
	测量制动盘盘面跳动		制动盘最大允许端面跳动量为 0.11 mm	百分表、磁力表座
	取下制动卡钳导向销，涂抹导向销润滑脂	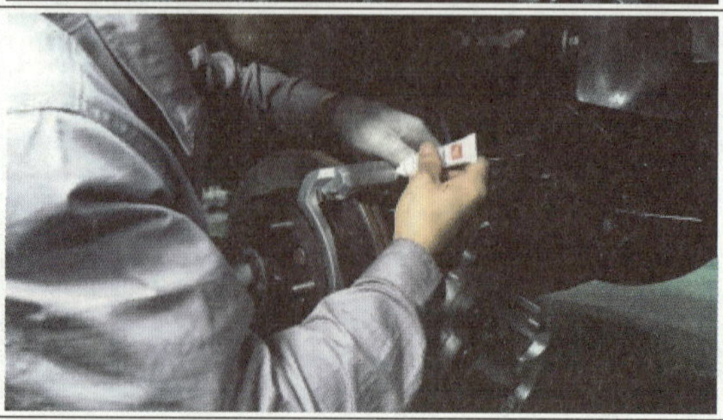		润滑脂

续表

操作步骤	操作细节	展示图	操作注意事项	使用工具
安装制动卡钳	清洁并安装制动片	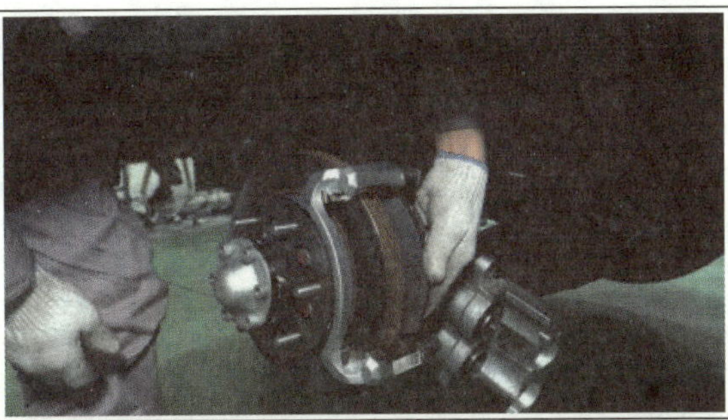	不要让制动系统中能引起摩擦的任何零件（包括制动盘、摩擦片的摩擦面）接触到油脂	
	安装制动卡钳	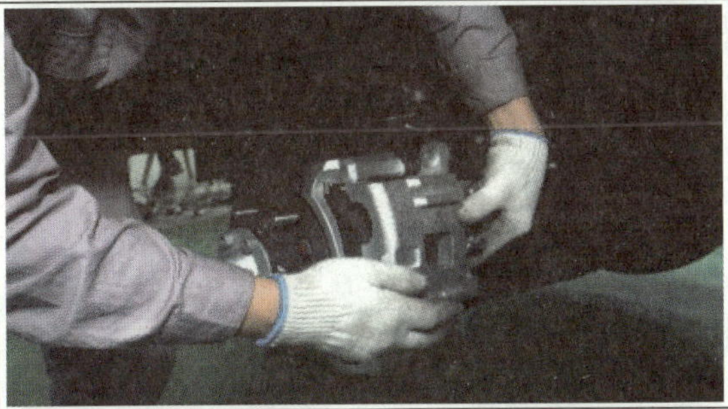		
	预装制动卡钳螺栓	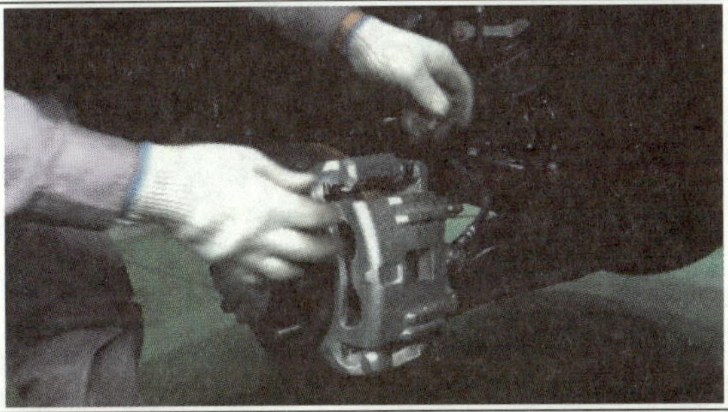		
	使用工具初次紧固卡钳螺栓	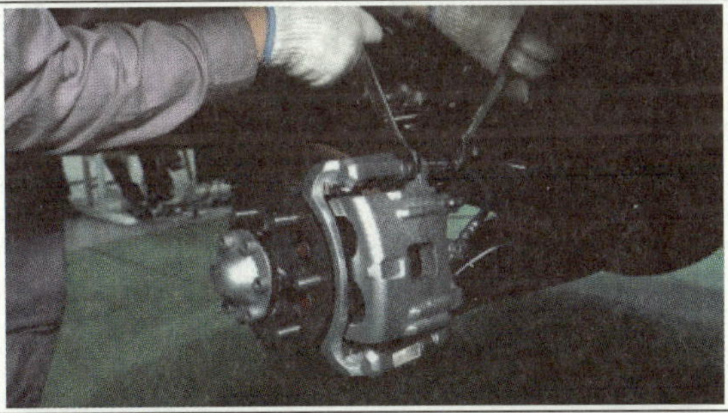		20 mm 开口扳手
	调整力矩扳手力矩值，紧固卡钳螺栓	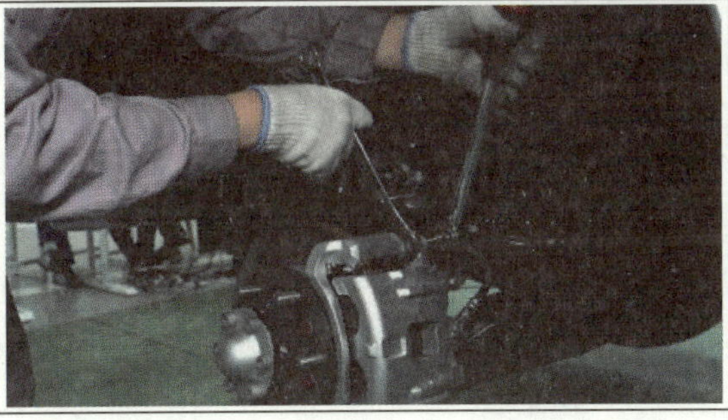	螺栓的规定力矩为 35 N·m	力矩扳手

续表

操作步骤	操作细节	展示图	操作注意事项	使用工具
安装制动卡钳	使用记号笔标注螺栓	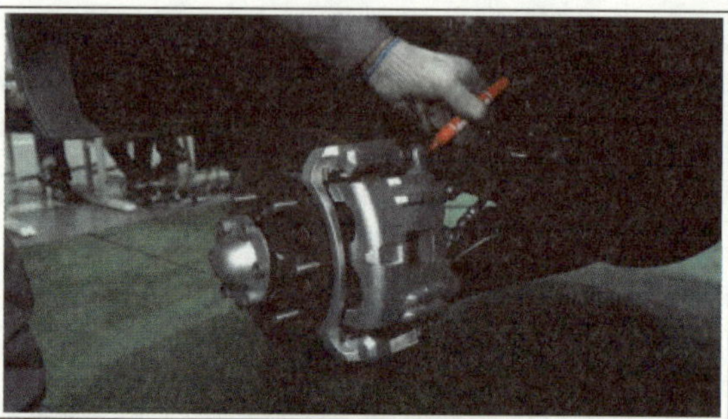		记号笔
安装车轮	安装车轮总成			
	预装车轮螺栓		车轮螺母至少旋入3圈	
	使用风炮沿对角紧固车轮螺栓		呈对角线紧固螺栓，注意风炮旋向	风炮
	调整力矩扳手力矩，对角拧紧螺栓		注意螺栓的拧紧力矩为135 N·m	力矩扳手

三、盘式制动检查保养【实操报告】

项目：制动系统部件检查与保养（初级）		考核时间：30分钟	
姓名：	班级：	学号：	考评员签字：
初评：□合格 □不合格	复评：□合格 □不合格	师评：□合格 □不合格	
日期：	日期：	日期：	
考核任务三 盘式制动检查保养【实操考核报告】			

1．车辆信息记录

品牌		整车型号		生产日期	
发动机型号		发动机排量		行驶里程	
车辆识别码					

2．车轮及制动块拆卸

检查项目	检查情况	考核结果
车轮拆装	□预松车轮螺栓 □举升车辆 □拆卸车轮	□合格 □不合格
制动卡钳	□松开卡钳螺栓 □挂起制动卡钳 □取下制动块	□合格 □不合格

3．制动块检查保养

检查项目	测量数据	测量情况	检查结果	考核结果
制动块		□磨损严重 □磨损正常 □测量位置	□正常 □异常	□合格 □不合格
制动盘		□磨损严重 □磨损正常 □测量位置	□正常 □异常	□合格 □不合格
制动盘跳动		□跳动严重 □跳动正常 □测量位置	□正常 □异常	□合格 □不合格
保养里程		□清洁制动盘 □保养定位销和橡胶套	□正常 □异常	□合格 □不合格

4．制动块及车轮安装

检查项目	安装情况	考核结果
制动块	□安装方向 □安装位置	□合格 □不合格
卡钳	□安装方向 □安装位置 □紧固螺栓 □安装车轮	□合格 □不合格

四、盘式制动检查保养【评分细则】

考核任务三　盘式制动检查保养【评分细则】							
序号	评分项	得分条件	评分	评分要求	自评	互评	师评
1	安全/7S/态度	□1. 能进行工位 7S 操作 □2. 能进行设备和工具安全检查 □3. 能进行车辆安全防护操作 □4. 能进行工具清洁校准存放操作 □5. 能进行三不落地操作	15	未完成1项扣5分，扣分不得超15分	□熟练 □不熟练	□熟练 □不熟练	□合格 □不合格
2	专业技术能力	作业 1: □1. 能正确预松车轮 □2. 能正确检查并举升车辆 □3. 能正确晃动车身并锁止举升机 □4. 能正确拆卸车轮螺栓和车轮 作业 2: □1. 能正确拆卸卡钳螺栓 □2. 能正确取下制动卡钳 □3. 能正确挂起卡钳 □4. 能正确取下制动片 □5. 能正确测量制动片厚度 □6. 能正确使用千分尺测量制动盘厚度 □7. 能正确测量制动盘盘面跳动 □8. 能正确读取测量数值 □9. 能正确取下制动卡钳导向销 □10. 能正确涂抹导向销润滑脂 □11. 能正确清洁并安装制动片 □12. 能正确安装制动卡钳	50	未完成1项扣5分，扣分不得超50分	□熟练 □不熟练	□熟练 □不熟练	□合格 □不合格

续表

序号	评分项	得分条件	评分	评分要求	自评	互评	师评
2	专业技术能力	□13. 能正确紧固卡钳螺栓 □14. 能正确使用记号笔标注螺栓 作业 3: □1. 能正确安装车轮总成 □2. 能正确使用力矩扳手紧固车轮螺栓 作业 4: □1. 能正确查询相关故障码诊断程序 □2. 能正确查询拆装顺序 □3. 能正确查询量具使用方法	50	未完成1项扣5分,扣分不得超50分	□熟练 □不熟练	□熟练 □不熟练	□合格 □不合格
3	工具及设备的使用能力	□1. 能正确检查工具外观及功能 □2. 能正确校对归零量具 □3. 能正确读取量具测量数值	10	未完成1项扣5分,扣分不得超10分	□熟练 □不熟练	□熟练 □不熟练	□合格 □不合格
4	资料、信息查询能力	□1. 能正确使用维修手册查询资料 □2. 能在规定时间内查询所需资料 □3. 能正确记录所查询资料章节页码 □4. 能正确记录所需维修信息	10	未完成1项扣3分,扣分不得超10分	□熟练 □不熟练	□熟练 □不熟练	□合格 □不合格
5	数据、判读和分析能力	□1. 能判读故障灯符号 □2. 能判读故障码类型 □3. 能判读数据流是否正常	10	未完成1项扣5分,扣分不得超10分	□熟练 □不熟练	□熟练 □不熟练	□合格 □不合格
6	表单填写与报告的撰写能力	□1. 字迹清晰 □2. 语句通顺 □3. 无错别字 □4. 无涂改 □5. 无抄袭	5	未完成1项扣1分,扣分不得超5分	□熟练 □不熟练	□熟练 □不熟练	□合格 □不合格
总分							

任务四　辅助制动检查保养

辅助制动检查保养

一、辅助制动检查保养【工作页】

辅助制动检查保养【工作页】			
班级		姓名	

一、填空题

1. 乘用车和轻型商用车的制动系统主要采用____________作为传动媒介，与可以提供动力源的气压制动系统相比，其需要助力系统来辅助驾驶员进行制动。

2. 真空制动助力系统也称作____________。

二、判断题

1. 启动发动机，再连续踩制动踏板数次，在踩下制动踏板时停止发动机运转，此时不要松开制动踏板，在等待 5 s 后踏板高度无变化（无回弹感），则说明真空助力器密封性能良好。如制动踏板有明显的回升现象，则说明真空助力器有漏气故障，需更换。(　　)

2. 踏板自由行程是为保证不发生制动拖滞、彻底解除制动而设置的。(　　)

三、识图题

请在空白横线处填写图中序号标记的各部件名称。

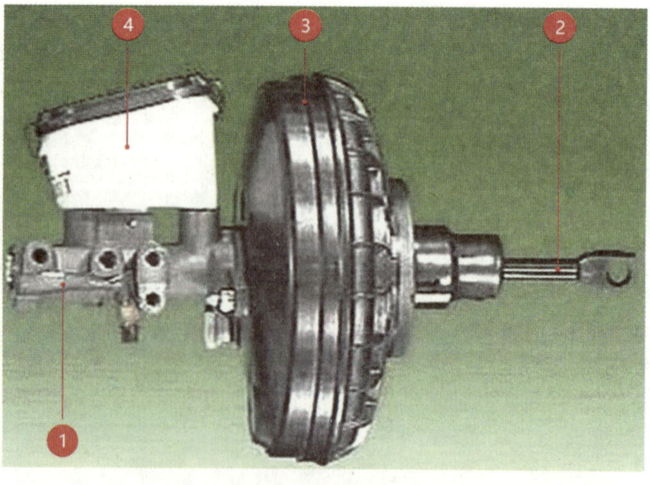

①____________②____________③____________④____________

二、辅助制动检查保养【操作手册】

辅助制动检查保养【操作手册】				
操作步骤	操作细节	展示图	操作注意事项	使用工具
工具准备	需要的工具设备有：小号棘轮扳手、小号接杆、10 mm 六角套筒、翘片、手电筒、卷尺。 目视检查工具设备外观有无损伤	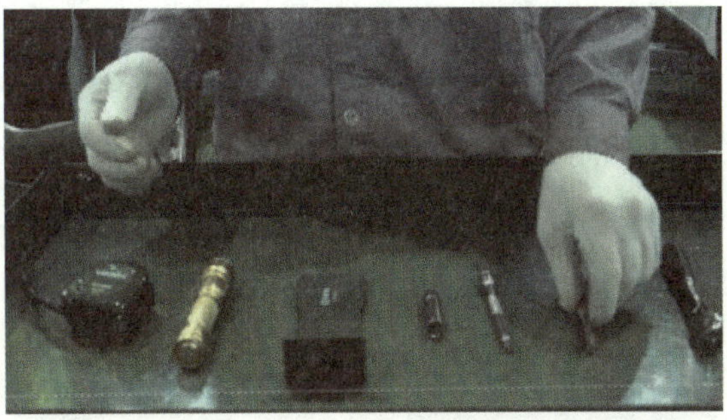		
检查制动真空泵、制动踏板、管路	检查制动真空泵总成及管路有无异常	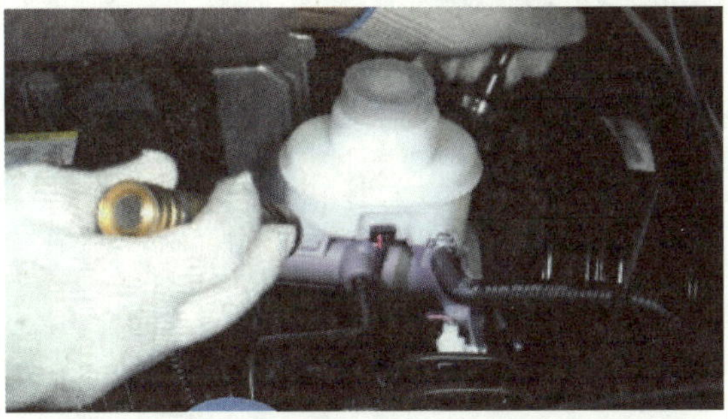	注意检查制动系统的管路、接头应无凹瘪、严重锈蚀、裂纹现象，连接应可靠无渗漏	手电筒
	检查制动踏板总成有无异常		注意检查制动主缸皮碗、密封圈是否老化、损坏与磨损，若损坏应更换	
	使用卷尺测量制动踏板自由行程	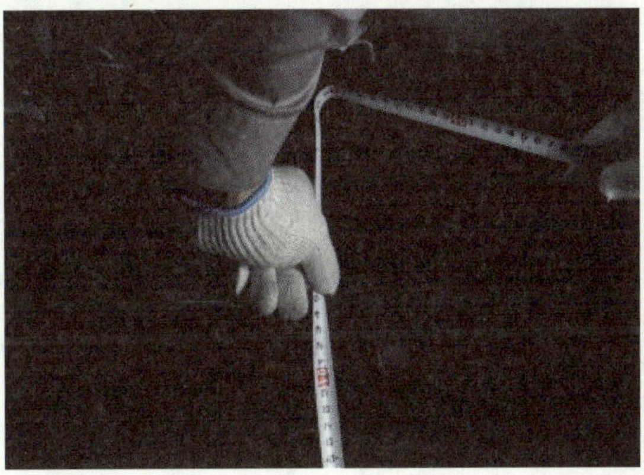	用手向下按制动踏板至有阻力时，记下读数，然后放松踏板，再看读数，两次读数之差即为踏板自由行程。液压制动的踏板自由行程一般为 15 ~ 20 mm	钢卷尺

续表

操作步骤	操作细节	展示图	操作注意事项	使用工具
驻车制动的调整	检查驻车制动高度，一般为 5～6 齿	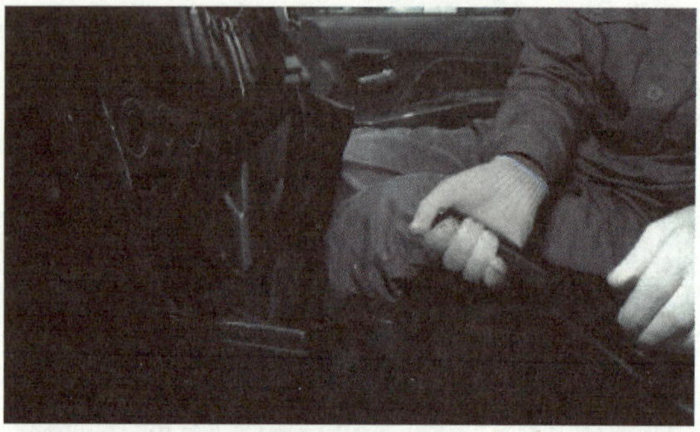	拉起驻车制动第一声响起，仪表制动警告灯应亮起。不满足，则说明驻车系统过松	
	拆卸扶手箱盖板	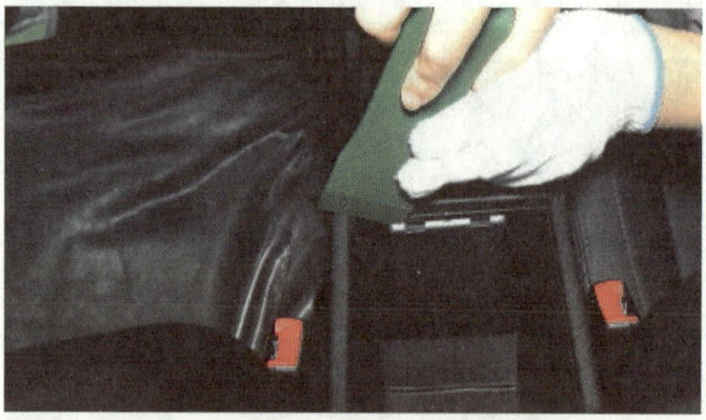	注意拆卸的盖板应放入零件盒，以免丢失	翘片
	使用组合工具调整驻车制动高度，完全松开驻车制动		调整完成后应操作驻车制动杠杆 3～4 次，并检查驻车制动杠杆行程	小号棘轮扳手、小号接杆、10 mm 六角套筒
	调整举升机 4 个支撑托盘位置和高度，使托盘中心点对准车辆举升点	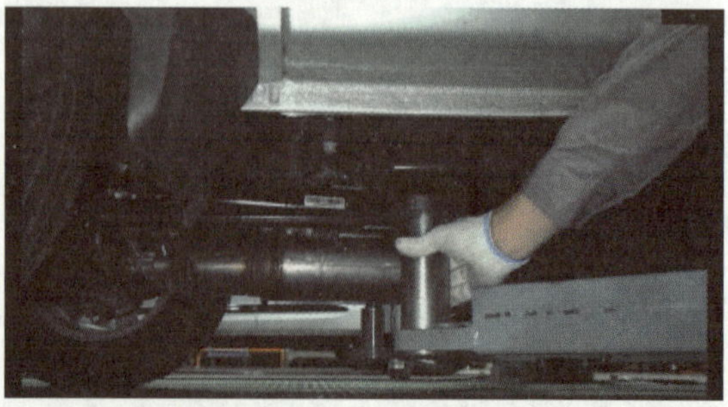	调整支撑臂时，同侧支撑臂尽量张开，使重心更稳，两侧支撑点最好对称	

续表

操作步骤	操作细节	展示图	操作注意事项	使用工具
驻车制动的调整	将车辆举升离地，摇晃车身，检查车辆是否稳定可靠，托盘位置是否正确		如位置不正确，需放下车辆重新调整	
	操作举升机将车辆举升到合适高度后进行锁止		确定举升机锁止后才可进入车下进行作业	
	转动车轮，车轮应自由转动		注意转动时应无制动阻力	
	再次检查驻车制动高度是否正常	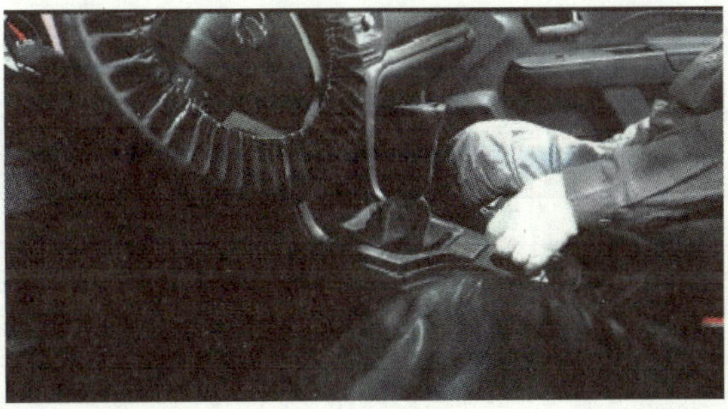	驻车制动杠杆高度，一般为5~6齿	

三、辅助制动检查保养【实操报告】

项目：制动系统部件检查与保养（初级）		考核时间：30 分钟	
姓名：	班级：	学号：	考评员签字：
初评：□合格 □不合格	复评：□合格 □不合格	师评：□合格 □不合格	
日期：	日期：	日期：	
考核任务四　辅助制动检查保养【实操考核报告】			

1．车辆信息记录

品牌		整车型号		生产日期	
发动机型号		发动机排量		行驶里程	
车辆识别码					

2．制动液液位检查

检查项目	液位检查情况	检查结果	检测项目	检测数据	结果
制动液液位	□太低 □太高 □无	□正常 □异常	油质	层	□正常 □异常

3．制动真空总泵及管路检查

检查项目	泄漏检查情况	维修措施
真空泵	□泄漏 □正常 □变形	□更换 □调整 □紧固 □无
管路	□泄漏 □正常 □变形	□更换 □调整 □紧固 □无
接口	□泄漏 □正常 □变形	□更换 □调整 □紧固 □无

4．踏板高度及驻车制动调整

保养项目	检查情况	保养里程及周期
踏板高度测量	□太高 □正常 □太低	□更换 □调整 □紧固 □无
驻车制动高度测试	□太高 □正常 □太低	□更换 □调整 □紧固 □无
驻车制动调整	□工具使用 □拆装顺序 □复检	□合格 □不合格

四、辅助制动检查保养【评分细则】

考核任务十三　辅助制动检查保养【评分细则】							
序号	评分项	得分条件	评分	评分要求	自评	互评	师评
1	安全/7S/态度	□1. 能进行工位 7S 操作 □2. 能进行设备和工具安全检查 □3. 能进行车辆安全防护操作 □4. 能进行工具清洁校准存放操作 □5. 能进行三不落地操作	15	未完成1项扣5分，扣分不得超15分	□熟练 □不熟练	□熟练 □不熟练	□合格 □不合格
2	专业技术能力	作业 1： □1. 能正确检查制动系统油液液位 □2. 能正确检查制动真空泵总成及管路有无异常 □3. 能正确检查制动踏板总成有无异常 □4. 能正确使用卷尺测量制动踏板间隙 □5. 能正确检查驻车制动高度 □6. 能正确拆卸扶手箱盖板 作业 2： □1. 能正确使用工具调整驻车制动高度 □2. 能正确检查驻车制动高度是否正常 作业 3： □1. 能正确查询相关故障码诊断程序 □2. 能正确查询踏板高度 □3. 能正确查询扶手箱拆装方法	50	未完成1项扣5分，扣分不得超50分	□熟练 □不熟练	□熟练 □不熟练	□合格 □不合格
3	工具及设备的使用能力	□1. 能正确检查工具外观及功能 □2. 能正确使用工具	10	未完成1项扣5分，扣分不得超10分	□熟练 □不熟练	□熟练 □不熟练	□合格 □不合格

续表

序号	评分项	得分条件	评分	评分要求	自评	互评	师评
4	资料、信息查询能力	□1. 能正确使用维修手册查询资料 □2. 能在规定时间内查询所需资料 □3. 能正确记录所查询资料章节页码 □4. 能正确记录所需维修信息	10	未完成1项扣3分,扣分不得超10分	□熟练 □不熟练	□熟练 □不熟练	□合格 □不合格
5	数据、判读和分析能力	□1. 能判断液位是否正常 □2. 能判断踏板高度是否正常 □3. 能判断管路是否泄漏	10	未完成1项扣5分,扣分不得超10分	□熟练 □不熟练	□熟练 □不熟练	□合格 □不合格
6	表单填写与报告的撰写能力	□1. 字迹清晰 □2. 语句通顺 □3. 无错别字 □4. 无涂改 □5. 无抄袭	5	未完成1项扣1分,扣分不得超5分	□熟练 □不熟练	□熟练 □不熟练	□合格 □不合格
总分							

任务五　电子制动功能检查

电子制动功能检查

一、电子制动功能检查【工作页】

电子制动功能检查【工作页】			
班级		姓名	

一、填空题

1. 将具有 ABS、EBD、ASR 或 TCS、ESP 所有功能的制动系统称为__________制动系统。

2. ABS 通常由 4 个轮速传感器、制动压力调节器（制动执行器）、__________、制动开关和警告指示灯等组成。

二、判断题

1. 制动性能是汽车的主要性能之一，重大交通事故往往与制动距离过长、紧急制动时发生侧滑等情况有关，所以汽车的制动性能是汽车安全行驶的重要保障。目前，ABS 防抱死制动系统已被广泛运用于汽车上。(　　)

2. 车轮速度传感器的作用是检测车轮的旋转速度，并将速度信号转变为电信号再输入 ECU，一般只用安装一个轮速传感器即可。(　　)

三、识图题

请在空白横线处填写图中序号标记的各部件名称。

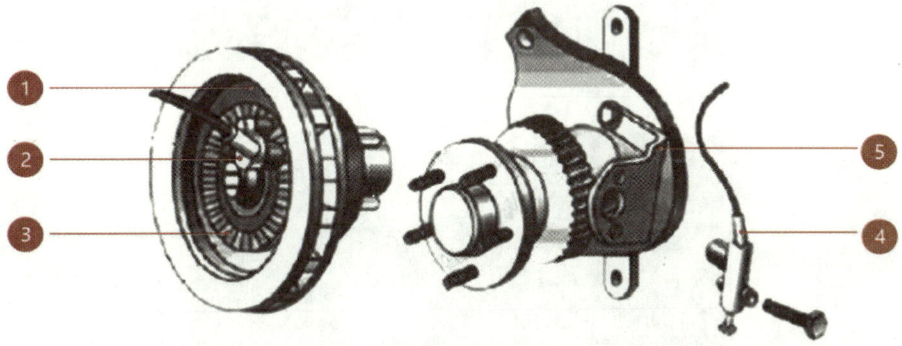

①__________②__________③__________④__________⑤__________

二、电子制动功能检查【操作手册】

电子制动功能检查【操作手册】				
操作步骤	操作细节	展示图	操作注意事项	使用工具
工具准备	需要的工具设备有：中号棘轮扳手、记号笔、万用表、10 mm 六角套筒、诊断仪。 目视检查工具设备外观有无损伤		检查工具外观有无损坏，万用表功能检查等	
检查驻车制动信号灯	打开点火开关至“ON”挡，检查仪表显示有无异常		注意仪表盘上有无制动系统相关信号灯	
	释放驻车制动检查仪表制动灯是否熄灭		注意需在安装车轮挡块的情况下释放驻车制动杆	
举升车辆	调整举升机 4 个支撑托盘位置和高度，使托盘中心点对准车辆举升点	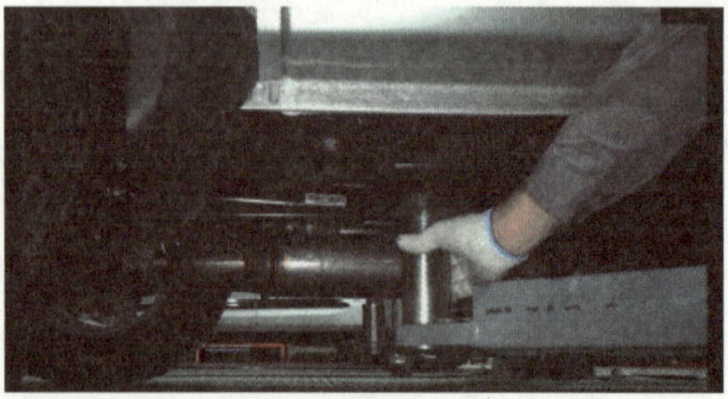	调整支撑臂时，同侧支撑臂尽量张开，使重心更稳，两侧支撑点最好对称	

续表

操作步骤	操作细节	展示图	操作注意事项	使用工具
举升车辆	将车辆举升离地，摇晃车身，检查车辆是否稳定可靠，托盘位置是否正确	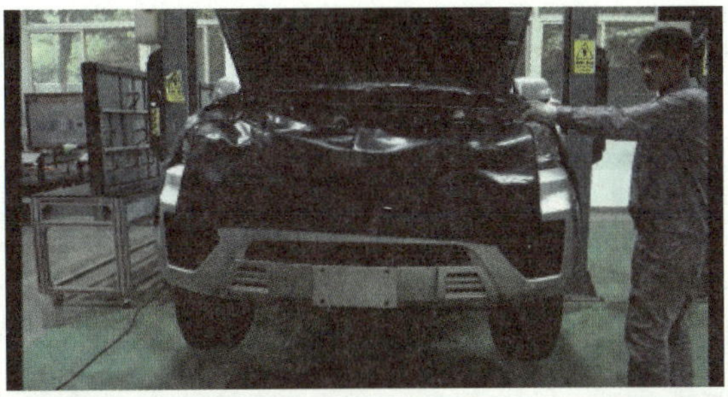	如位置不正确，需放下车辆重新调整	
	操作举升机将车辆举升到合适高度后进行锁止		确定举升机锁止后才可进入车下进行作业	
ABS（防包死制动系统）管路、ABS传感器检查	检查制动卡钳制动软管有无破损渗油等现象	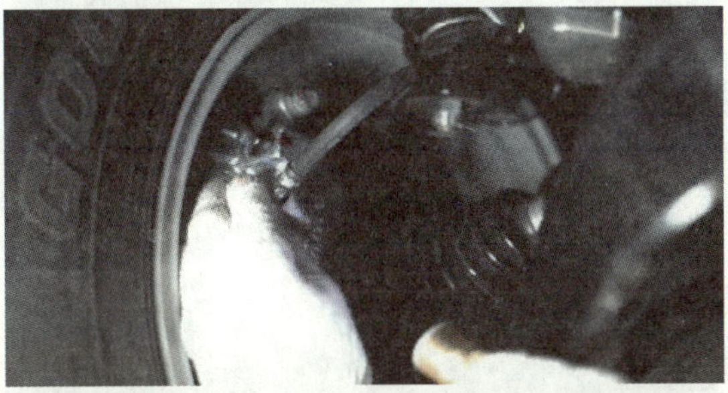	注意避免外力拉扯制动软管，保持制动软管表面清洁，避免其受到腐蚀	
	检查底盘制动油管有无破损渗油等现象	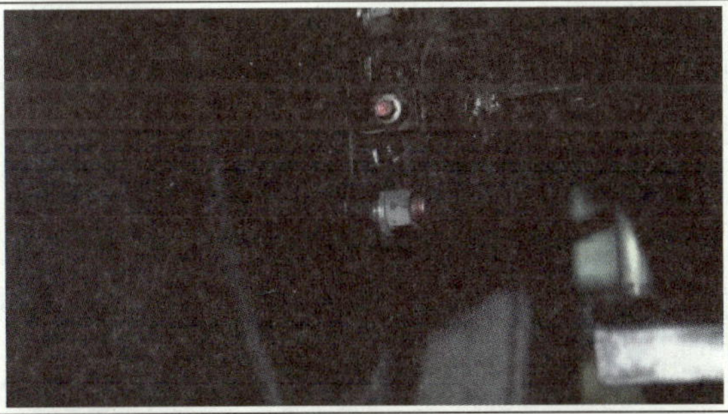	注意金属管路用的管夹固定牢靠，不得与车架及其他部件相碰擦，在行车过程中不得产生较大振幅的振动	
	检查ABS传感器线束有无损坏松动		检查过程中避免拉拽线束，以防插接器松动	

续表

操作步骤	操作细节	展示图	操作注意事项	使用工具
ABS(防包死制动系统)管路、ABS传感器检查	拆卸 ABS 传感器固定螺栓	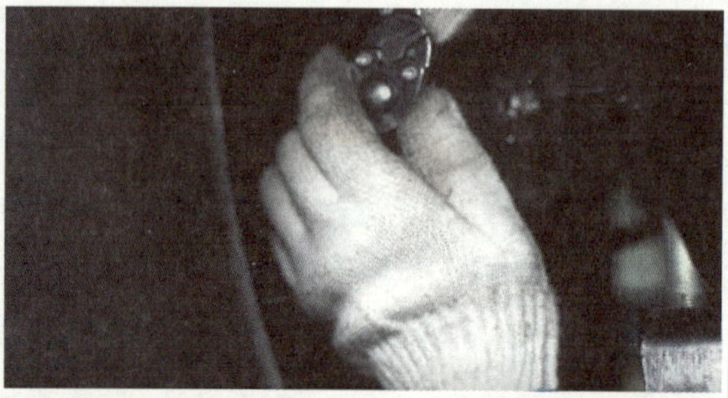	拆下轮速传感器和接线时，如果需要重复使用接线，则不要将其弯曲或折叠	中号棘轮扳手、10 mm 六角套筒
	取下 ABS 传感器，检查传感器有无异常	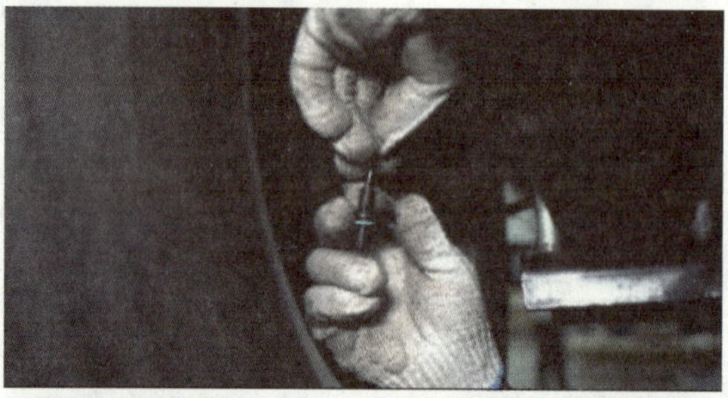	注意检查外观时，避免接触到传感器头而影响精度	
	安装 ABS 传感器			
	预装 ABS 传感器固定螺栓	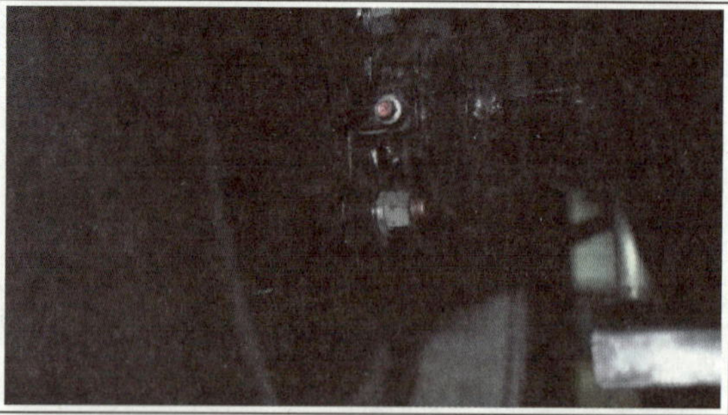	预装过程中避免大幅度晃动轮速传感器	
	使用工具紧固螺栓	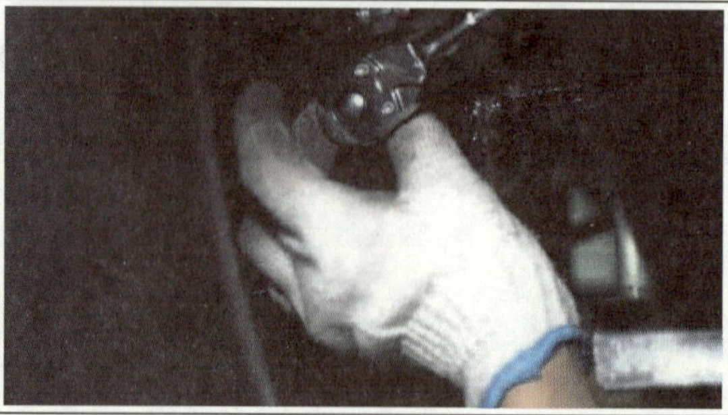	注意安装完成后应检查轮速传感器信号	中号棘轮扳手、10 mm 六角套筒

续表

操作步骤	操作细节	展示图	操作注意事项	使用工具
ABS（防包死制动系统）管路、ABS传感器检查	使用记号笔做标定	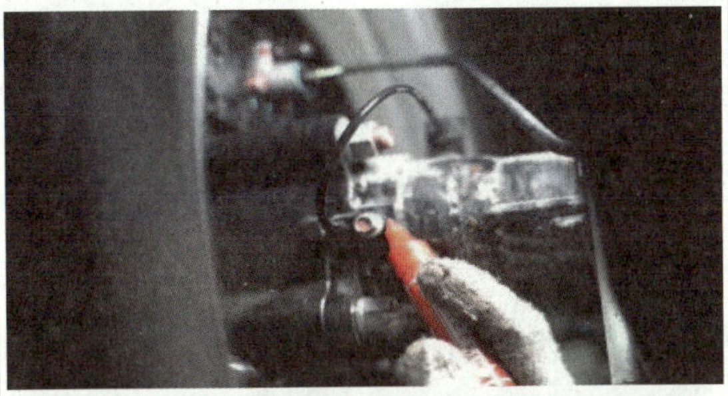		记号笔
ABS保险丝检测	通过保险盒信息，找到ABS保险丝	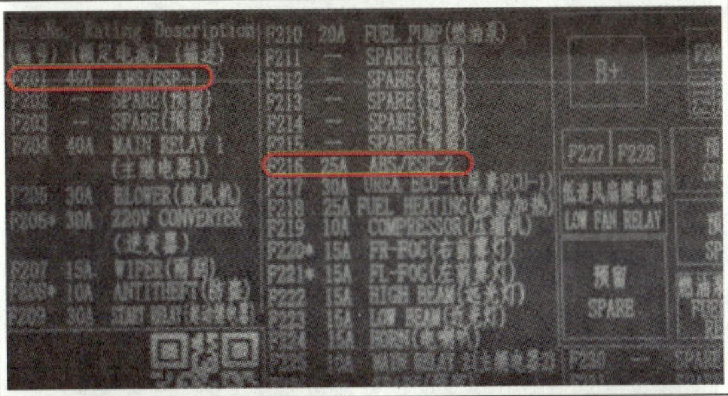	注意记录保险丝标号，防止误拔	
	取下保险丝	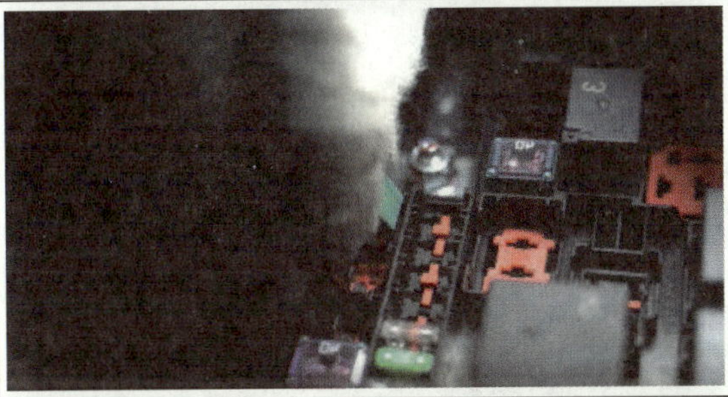	注意关闭启动开关和全部电器设备，断开蓄电池负极电缆才能拔出保险丝；禁止用手拔出保险丝	
	使用万用表检测保险丝，使用前应进行万用表自检	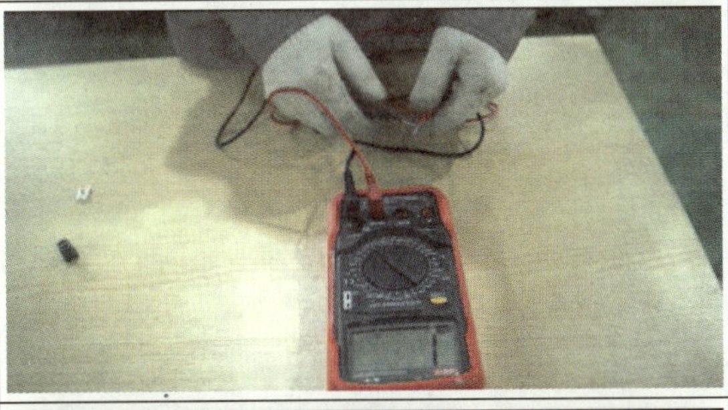	将两表笔短接，显示屏应显示低于0.03；将两表笔开路，显示屏应显示“1”。以上两种显示都正常时，表明万用表良好	万用表
	将万用表调至欧姆挡，表笔接触保险丝两触点，测量结果应小于0.5 Ω	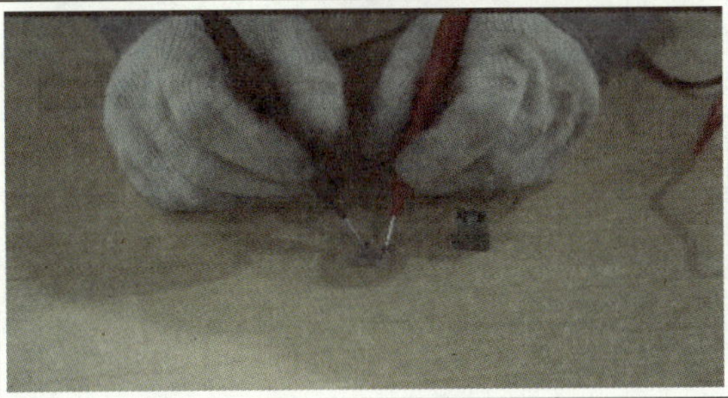	注意检测时应与保险丝接触良好	万用表

续表

<table>
<tr><th>操作步骤</th><th>操作细节</th><th>展示图</th><th>操作注意事项</th><th>使用工具</th></tr>
<tr><td>ABS保险丝检测</td><td>安装保险丝</td><td>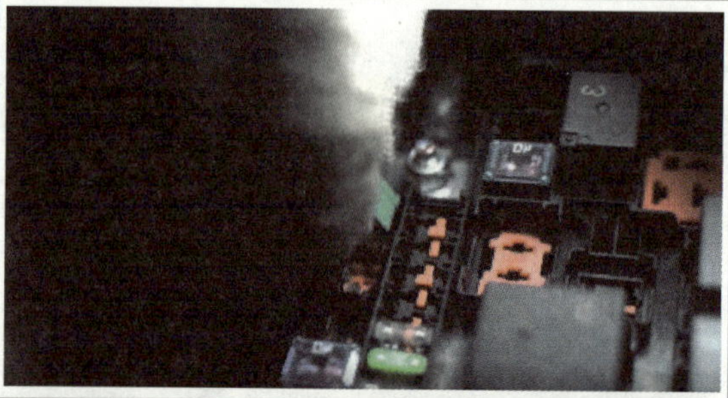</td><td>注意安装时应断开蓄电池，安装过程中确保安装到位</td><td></td></tr>
<tr><td rowspan="4">故障码、数据流读取</td><td>连接诊断仪接头，打开点火开关，检查接头线连接是否正常</td><td>
</td><td>注意测试前应先将测试卡插入诊断接口后再接通电源</td><td>解码器</td></tr>
<tr><td rowspan="3">选择车型系统</td><td>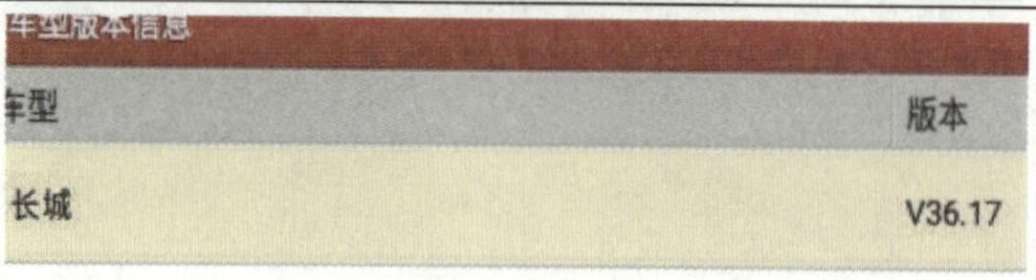
</td><td></td><td></td></tr>
<tr><td>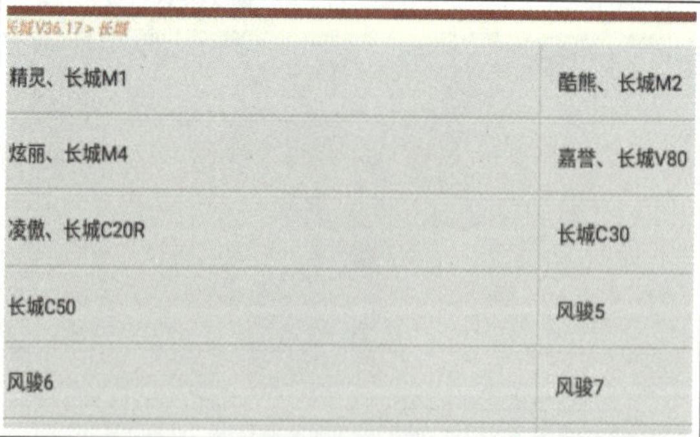
</td><td></td><td></td></tr>
<tr><td>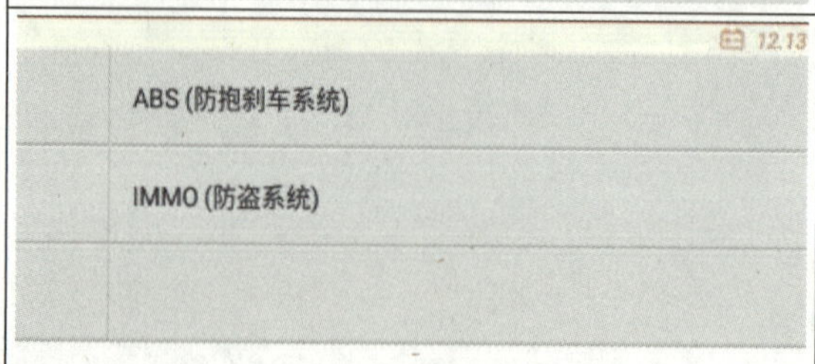
</td><td></td><td></td></tr>
</table>

续表

操作步骤	操作细节	展示图	操作注意事项	使用工具
故障码、数据流读取	读取故障码	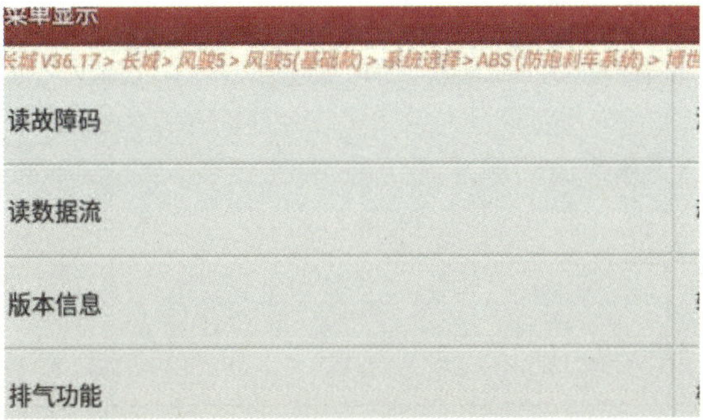		
	清除故障码			
		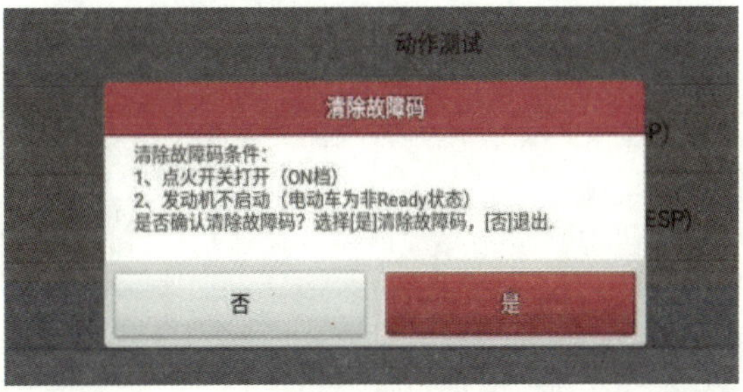		

续表

<table>
<tr><th>操作步骤</th><th>操作细节</th><th>展示图</th><th>操作注意事项</th><th>使用工具</th></tr>
<tr><td rowspan="3">故障码、数据流读取</td><td rowspan="3">读取相关数据流</td><td>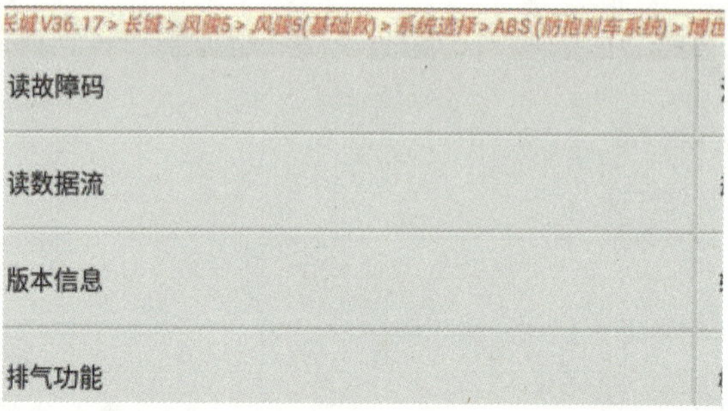
</td><td></td><td></td></tr>
<tr><td>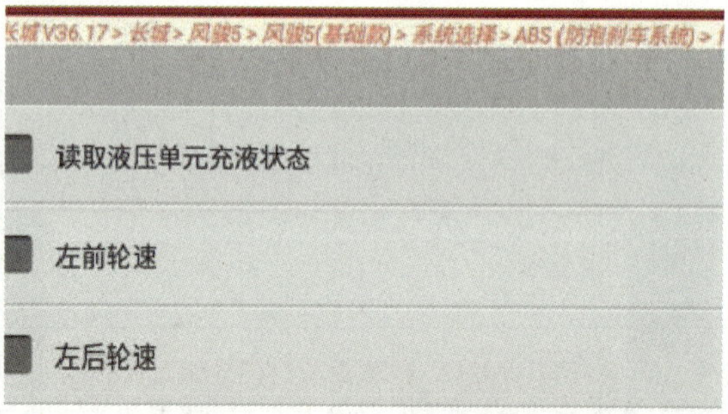
</td><td></td><td></td></tr>
<tr><td>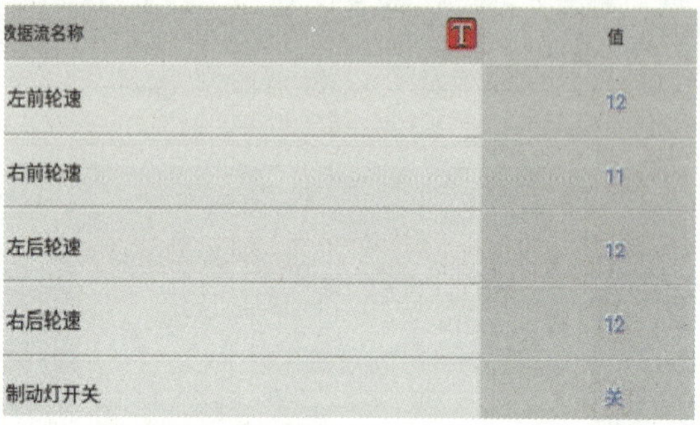
</td><td></td><td></td></tr>
</table>

三、电子制动功能检查【实操报告】

<table>
<tr><td colspan="2">项目：制动系统部件检查与保养（初级）</td><td colspan="2">考核时间：30 分钟</td></tr>
<tr><td>姓名：</td><td>班级：</td><td>学号：</td><td rowspan="3">考评员签字：</td></tr>
<tr><td>初评：□合格 □不合格</td><td>复评：□合格 □不合格</td><td>师评：□合格 □不合格</td></tr>
<tr><td>日期：</td><td>日期：</td><td>日期：</td></tr>
<tr><td colspan="4">考核项任务五　电子制动功能检查【实操考核报告】</td></tr>
</table>

1．车辆信息记录

品牌		整车型号		生产日期	
发动机型号		发动机排量		行驶里程	
车辆识别码					

2．管路检查

检查项目	检查情况	检查结果
管路	□正常　□泄漏　□变形	□正常　□异常
总泵	□正常　□泄漏　□变形	□正常　□异常

3．ABS 传感器检查

检查项目	泄漏检查情况	损坏部件名称	维修措施
传感器	□破损　□正常		□更换　□调整　□紧固　□无
保险丝	□熔断　□正常		□更换　□调整　□紧固　□无
数据流	□异常　□正常		□更换　□调整　□紧固　□无

4．工具使用

工具名称	使用情况	考核结果
万用表	□表笔连接　□表笔使用　□万用表归零	□合格　□不合格
解码器	□OBD2 连接　□车型选择　□数据流选择 □故障码读取　□故障码清除　□数据流读取	□合格　□不合格

四、电子制动功能检查【评分细则】

考核任务五　电子制动功能检查【评分细则】							
序号	评分项	得分条件	评分	评分要求	自评	互评	师评
1	安全/7S/态度	□1. 能进行工位 7S 操作 □2. 能进行设备和工具安全检查 □3. 能进行车辆安全防护操作 □4. 能进行工具清洁校准存放操作 □5. 能进行三不落地操作	15	未完成 1 项扣 5 分，扣分不得超 15 分	□熟练 □不熟练	□熟练 □不熟练	□合格 □不合格

续表

序号	评分项	得分条件	评分	评分要求	自评	互评	师评
2	专业技术能力	作业 1： □1. 能正确检查仪表显示有无异常 □2. 能正确检查制动灯是否熄灭 □3. 能正确举升车辆 □4. 能正确锁止举升机 □5. 能正确检查制动卡钳、制动软管有无破损渗油等现象 □6. 能正确检查底盘制动油管有无破损渗油等现象 作业 2： □1. 能正确检查 ABS 传感器线束有无损坏松动 □2. 能正确拆卸 ABS 传感器固定螺栓 □3. 能正确取下 ABS 传感器，检查传感器有无异常 □4. 能正确安装 ABS 传感器 □5. 能正确取下保险丝 作业 3： □1. 能正确使用万用表检测保险丝 □2. 能正确安装保险丝 □3. 能正确读取故障码和数据流	50	未完成 1 项扣 5 分，扣分不得超 50 分	□熟练 □不熟练	□熟练 □不熟练	□合格 □不合格
3	工具及设备的使用能力	□1. 能正确检查工具外观及功能 □2. 能正确使用万用表和解码器进行操作	10	未完成 1 项扣 5 分，扣分不得超 10 分	□熟练 □不熟练	□熟练 □不熟练	□合格 □不合格
4	资料、信息查询能力	□1. 能正确使用维修手册查询资料 □2. 能在规定时间内查询所需资料 □3. 能正确记录所查询资料章节页码 □4. 能正确记录所需维修信息	10	未完成 1 项扣 3 分，扣分不得超 10 分	□熟练 □不熟练	□熟练 □不熟练	□合格 □不合格

续表

序号	评分项	得分条件	评分	评分要求	自评	互评	师评
5	数据、判读和分析能力	□1. 能判读故障灯符号 □2. 能判读软管是否漏油 □3. 能判读数据流是否正常	10	未完成1项扣5分，扣分不得超10分	□熟练 □不熟练	□熟练 □不熟练	□合格 □不合格
6	表单填写与报告的撰写能力	□1. 字迹清晰 □2. 语句通顺 □3. 无错别字 □4. 无涂改 □5. 无抄袭	5	未完成1项扣1分，扣分不得超5分	□熟练 □不熟练	□熟练 □不熟练	□合格 □不合格
总　分							

考核项目三 制动系统部件检查与保养

制动系统部件
检查与保养

一、制动系统部件检查与保养【实操报告】

项目：汽车动力与驱动系统综合分析技术（初级）		考核时间：50分钟	
姓名：	班级：	学号：	考评员签字：
初评：□合格 □不合格	复评：□合格 □不合格	师评：□合格 □不合格	
日期：	日期：	日期：	
制动系统部件检查与保养（考核项目）【实操考核报告】			

1．车辆信息记录

品牌		整车型号		生产日期	
发动机型号		发动机排量		行驶里程	
车辆识别码					

2．制动液检查

检查项目	液位检查情况	检查结果	检测项目	检测数据	结果
制动液	□太低 □太高 □无	□正常 □异常	油质	层	□正常 □异常
含水率	□太低 □太高 □无	□正常 □异常	含水率	%	□正常 □异常

3．制动液泄漏检查

检查项目	泄漏检查情况	泄漏部件名称	维修措施
制动液	□泄漏 □正常	加注壶	□更换 □调整 □紧固 □无
制动液	□泄漏 □正常	管路	□更换 □调整 □紧固 □无
制动液	□泄漏 □正常	管路接口	□更换 □调整 □紧固 □无

4．查阅维修手册，按照标准流程完成制动液更换

作业项目	维修资料			
制动液更换	制动液容量		制动液型号	
	排气口螺栓紧固规格		油液含水率	

5．制动块检查保养

检查项目	测量数据	测量情况	检查结果	考核结果
制动块		□磨损严重 □磨损正常 □测量位置	□正常 □异常	□合格 □不合格
制动盘		□磨损严重 □磨损正常 □测量位置	□正常 □异常	□合格 □不合格
制动盘跳动		□跳动严重 □跳动正常 □测量位置	□正常 □异常	□合格 □不合格
保养里程		□清洁制动盘 □保养定位销和橡胶套	□正常 □异常	□合格 □不合格

二、制动系统部件检查与保养【评分表】

制动系统部件检查与保养（考核项目）【评分细则】							
序号	评分项	得分条件	评分	评分要求	自评	互评	师评
1	安全/7S/态度	□1. 能进行工位7S操作 □2. 能进行设备和工具安全检查 □3. 能进行车辆安全防护操作 □4. 能进行工具清洁校准存放操作 □5. 能进行三不落地操作	15	未完成1项扣5分，扣分不得超15分	□熟练 □不熟练	□熟练 □不熟练	□合格 □不合格
2	专业技术能力	作业1： □1. 能正确检查油管和油路是否泄漏 □2. 能正确检测含水率 □3. 能正确支撑举升机并举升车辆 □4. 能正确检查制动分泵是否泄漏 □5. 能正确添加制动油液 □6. 能正确取下排气口防尘帽并连接软管 作业2： □1. 能正确拆卸卡钳螺栓 □2. 能正确取下制动卡钳	50	未完成1项扣5分，扣分不得超50分	□熟练 □不熟练	□熟练 □不熟练	□合格 □不合格

续表

序号	评分项	得分条件	评分	评分要求	自评	互评	师评
2	专业技术能力	□3. 能正确挂起卡钳 □4. 能正确取下制动片 □5. 能正确测量制动片厚度 □6. 能正确使用千分尺测量制动盘厚度 □7. 能正确测量制动盘盘面跳动 □8. 能正确读取测量数值 □9. 能正确取下制动卡钳导向销 □10. 能正确涂抹导向销润滑脂 □11. 能正确清洁并安装制动片 □12. 能正确安装制动卡钳 □13. 能正确紧固卡钳螺栓	50	未完成1项扣5分,扣分不得超50分	□熟练 □不熟练	□熟练 □不熟练	□合格 □不合格
3	工具及设备的使用能力	□1. 能正确检查工具外观及功能 □2. 能正确使用制动液更换机	10	未完成1项扣5分,扣分不得超10分	□熟练 □不熟练	□熟练 □不熟练	□合格 □不合格
4	资料、信息查询能力	□1. 能正确使用维修手册查询资料 □2. 能在规定时间内查询所需资料 □3. 能正确记录所查询资料章节页码 □4. 能正确记录所需维修信息	10	未完成1项扣3分,扣分不得超10分	□熟练 □不熟练	□熟练 □不熟练	□合格 □不合格
5	数据、判读和分析能力	□能判断加注量是否充足	10	未完成1项扣10分,扣分不得超10分	□熟练 □不熟练	□熟练 □不熟练	□合格 □不合格
6	表单填写与报告的撰写能力	□1. 字迹清晰 □2. 语句通顺 □3. 无错别字 □4. 无涂改 □5. 无抄袭	5	未完成1项扣1分,扣分不得超5分	□熟练 □不熟练	□熟练 □不熟练	□合格 □不合格
总分							

项目四 安全系统部件检查与保养

任务一 安全气囊系统检查

安全气囊系统检查

一、安全气囊系统检查【工作页】

安全气囊系统检查【工作页】			
班级		姓名	

一、填空题

1. 汽车上的安全系统可分为____________安全系统和____________安全系统。
2. 当汽车发生碰撞时，汽车与汽车或汽车与障碍物之间的碰撞称为____________。

二、判断题

1. 安全气囊系统和安全带属于主动安全系统。(　　)
2. 碰撞传感器有两种类型：一种由半导体制成，另一种为机械类型。(　　)

三、识图题

请在空白横线处填写图中序号标记的各部件名称。

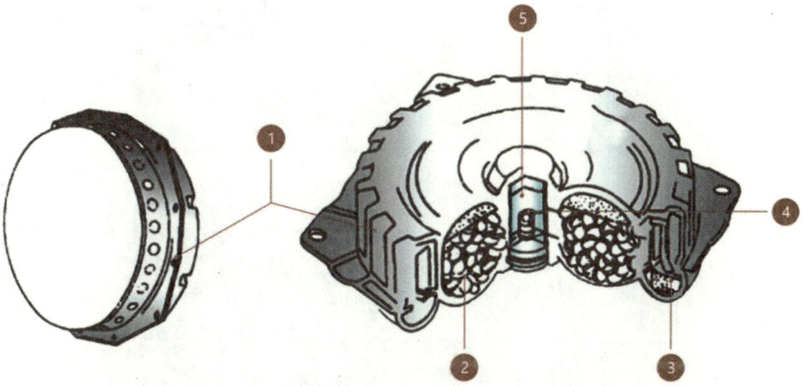

①____________②____________③____________④____________⑤____________

二、安全气囊系统检查【操作手册】

<table>
<tr><th colspan="5">安全气囊系统检查【操作手册】</th></tr>
<tr><th>操作步骤</th><th>操作细节</th><th>展示图</th><th>操作注意事项</th><th>使用工具</th></tr>
<tr><td>工具准备</td><td>工具有：解码器、力矩扳手、小号棘轮扳手、大转小接杆、小号套筒、小号长套筒、金属翘板、塑料翘板、平口小螺丝刀、记号笔、橡胶锤。
检查工具规格是否正确，工具外观是否破损</td><td></td><td>注意检查工具外观是否正常．</td><td></td></tr>
<tr><td rowspan="3">安全带检查</td><td>检查安全带指示灯和气囊指示灯</td><td></td><td>点火开关开到“ON”挡</td><td></td></tr>
<tr><td>检查安全带锁扣</td><td>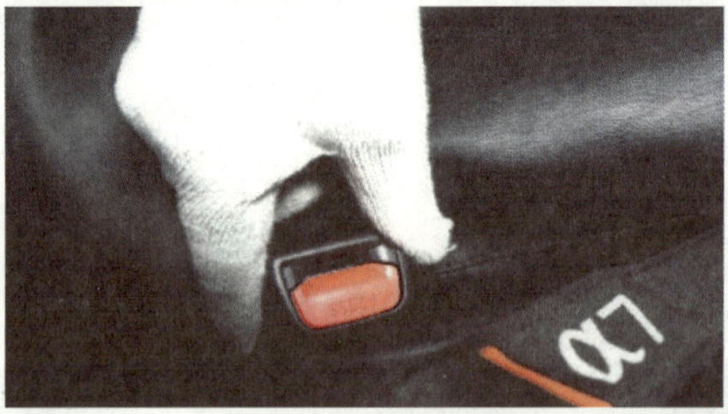</td><td></td><td></td></tr>
<tr><td>插入安全带</td><td>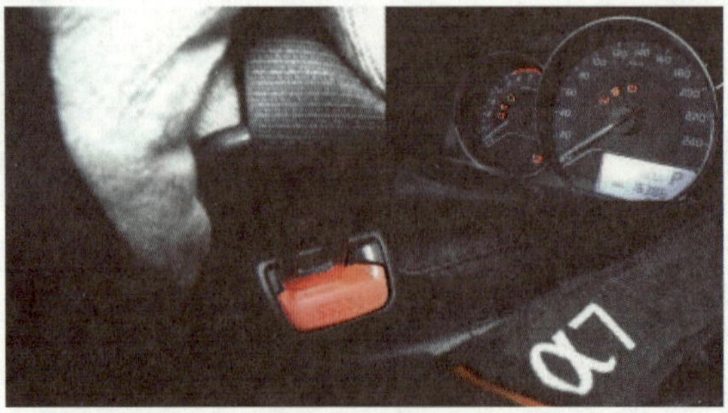</td><td></td><td></td></tr>
</table>

续表

操作步骤	操作细节	展示图	操作注意事项	使用工具
安全带检查	查看安全带指示灯是否熄灭			
	取出安全带	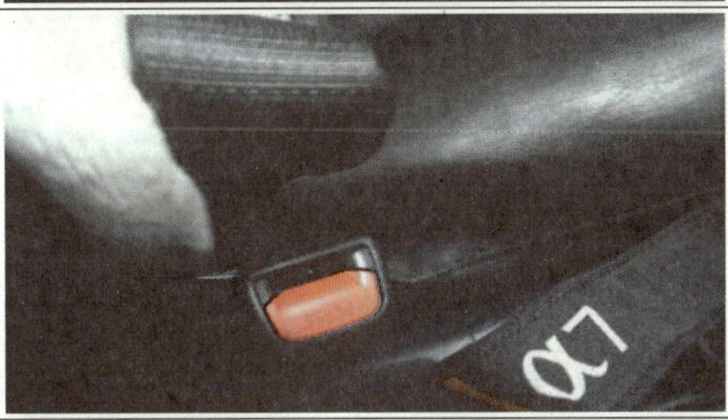		
	检查安全带	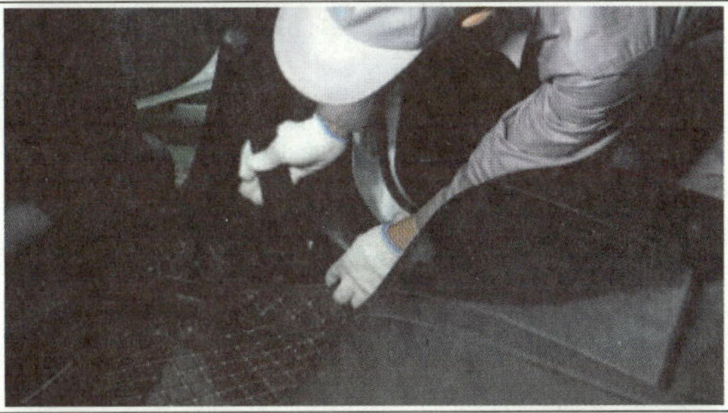	检查安全带固定情况、表面是否存在损坏，检查安全带锁止情况	
	安全带高度调节检查	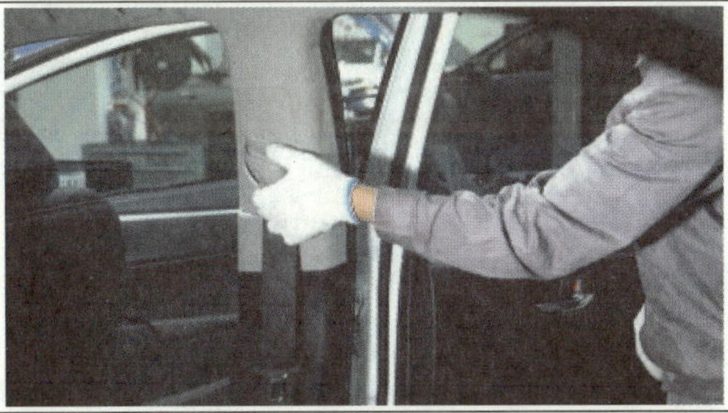	查看调节是否卡滞	
车侧碰撞传感器拆装	拆下后排座椅	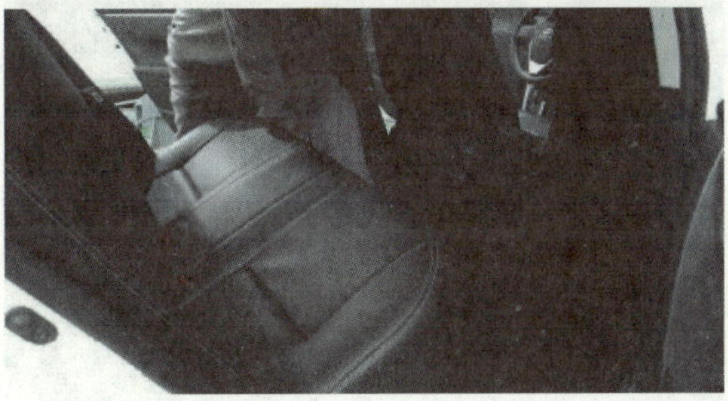	往上抬即可分离座椅	

续表

操作步骤	操作细节	展示图	操作注意事项	使用工具
	拆下门槛内饰	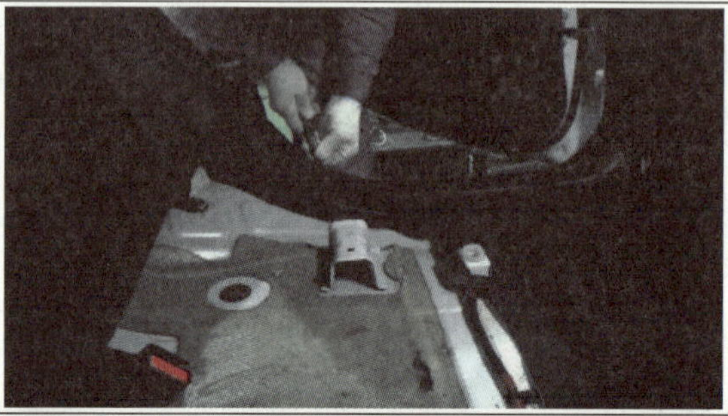	使用塑料翘板	塑料翘板
	取下门框密封橡胶条	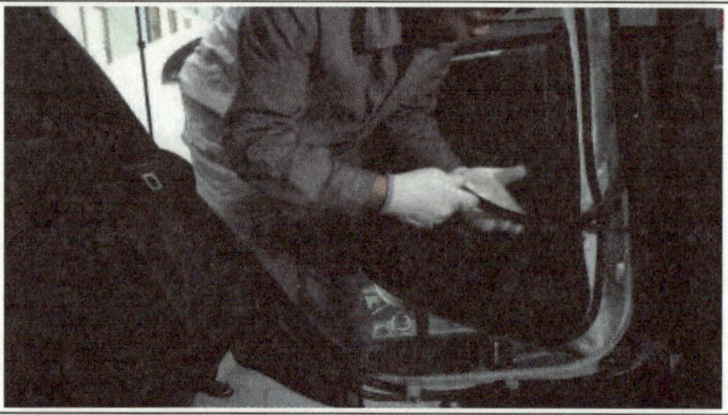	轻轻拉出密封条	
车侧碰撞传感器拆装	拆下左侧中柱下装饰板	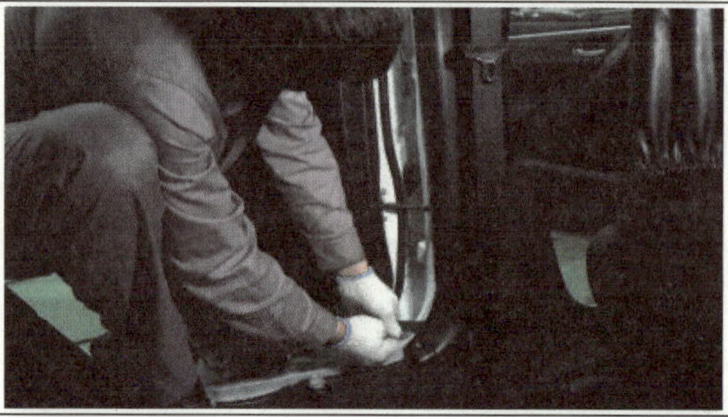	使用塑料翘板	塑料翘板
	拆下侧碰撞传感器	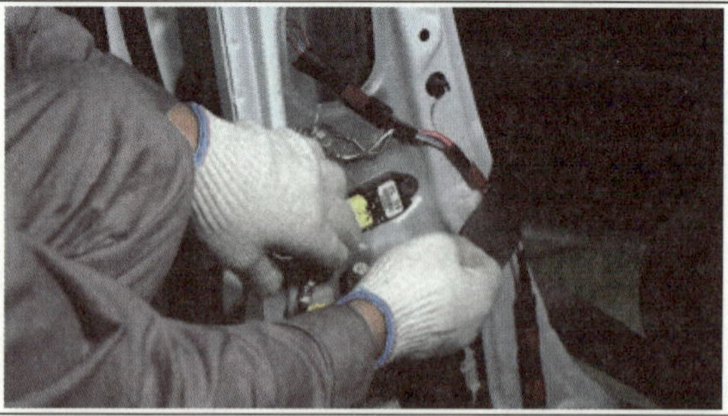	使用套筒扳手	套筒扳手
	拔下传感器插头	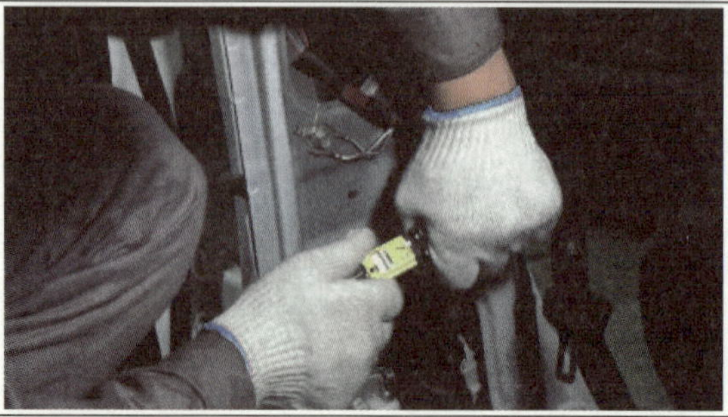	小心拔下插头	

续表

操作步骤	操作细节	展示图	操作注意事项	使用工具
车侧碰撞传感器拆装	检查碰撞传感器外观	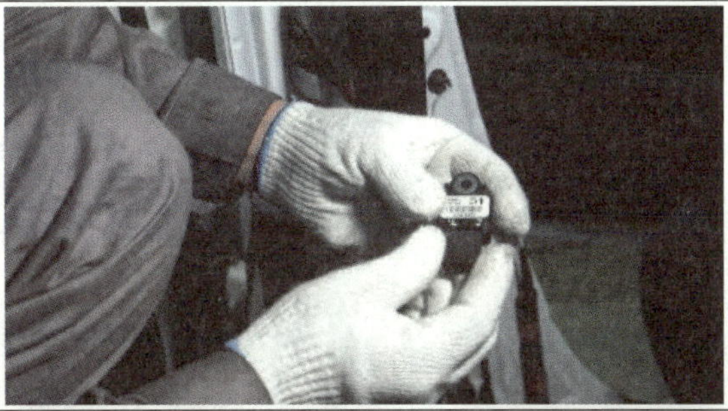	检查外观是否有裂纹	
	装回碰撞传感器	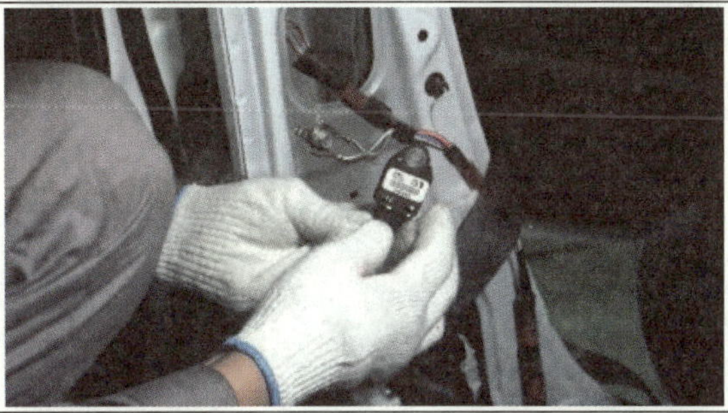		
	预紧碰撞传感器螺栓	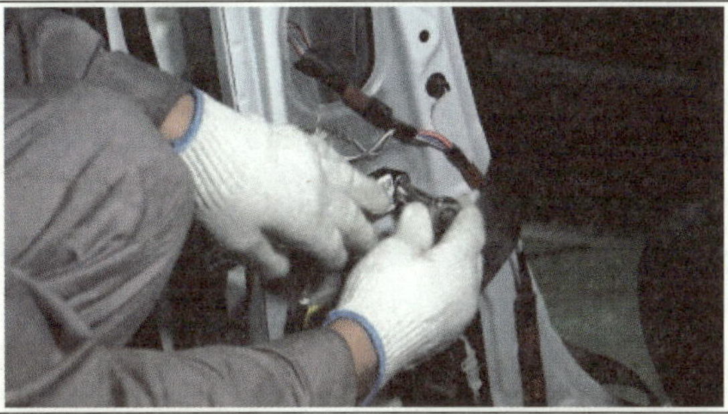	使用套筒扳手	套筒扳手
	紧固碰撞传感器螺栓		查询维修手册规定力矩，使用力矩扳手	力矩扳手
	给螺栓打上记号	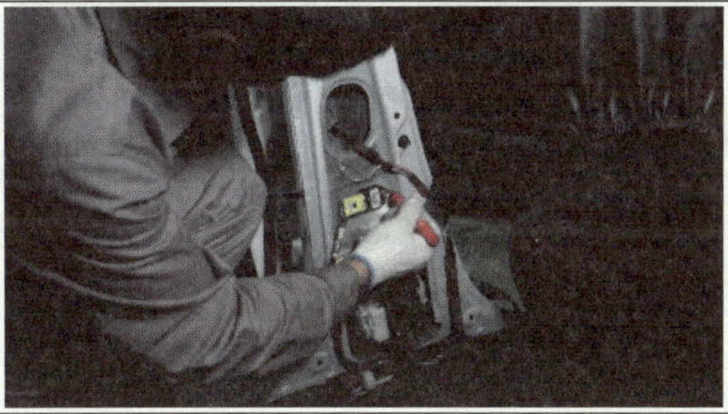	给螺丝和插头打上记号	记号笔

续表

操作步骤	操作细节	展示图	操作注意事项	使用工具
车侧碰撞传感器拆装	检查中柱下装饰板	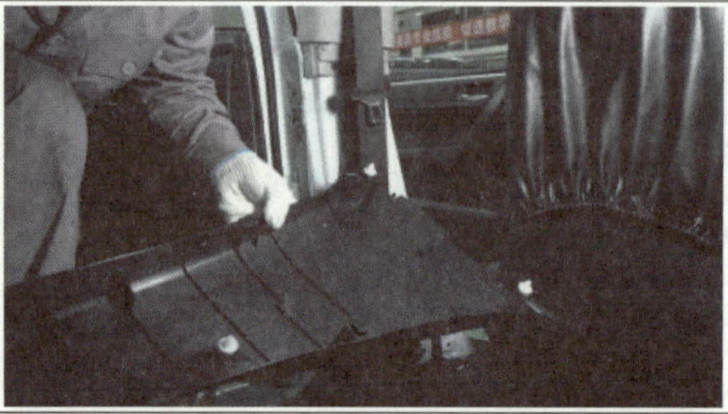	检查卡扣和外观	
	装回侧中柱下装饰板	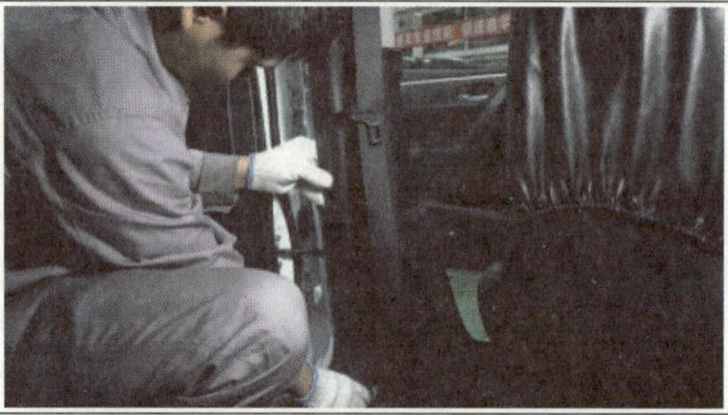		
	检查门框密封橡胶条		检查老化情况、是否断裂	
	装回门框密封橡胶条	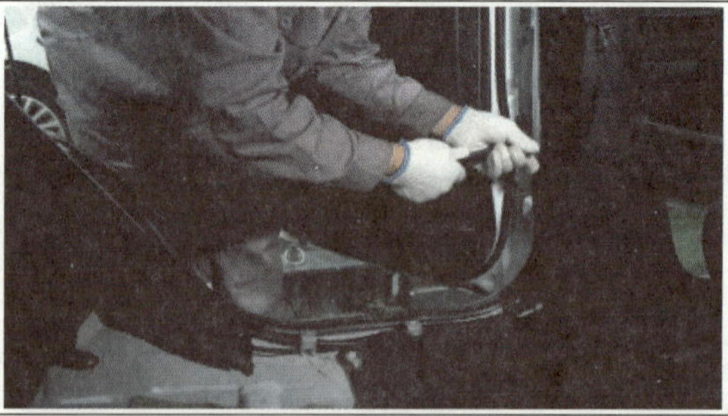		
	使用橡胶锤轻轻敲击橡胶条		使橡胶条贴合更紧密	橡胶锤

续表

操作步骤	操作细节	展示图	操作注意事项	使用工具
车侧碰撞传感器拆装	检查橡胶条		检查橡胶条安装是否紧密	
	安装门槛内饰板	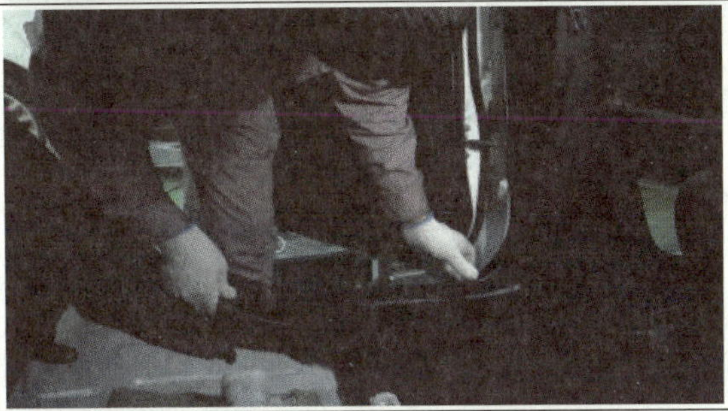		
	安装前门框密封橡胶条	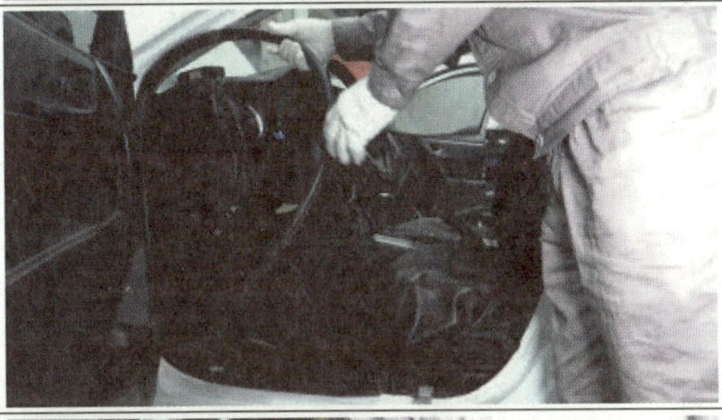		
	轻轻敲击橡胶条	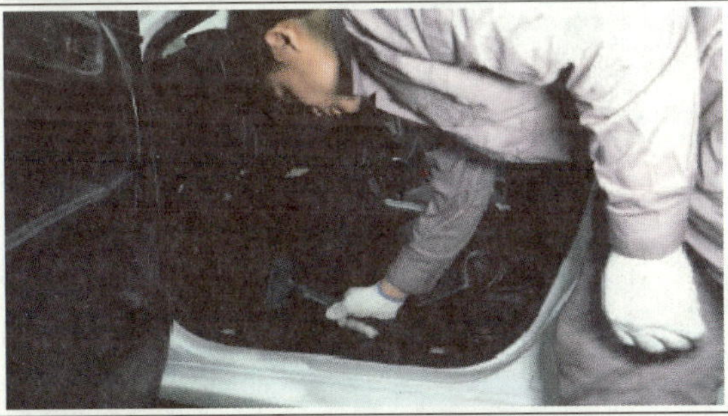	使用橡胶锤	橡胶锤
	检查橡胶条安装情况		检查贴合是否紧密	

续表

操作步骤	操作细节	展示图	操作注意事项	使用工具
车侧碰撞传感器拆装	安装前门槛内饰板	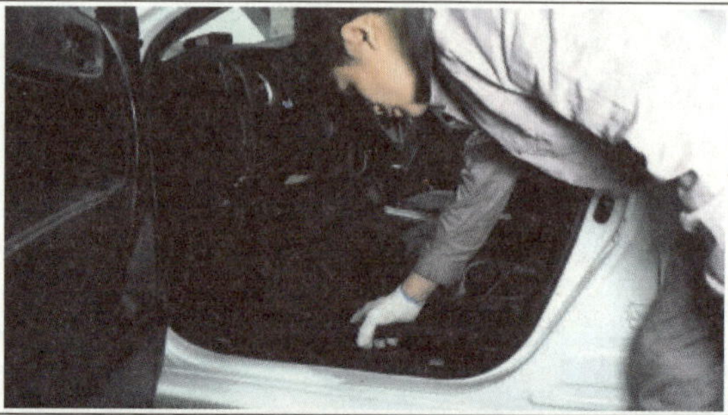		
	安装后排座椅	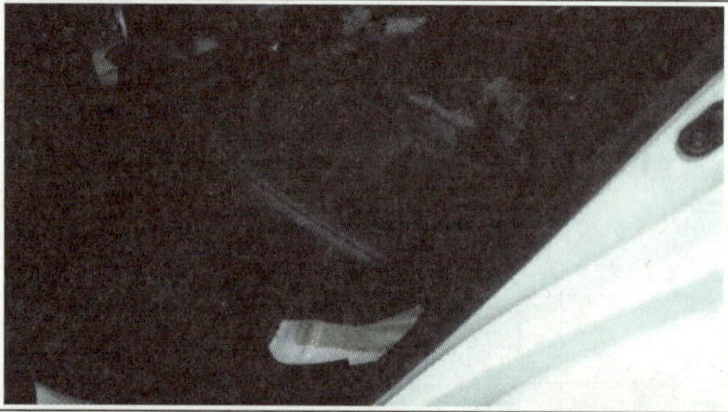		
取下蓄电池负极	使用扳手拆下蓄电池负极	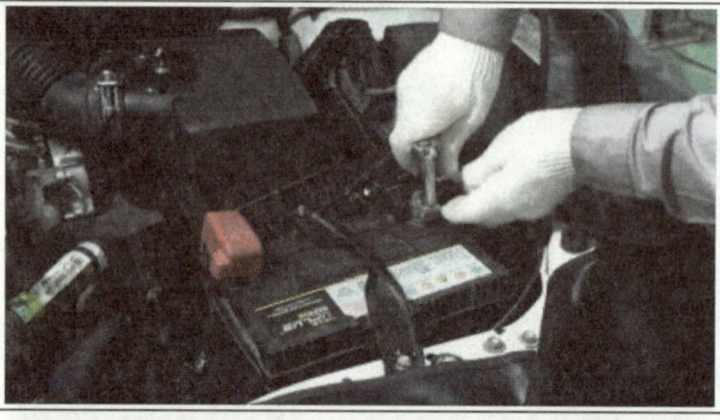	拆卸气囊前需要断开全车电源	套筒扳手
	给负极盖上绝缘帽			绝缘帽
气囊拆装	拨动喇叭按钮总成弹簧	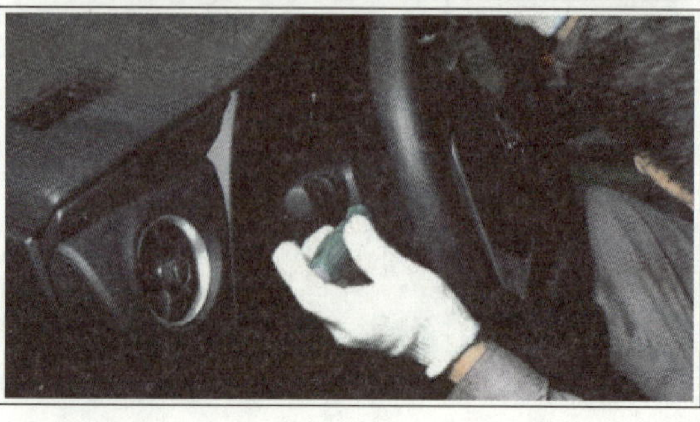	使用螺丝刀拨动 3 个固定喇叭按钮总成的弹簧	小螺丝刀

续表

操作步骤	操作细节	展示图	操作注意事项	使用工具
气囊拆装	确定弹簧所处位置	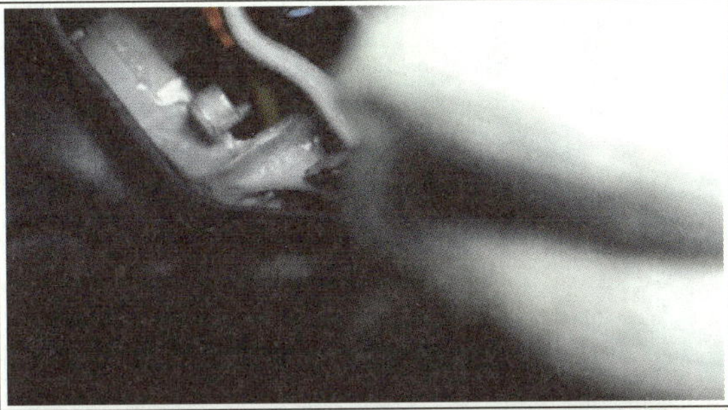	正确拨开 3 个固定弹簧后，喇叭按钮总成会依次弹起对应一角	小螺丝刀
	取下喇叭按钮总成	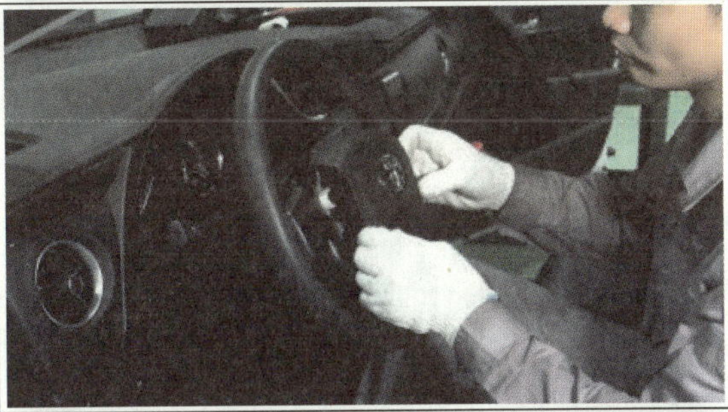	正确拨开 3 个固定弹簧后，喇叭按钮总成会依次弹起对应一角	
	拔下搭铁线	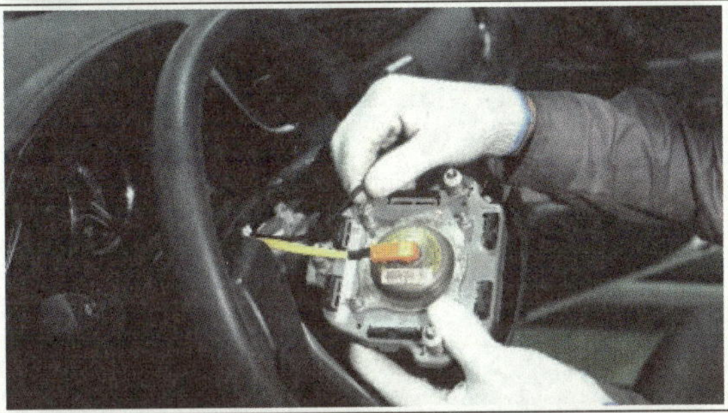	拔下搭铁线之前，需要再次检查蓄电池负极是否拆下	
	使用塑料翘板拆下气囊插头	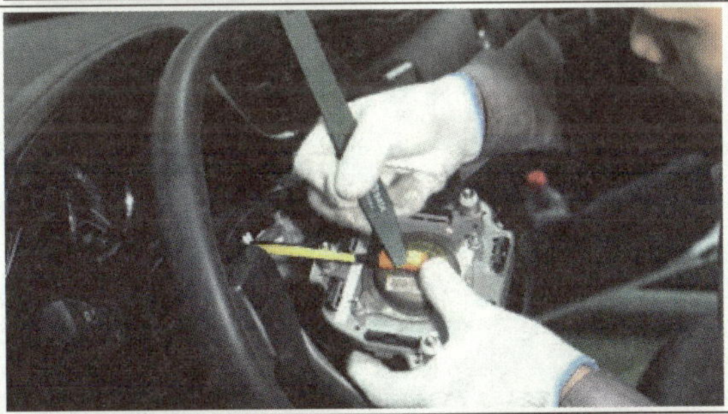	拔下插头之前，需要再次检查蓄电池负极是否拆下	塑料翘板
	安装气囊插头	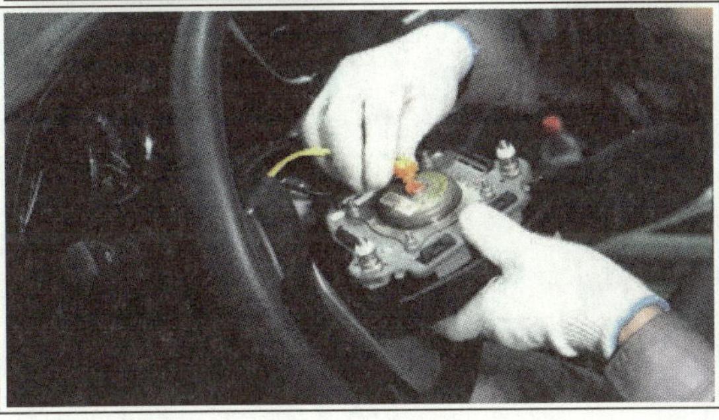	先按下插头总成，再按下黄色锁片	

续表

操作步骤	操作细节	展示图	操作注意事项	使用工具
气囊拆装	安装搭铁线	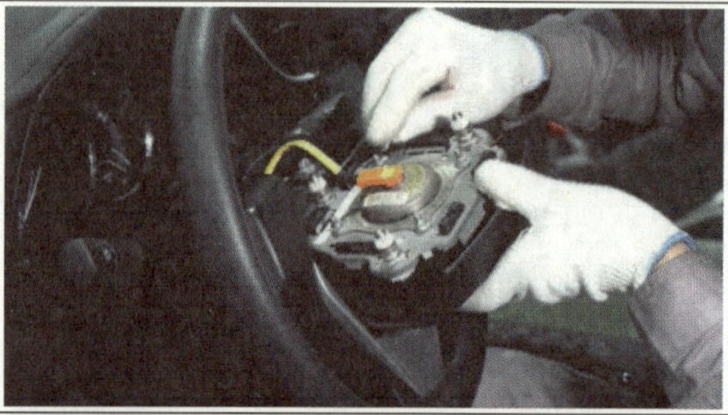		
	使用记号笔打上记号	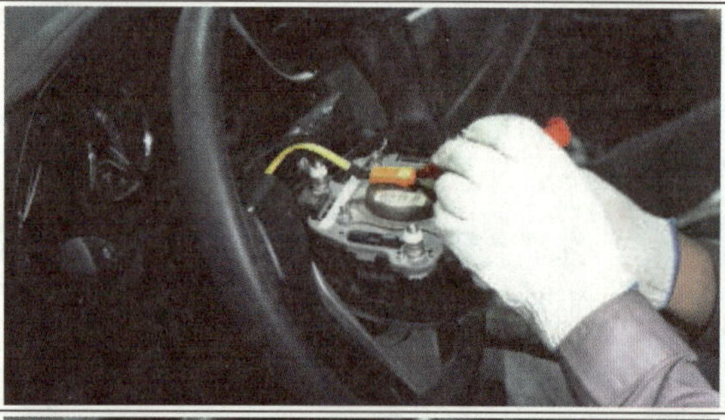		记号笔
	装回喇叭按钮总成		对准 3 个带有弹簧的定位销孔按下即可	
	检查安装是否到位	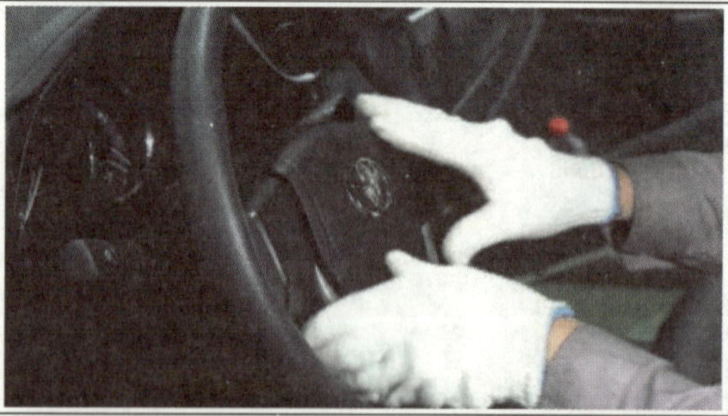	安装盖板	
安装负极	安装蓄电池负极	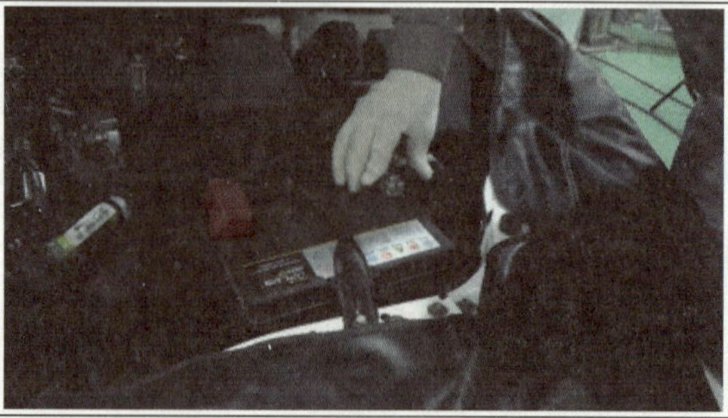	取下绝缘帽	

续表

操作步骤	操作细节	展示图	操作注意事项	使用工具
安装负极	紧固负极螺栓	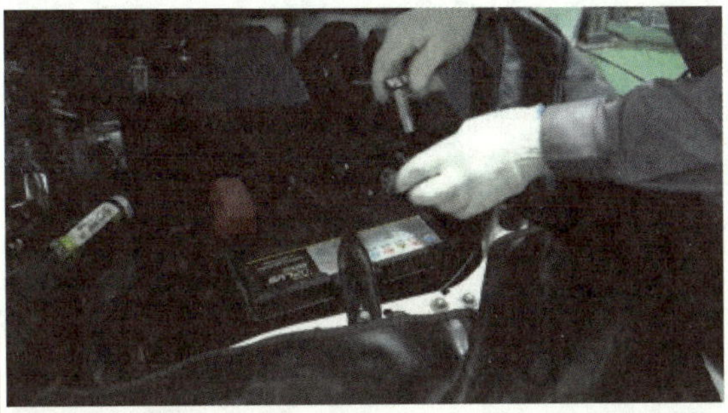	使用套筒扳手，使用记号笔给负极打上记号	套筒扳手、记号笔
故障码、数据流读取	插上 OBD 插头		注意选择适用车型的 OBD 插头	OBD 插头
	打开解码器选择相应的车型	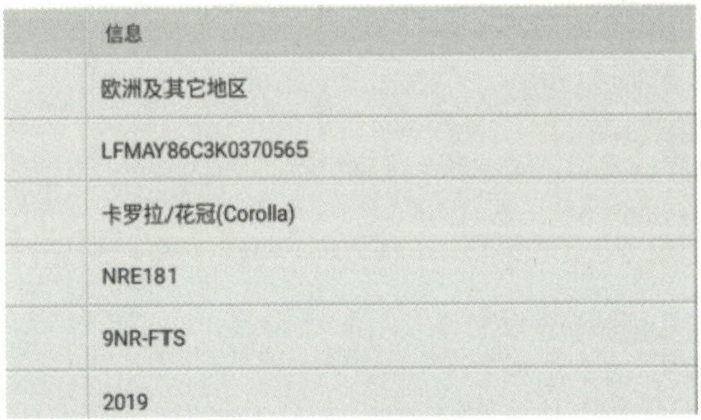	启动车辆	解码器
	选择 SRS（安全气囊）	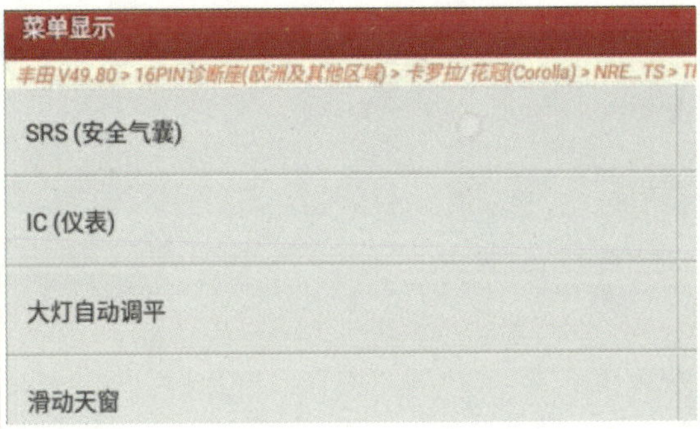		解码器

续表

操作步骤	操作细节	展示图	操作注意事项	使用工具
故障码、数据流读取	选择读取故障码	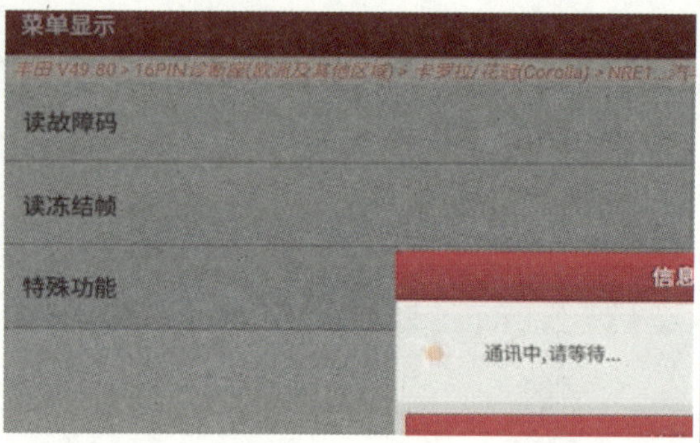	如有故障码，需要清除故障码	解码器
	选择读取数据流			解码器
	选择要读取的信息			解码器
	查看读取到的信息			解码器

三、安全气囊系统检查【实操报告】

<table>
<tr><td colspan="2">项目：安全系统部件检查与保养（初级）</td><td colspan="2">考核时间：30分钟</td></tr>
<tr><td>姓名：</td><td>班级：</td><td>学号：</td><td rowspan="3">考评员签字：</td></tr>
<tr><td>初评：□合格　□不合格</td><td>复评：□合格　□不合格</td><td>师评：□合格　□不合格</td></tr>
<tr><td>日期：</td><td>日期：</td><td>日期：</td></tr>
<tr><td colspan="4">考核任务一　安全气囊系统检查【实操考核报告】</td></tr>
</table>

1．车辆信息记录

品牌		整车型号		生产日期	
发动机型号		发动机排量		行驶里程	
车辆识别码					

2．查阅维修手册，按照标准流程完成安全带检查

<table>
<tr><td>作业项目</td><td colspan="4">检查情况</td></tr>
<tr><td rowspan="2">安全带检查</td><td>张紧度</td><td>□正常　□不正常</td><td>外观磨损</td><td>□正常　□不正常</td></tr>
<tr><td>锁扣锁舌</td><td>□正常　□不正常</td><td>指示灯</td><td>□正常　□不正常</td></tr>
</table>

3．检查、拆装流程

检查项目	检查情况	维修方式
安全带锁舌	□损坏　□磨损　□正常	□更换　□无
安全带锁舌	□卡滞　□堵塞　□损坏　□正常	□更换　□无
安全带	□过松　□损坏　□正常	□更换　□无
侧碰撞传感器拆装	□正确断开传感器插头　□正确使用力矩扳手紧固固定螺栓	□合格　□不合格
气囊拆装	□正确断开蓄电池负极　□正确拆装喇叭按钮总成	□合格　□不合格

四、安全气囊系统检查【评分细则】

考核任务一　安全气囊系统检查【评分细则】							
序号	评分项	得分条件	评分	评分要求	自评	互评	师评
1	安全/7S/态度	□1. 能进行工位7S操作 □2. 能进行设备和工具安全检查 □3. 能进行车辆安全防护操作 □4. 能进行工具清洁校准存放操作 □5. 能进行三不落地操作	15	未完成1项扣5分，扣分不得超15分	□熟练 □不熟练	□熟练 □不熟练	□合格 □不合格
2	专业技术能力	作业1： □1. 能正确检查安全带功能 □2. 能正确拆装座椅 □3. 能正确拆装门槛内饰板 □4. 能正确拆下橡胶条 □5. 能正确拆装侧中柱下装饰板 □6. 能正确拆装侧碰撞传感器 □7. 能正确检查碰撞传感器 作业2： □1. 能正确断开蓄电池负极 □2. 能正确拆下喇叭按钮总成 □3. 能正确断开气囊插头 □4. 能正确安装气囊 □5. 能正确使用解码器读取故障码和数据流	50	未完成1项扣5分，扣分不得超50分	□熟练 □不熟练	□熟练 □不熟练	□合格 □不合格
3	工具及设备的使用能力	□1. 能正确检查工具外观及功能 □2. 能正确使用解码器	10	未完成1项扣5分，扣分不得超10分	□熟练 □不熟练	□熟练 □不熟练	□合格 □不合格

续表

序号	评分项	得分条件	评分	评分要求	自评	互评	师评
4	资料、信息查询能力	□1. 能正确使用维修手册查询资料 □2. 能在规定时间内查询所需资料 □3. 能正确记录所查询资料章节页码 □4. 能正确记录所需维修信息	10	未完成1项扣3分，扣分不得超10分	□熟练 □不熟练	□熟练 □不熟练	□合格 □不合格
5	数据、判读和分析能力	□1. 能判断安全带张紧度是否正常 □2. 能判断橡胶条是否安装紧密 □3. 能判断数据流是否正常	10	未完成1项扣5分，扣分不得超10分	□熟练 □不熟练	□熟练 □不熟练	□合格 □不合格
6	表单填写与报告的撰写能力	□1. 字迹清晰 □2. 语句通顺 □3. 无错别字 □4. 无涂改 □5. 无抄袭	5	未完成1项扣1分，扣分不得超5分	□熟练 □不熟练	□熟练 □不熟练	□合格 □不合格
总分							

任务二　主动安全系统检查

一、主动安全系统检查【工作页】

主动安全系统检查【工作页】			
班级		姓名	

一、填空题

1. 制动防抱死系统简称________________。

2. 车身电子稳定控制系统简称________________。

二、判断题

1. 当你想快速向左打方向，结果转向不足，这时候 ESP 就会制动左后轮，让车辆按照你的预期变换方向。(　　)

2. 在任何路况下都可以使用主动巡航，在一定程度上解放右脚，减少驾驶员的操作，让驾驶员有更多的休息时间。(　　)

三、识图题

判断下图中的车辆有无 TCS 起步，并填写在对应车辆序号后方。

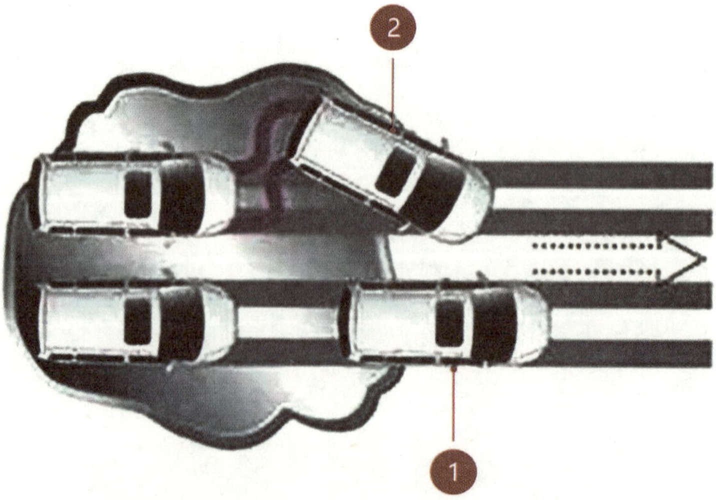

①________________②________________

二、主动安全系统检查【操作手册】

主动安全系统检查【操作手册】				
操作步骤	操作细节	展示图	操作注意事项	使用工具
工具准备	所需工具：解码器、诊断仪、拆卸工具			
读取故障码及数据流	连接诊断仪			诊断仪
	打开解码器选择相应的车型及年款	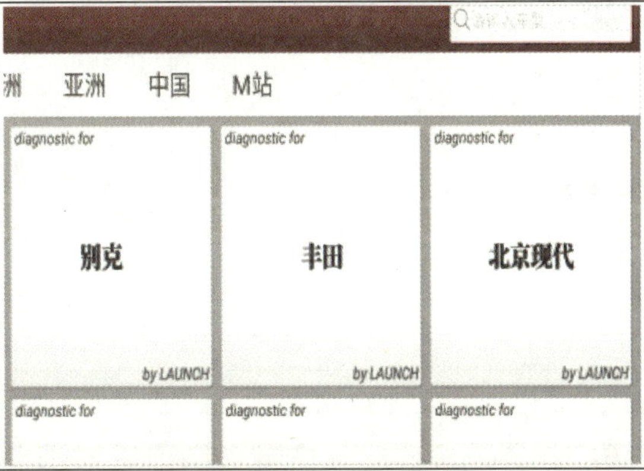 	注意选择相应的车型、年款	
	选择诊断座类型	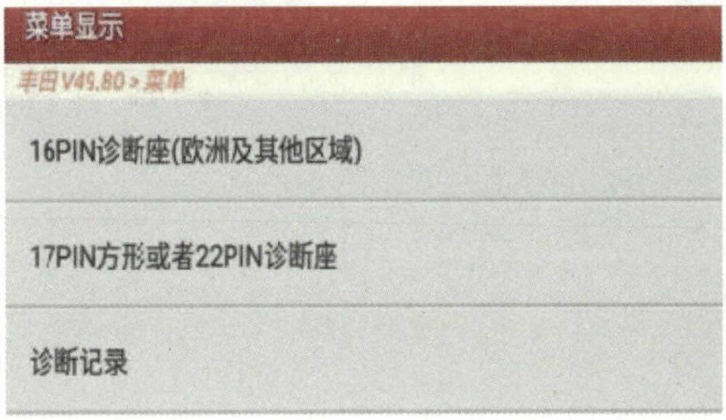 		

续表

操作步骤	操作细节	展示图	操作注意事项	使用工具
读取故障码及数据流	确定车型	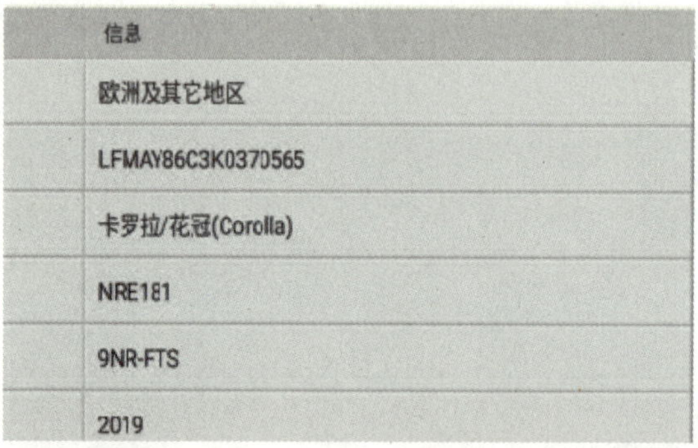		
	选择车辆稳定性及牵引力控制系统			

		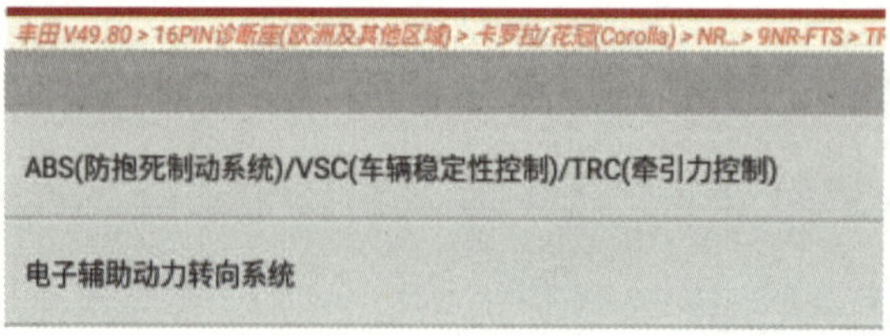		

续表

操作步骤	操作细节	展示图	操作注意事项	使用工具
读取故障码及数据流	故障码读取与消除	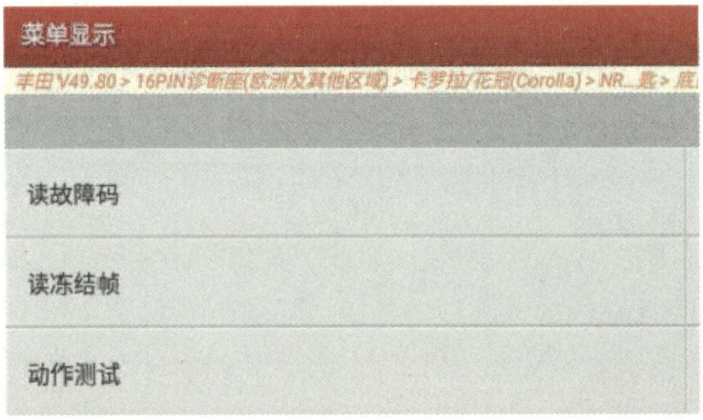		诊断仪
		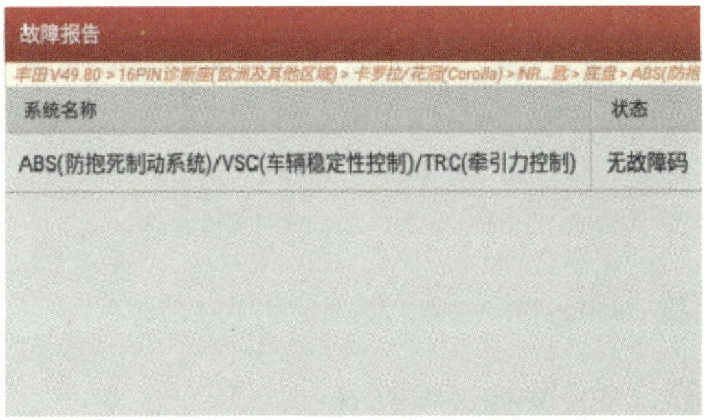		诊断仪
		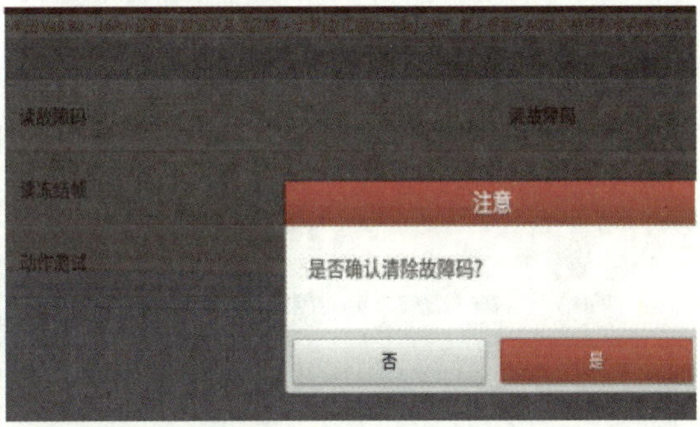		诊断仪
		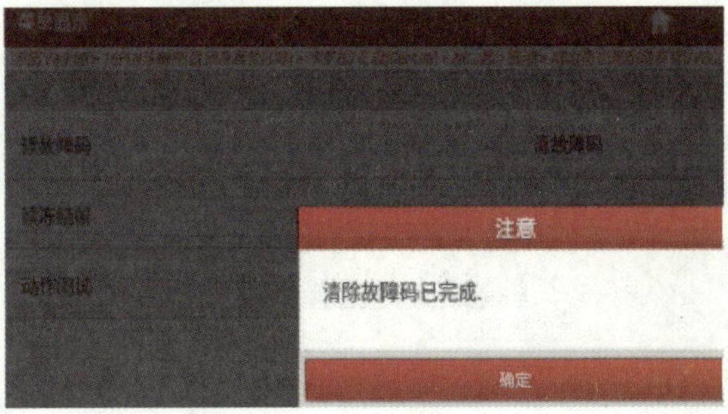		诊断仪

续表

<table>
<tr><th>操作步骤</th><th>操作细节</th><th>展示图</th><th>操作注意事项</th><th>使用工具</th></tr>
<tr><td rowspan="4">读取数据流</td><td>选择读取数据流</td><td>
</td><td></td><td></td></tr>
<tr><td rowspan="2">选择读取数据选项</td><td>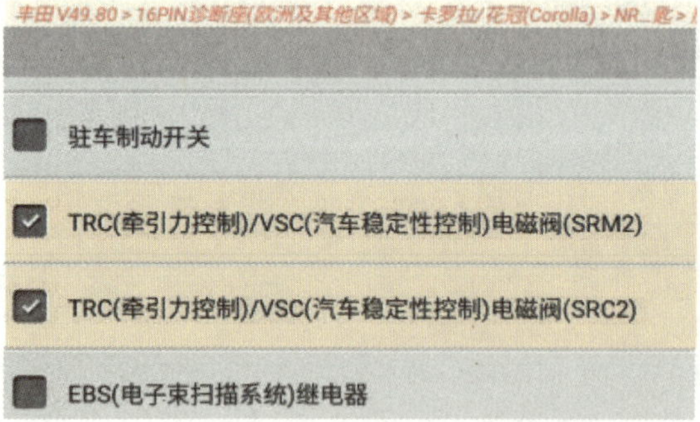
</td><td></td><td>诊断仪</td></tr>
<tr><td>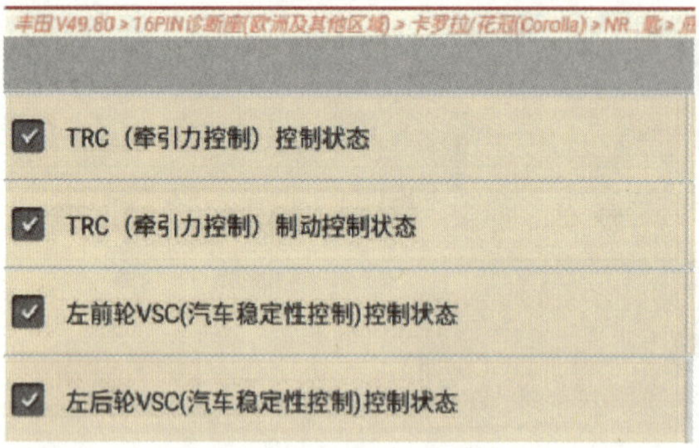
</td><td></td><td>诊断仪</td></tr>
<tr><td>选择动作测试项</td><td>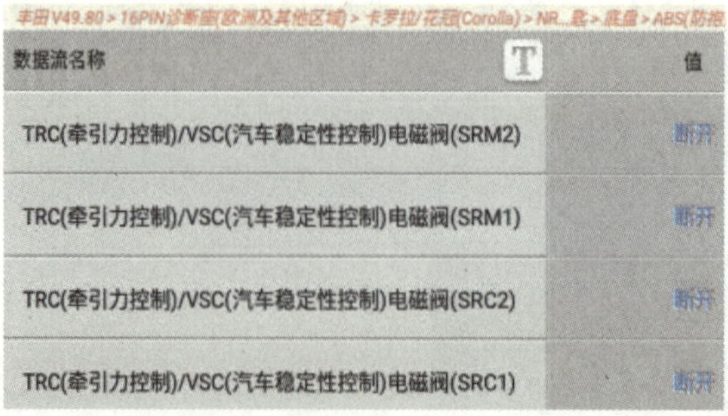
</td><td></td><td>诊断仪</td></tr>
</table>

续表

操作步骤	操作细节	展示图	操作注意事项	使用工具
TRC指示灯动作测试	选择动作测试项	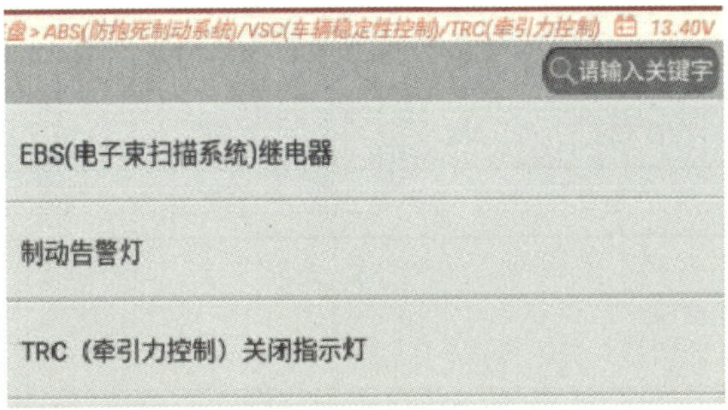		诊断仪
	点亮并观察仪表指示灯			

				诊断仪

三、主动安全系统检查【实操报告】

<table>
<tr><td colspan="2">项目：安全系统部件检查与保养（初级）</td><td colspan="2">考核时间：30 分钟</td></tr>
<tr><td>姓名：</td><td>班级：</td><td>学号：</td><td rowspan="3">考评员签字：</td></tr>
<tr><td>初评：□合格 □不合格</td><td>复评：□合格 □不合格</td><td>师评：□合格 □不合格</td></tr>
<tr><td>日期：</td><td>日期：</td><td>日期：</td></tr>
<tr><td colspan="4">考核任务二　主动安全系统检查【实操考核报告】</td></tr>
</table>

1．车辆信息记录

品牌		整车型号		生产日期	
发动机型号		发动机排量		行驶里程	
车辆识别码					

2．车辆稳定性及牵引力控制系统故障码读取并记录

故障码及其信息		

3．车辆稳定性及牵引力控制系统数据流读取

检查项目	

四、主动安全系统检查【评分细则】

<table>
<tr><td colspan="8">考核任务二　主动安全系统检查【评分细则】</td></tr>
<tr><td>序号</td><td>评分项</td><td>得分条件</td><td>评分</td><td>评分要求</td><td>自评</td><td>互评</td><td>师评</td></tr>
<tr><td>1</td><td>安全/7S/态度</td><td>□1. 能进行工位 7S 操作
□2. 能进行设备和工具安全检查
□3. 能进行车辆安全防护操作
□4. 能进行工具清洁校准存放操作
□5. 能进行三不落地操作</td><td>15</td><td>未完成 1 项扣 5 分，扣分不得超 15 分</td><td>□熟练
□不熟练</td><td>□熟练
□不熟练</td><td>□合格
□不合格</td></tr>
</table>

续表

序号	评分项	得分条件	评分	评分要求	自评	互评	师评
2	专业技术能力	□1. 能正确连接解码器 □2. 能正确选择车辆品牌车型 □3. 能正确读取故障码 □4. 能正确清除故障码 □5. 能正确读取车辆稳定性及牵引力控制系统数据流 □6. 能正确点亮TRC指示灯	50	未完成1项扣10分，扣分不得超50分	□熟练 □不熟练	□熟练 □不熟练	□合格 □不合格
3	工具及设备的使用能力	□1. 能正确选用维修工具 □2. 能正确使用维修工具	10	未完成1项扣5分，扣分不得超10分	□熟练 □不熟练	□熟练 □不熟练	□合格 □不合格
4	资料、信息查询能力	□1. 能正确使用维修手册查询资料 □2. 能在规定时间内查询所需资料 □3. 能正确记录所查询资料章节页码 □4. 能正确记录所需维修信息	10	未完成1项扣3分，扣分不得超10分	□熟练 □不熟练	□熟练 □不熟练	□合格 □不合格
5	数据、判读和分析能力	□1. 能判断数据是否正常 □2. 能判断识别车辆信息	10	未完成1项扣5分，扣分不得超10分	□熟练 □不熟练	□熟练 □不熟练	□合格 □不合格
6	表单填写与报告的撰写能力	□1. 字迹清晰 □2. 语句通顺 □3. 无错别字 □4. 无涂改 □5. 无抄袭	5	未完成1项扣1分，扣分不得超5分	□熟练 □不熟练	□熟练 □不熟练	□合格 □不合格
总分							

任务三　倒车影像系统检查

倒车影像系统检查

一、倒车影像系统检查【工作页】

倒车影像系统检查【工作页】			
班级		姓名	

一、填空题

1. 倒车影像系统，将车载后视摄像头的实时图像进行显示，直观地提示驾驶员车后环境情况，为____________、____________提供便利。

2. 在安装、更换摄像机或控制单元，汽车后部受到碰撞，对行李厢盖手柄或后桥等部位进行维修后，需要对倒车影像系统进行____________，以修正摄像机图像的失真。

二、判断题

1. 倒车影像系统采用远红外线广角摄像装置，安装在汽车后部，通过车内的显示屏，可将汽车后部道路的信息清晰地显示出来。(　　)

2. 汽车后部变形损坏不会引起倒车影像系统的图像失真。(　　)

三、识图题

观察下列图像中的情况，判断在该情况下车辆倒车影像系统____________失真(在对应图片编号后的横线上填写“会”或“不会”)

①____________

②____________

③____________

④____________

二、倒车影像系统检查【操作手册】

<table>
<tr><th colspan="5">倒车影像系统检查【操作手册】</th></tr>
<tr><th>操作步骤</th><th>操作细节</th><th>展示图</th><th>操作注意事项</th><th>使用工具</th></tr>
<tr><td>工具准备</td><td>工具有：小号棘轮扳手、小号长套筒、接杆、塑料翘板、金属翘板、螺丝刀、记号笔、绝缘胶带。检查工具规格是否正确，工具外观是否破损</td><td></td><td>注意检查工具外观是否正常</td><td></td></tr>
<tr><td rowspan="3">检查倒车雷达及影像</td><td>将点火开关旋至“ON”位置，挡位调至倒车挡位</td><td>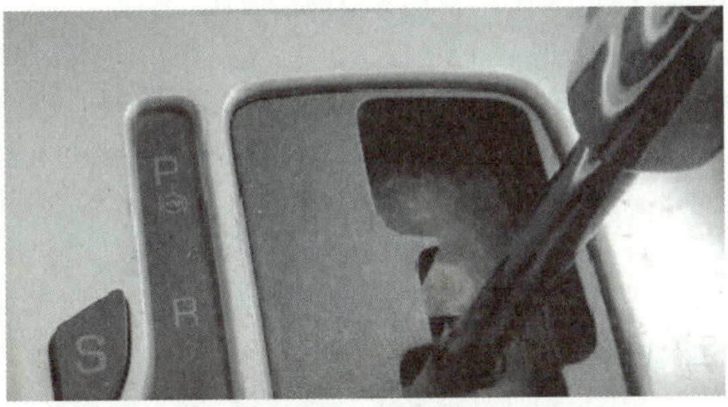</td><td></td><td></td></tr>
<tr><td>检查倒车雷达功能是否正常</td><td>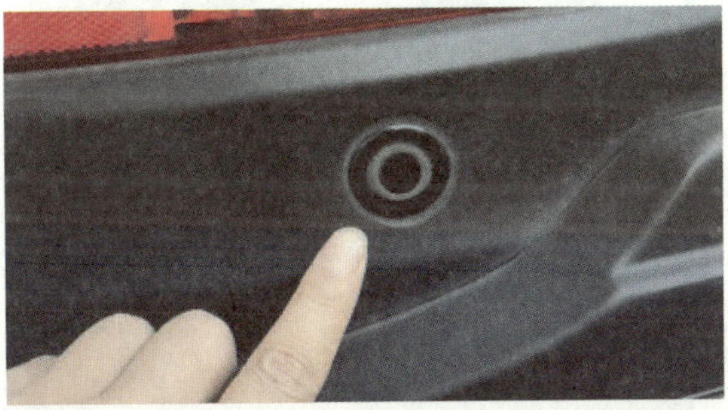</td><td>注意双人操作</td><td></td></tr>
<tr><td>检查倒车影像是否清晰准确</td><td>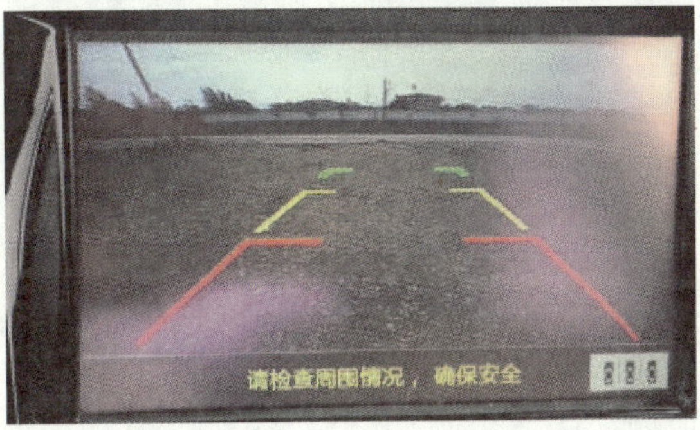</td><td></td><td></td></tr>
</table>

续表

操作步骤	操作细节	展示图	操作注意事项	使用工具
拆卸大屏	拆下换挡锁止解除按钮盖	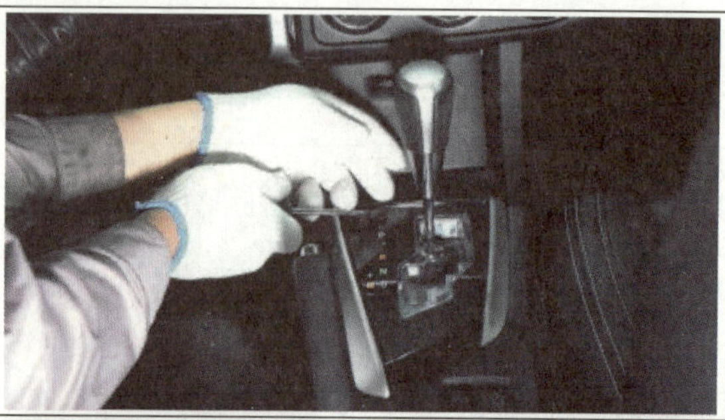	使用裹有绝缘胶带的螺丝刀	螺丝刀
	插入螺丝刀，拨动换挡杆到倒挡	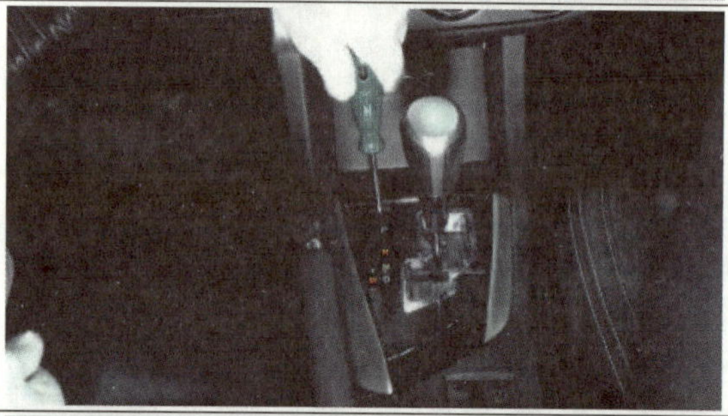	使用裹有绝缘胶带的螺丝刀	螺丝刀
	拆下换挡壳体分总成	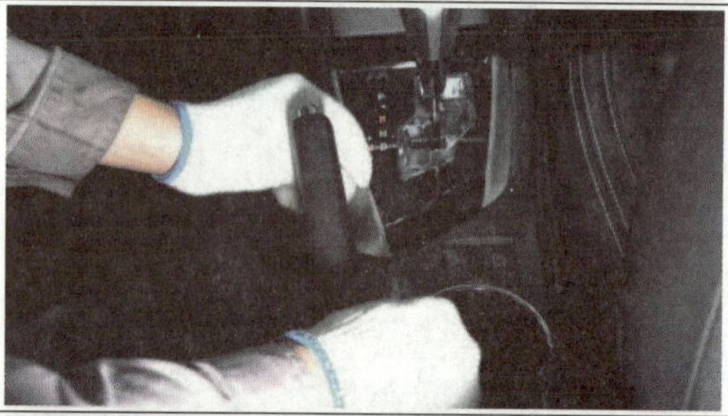	使用塑料翘板	塑料翘板
	拆下周边杯架装饰件	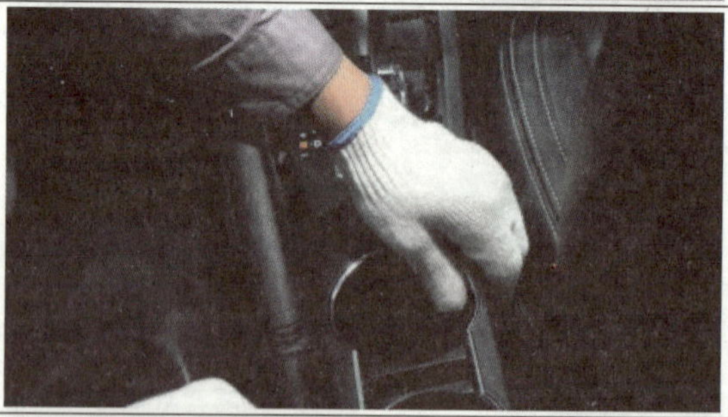	使用塑料翘板	塑料翘板
	拆下线束卡扣	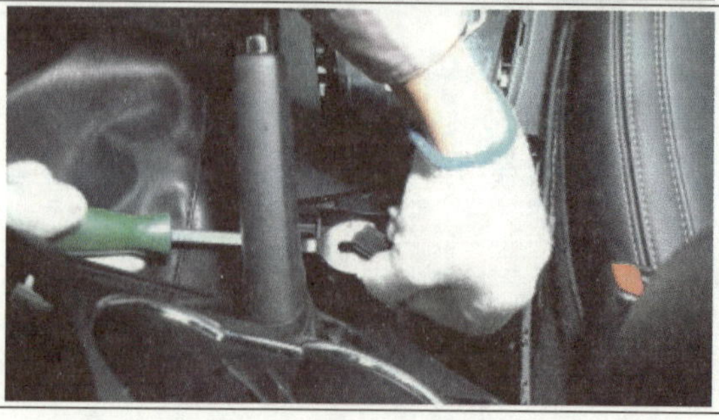	使用金属翘板	金属翘板

续表

操作步骤	操作细节	展示图	操作注意事项	使用工具
拆卸大屏	拆下装饰附件	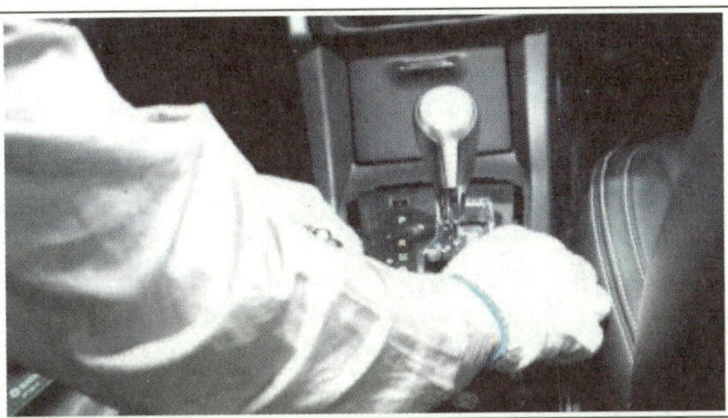		
	拆下多媒体大屏总成		避免屏幕滑落	
	拔下总成后部线束插头	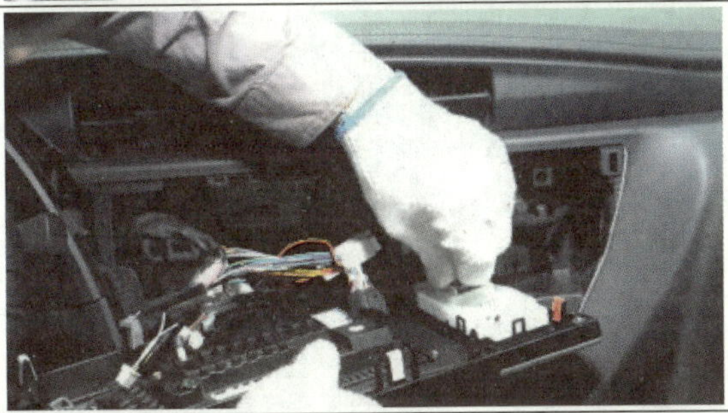	避免屏幕滑落	
大屏检查安装	检查多媒体大屏总成		检查有无损坏，屏幕有无裂纹	
	安装多媒体大屏总成插头	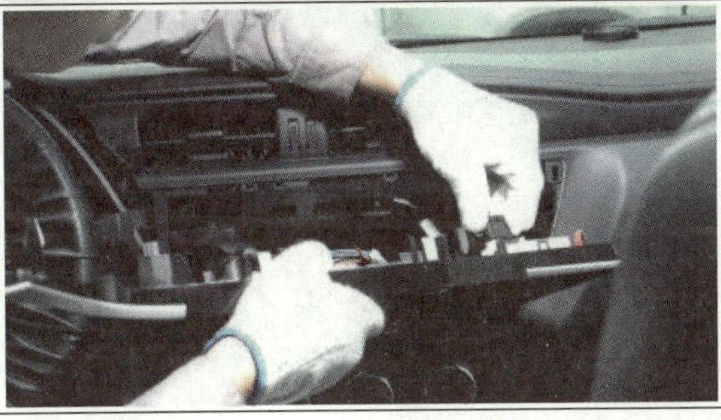	注意分辨插头类型和功能	

续表

操作步骤	操作细节	展示图	操作注意事项	使用工具
大屏检查安装	安装多媒体大屏总成	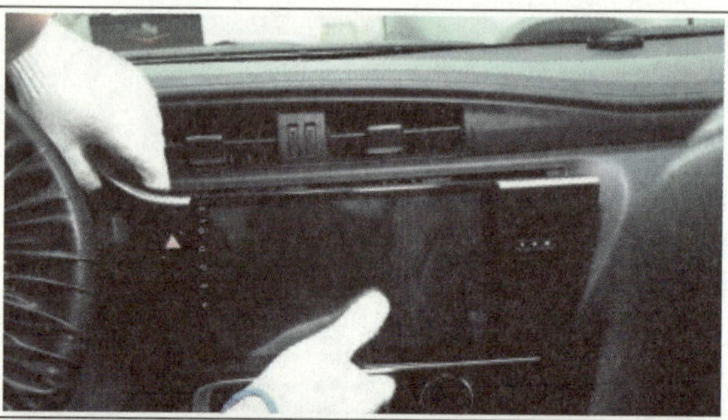		
	安装装饰附件	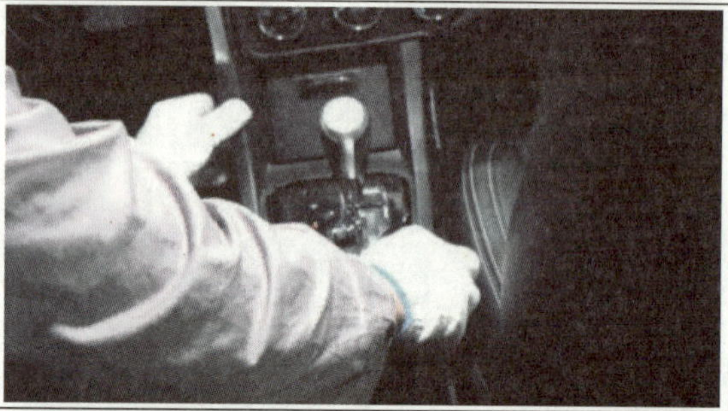	安装线速卡扣	
	安装杯架装饰件	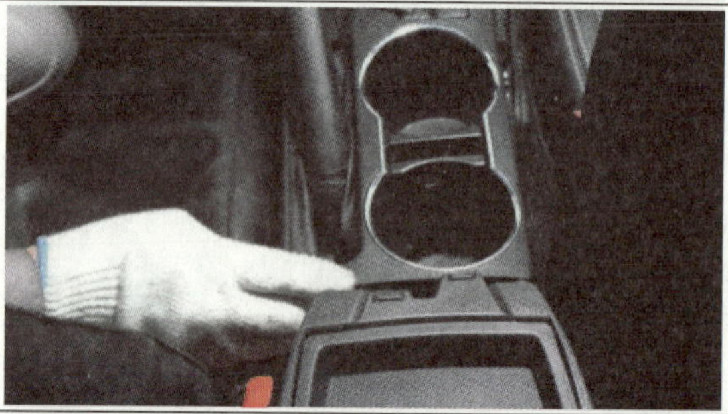		
	安装换挡壳体分总成	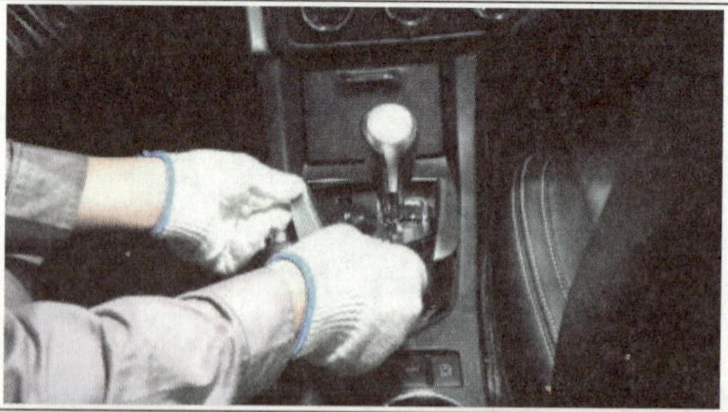	轻轻按压，避免损坏面板	
	安装换挡锁止解除按钮盖	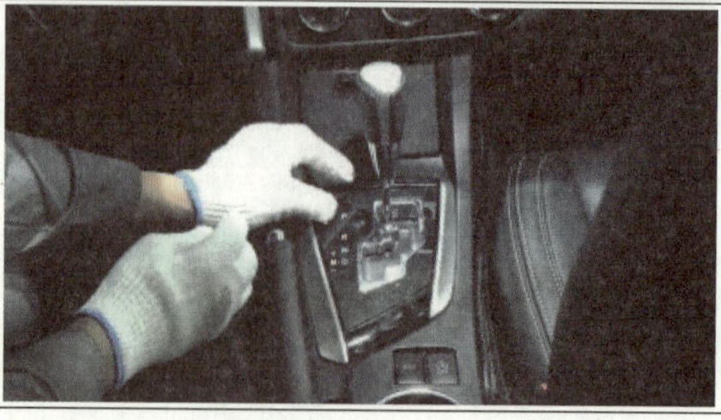		

续表

操作步骤	操作细节	展示图	操作注意事项	使用工具
大屏检查安装	检查安装是否到位	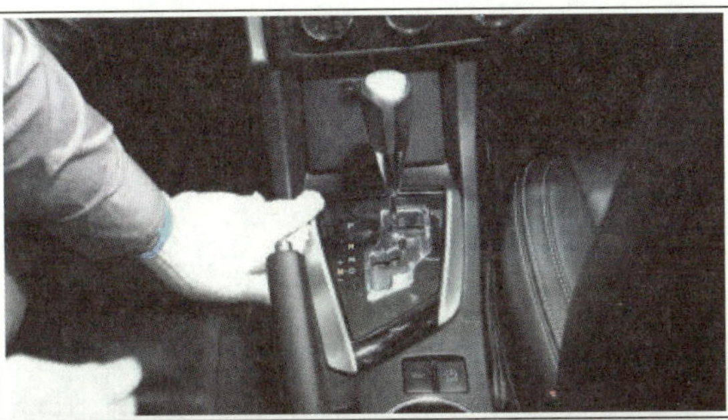	检查缝隙是否明显，贴合是否正常	
	检查大屏使用情况	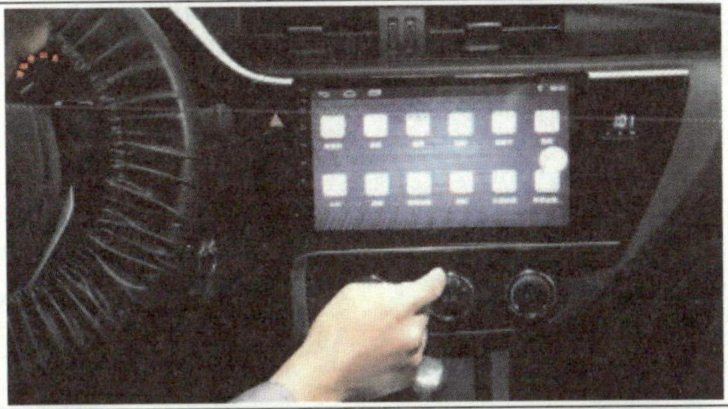	点火开关开到“ON”挡	
摄像头拆卸	拆下尾箱盖装饰板卡扣		使用塑料翘板	塑料翘板
	拆下尾箱盖装饰板	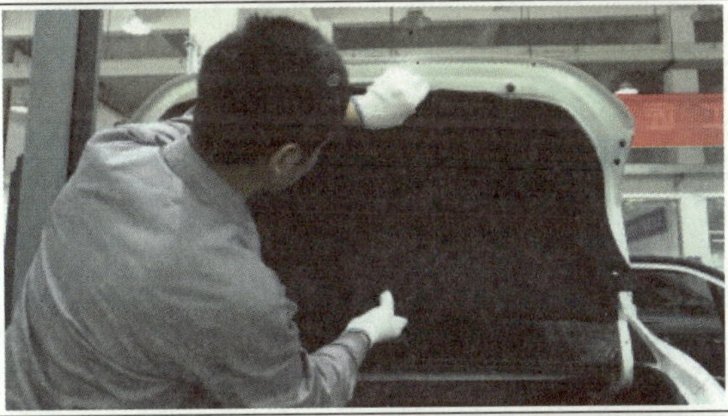		
	拔下倒车影像接线插头	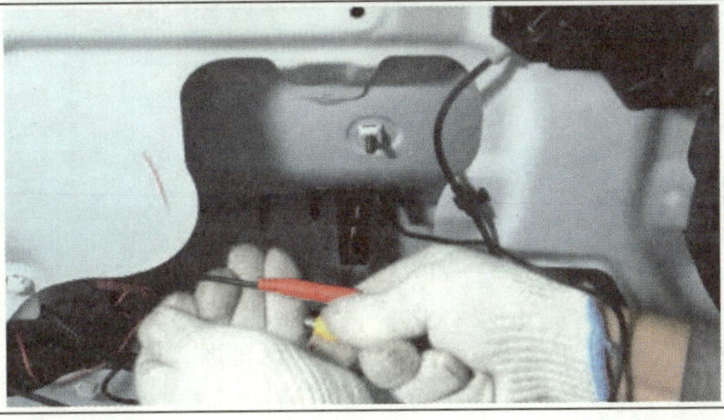		

续表

操作步骤	操作细节	展示图	操作注意事项	使用工具
摄像头拆卸	拔下倒车影像摄像头插头	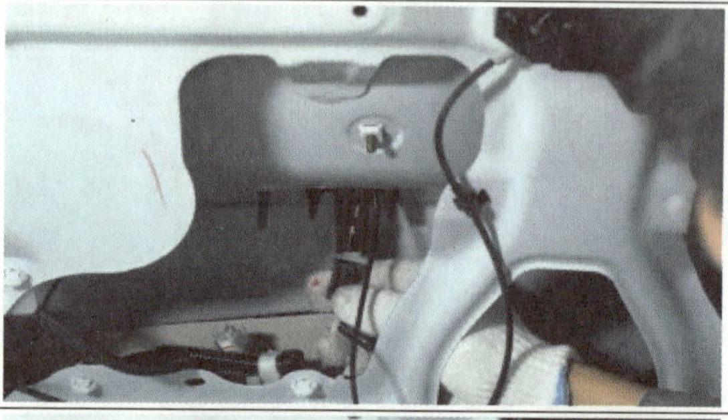		
	推出摄像头总成	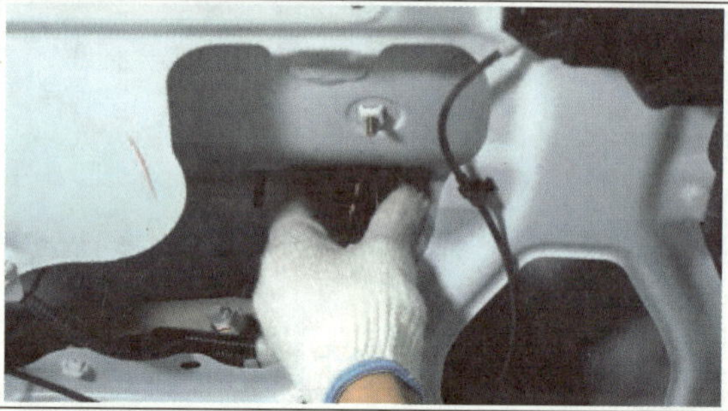	捏住插头尾部	
摄像头检查安装	检查摄像头总成	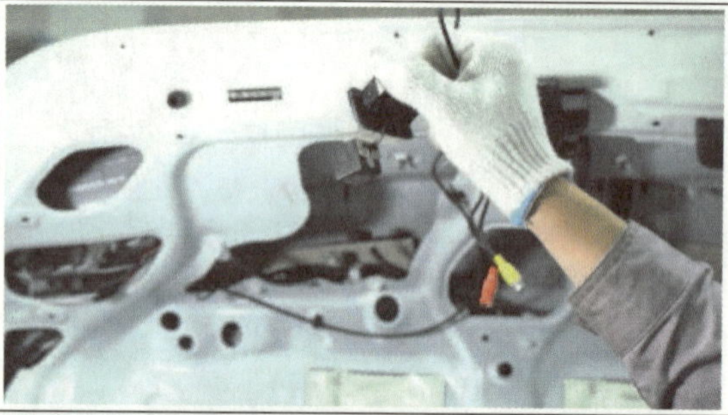	检查有无污渍，有无破损	
	安装摄像头总成			
	连接线束接线插头	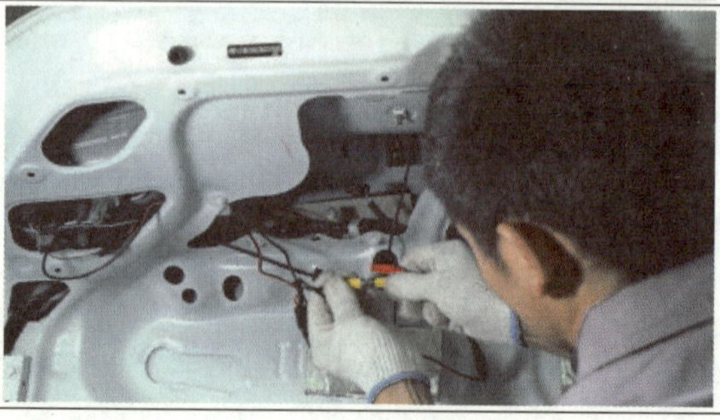	注意分辨插头类型和功能	

续表

操作步骤	操作细节	展示图	操作注意事项	使用工具
摄像头检查安装	插上摄像头插头	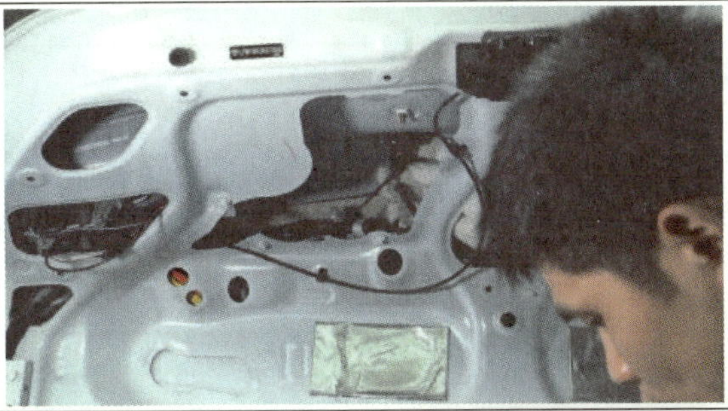		
	给插头打上记号	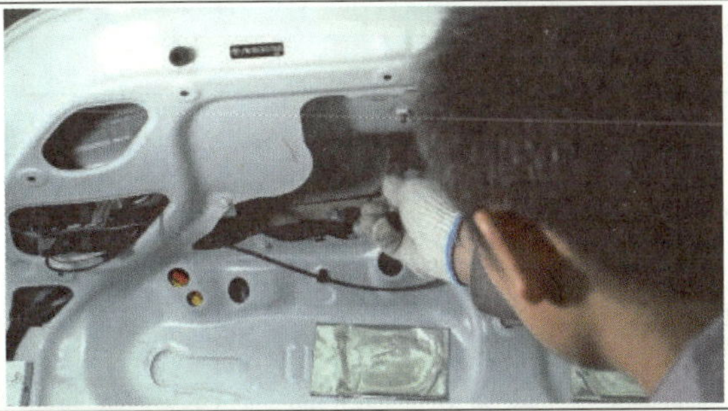	使用记号笔	记号笔
	安装尾盖内饰板		对准孔位	
	安装尾盖内饰板卡扣	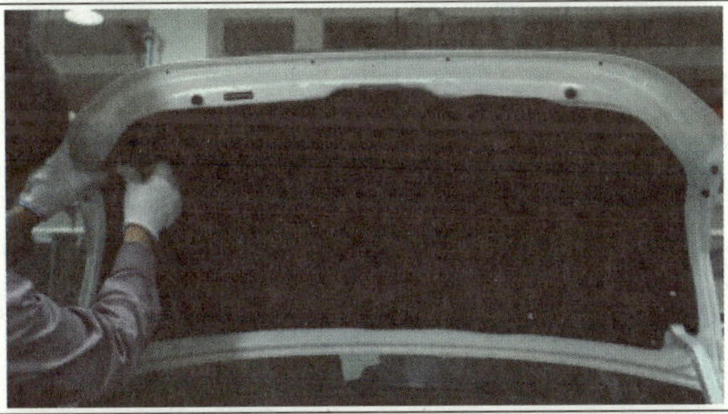		
	检查安装是否到位	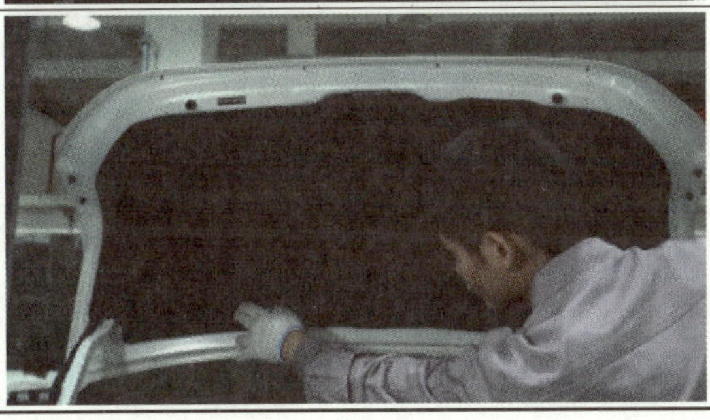		

三、倒车影像系统检查【实操报告】

项目：安全系统部件检查与保养（初级）		考核时间：30 分钟	
姓名：	班级：	学号：	考评员签字：
初评：□合格　□不合格	复评：□合格　□不合格	师评：□合格　□不合格	
日期：	日期：	日期：	
考核任务三　倒车影像系统检查【实操考核报告】			

1. 车辆信息记录

品牌		整车型号		生产日期	
发动机型号		发动机排量		行驶里程	
车辆识别码					

2. 查阅维修手册，按照标准流程完成中控多媒体屏检查

作业项目	检查情况			
多媒体屏拆卸	解除换挡锁止	□合格　□不合格	换挡	□合格　□不合格
	拆卸周围附件	□合格　□不合格	拔线束插头	□合格　□不合格
	多媒体屏外观	□正常　□损坏	安装多媒体大屏	□合格　□不合格

3. 查阅维修手册，按照标准流程完成倒车影像摄像头检查

作业项目	检查情况			
摄像头检查	拆卸尾箱装饰板	□合格　□不合格	断开线束	□合格　□不合格
	拔下摄像头插头	□合格　□不合格	取下摄像头	□合格　□不合格
	摄像头检查	□正常　□损坏	安装摄像头及线束	□合格　□不合格
倒车雷达功能	□正常　□损坏			
倒车影像功能	□正常　□损坏			

四、倒车影像系统检查【评分细则】

考核任务三　倒车影像系统检查【评分细则】							
序号	评分项	得分条件	评分	评分要求	自评	互评	师评
1	安全/7S/态度	□1. 能进行工位 7S 操作 □2. 能进行设备和工具安全检查 □3. 能进行车辆安全防护操作 □4. 能进行工具清洁校准存放操作 □5. 能进行三不落地操作	15	未完成 1 项扣 5 分，扣分不得超 15 分	□熟练 □不熟练	□熟练 □不熟练	□合格 □不合格

续表

序号	评分项	得分条件	评分	评分要求	自评	互评	师评
2	专业技术能力	作业 1: □1. 能正确拆下换挡锁止解除按钮盖 □2. 能正确换到倒挡 □3. 能正确拆下换挡壳体分总成 □4. 能正确拆下换挡杆周围附件 □5. 能正确拆下多媒体大屏 □6. 能正确取下多媒体大屏插头 □7. 能正确检查多媒体大屏 作业 2: □1. 能正确安装多媒体大屏 □2. 能正确安装挡杆周围件 作业 3: □1. 能正确检查倒车雷达功能 □2. 能正确检查倒车影像功能	50	未完成1项扣5分,扣分不得超50分	□熟练 □不熟练	□熟练 □不熟练	□合格 □不合格
3	工具及设备的使用能力	□1. 能正确检查工具外观及功能 □2. 能正确使用带绝缘胶带的螺丝刀 □3. 能正确使用金属翘板	10	未完成1项扣5分,扣分不得超10分	□熟练 □不熟练	□熟练 □不熟练	□合格 □不合格
4	资料、信息查询能力	□1. 能正确使用维修手册查询资料 □2. 能在规定时间内查询所需资料 □3. 能正确记录所查询资料章节页码 □4. 能正确记录所需维修信息	10	未完成1项扣3分,扣分不得超10分	□熟练 □不熟练	□熟练 □不熟练	□合格 □不合格
5	数据、判读和分析能力	□1. 能判断大屏功能是否正常 □2. 能判断摄像头是否正常	10	未完成1项扣5分,扣分不得超10分	□熟练 □不熟练	□熟练 □不熟练	□合格 □不合格
6	表单填写与报告的撰写能力	□1. 字迹清晰 □2. 语句通顺 □3. 无错别字 □4. 无涂改 □5. 无抄袭	5	未完成1项扣1分,扣分不得超5分	□熟练 □不熟练	□熟练 □不熟练	□熟练 □不熟练
总分							

任务四　安全防盗系统及车载安全系统检查

一、安全防盗系统及车载安全系统检查【工作页】

安全防盗系统及
车载安全系统检查

安全防盗系统及车载安全系统检查【工作页】			
班级		姓名	

一、填空题

1. 中控门锁系统主要由门、____________、门锁总成、门锁电机、行李舱开启器及门锁控制器等组成。

2. 门锁总成主要由____________、蜗轮齿轮组、门锁位置开关、外壳和连接各位置把手的拉杆等组成。

3. 汽车安全系统由____________、全自动降温排气系统和汽车车窗检测关闭系统组成。

4. 汽车安全系统的特点有适用范围广、安全性强和____________。

二、判断题

1. 门锁控制开关一般安装在驾驶员侧车门内的扶手上，通过门锁控制开关可以同时锁上和打开所有的车门。(　　)

2. 中控门锁控制的常见形式有继电器式和计算机控制式（ECU）等，其中继电器式中控门锁虽然结构简单，但功能也比较单一，因此在现代汽车上应用越来越少。(　　)

3. 全自动降温系统可以在没有发动机提供大功率用电的情况下运行，当发动机熄火后，可选择手动或者自动方式开启，主要由舵机控制、排气系统及 GSM 通信系统组成。(　　)

4. 目前，大部分的机动车辆内部对车内人员基本仅具有最常规的保护措施，但对于一些突发状况缺乏安全处理能力，汽车安全系统能够提高车辆处理突发事件的能力，从而进一步提高车辆的安全性。(　　)

三、识图题

请在空白横线处填写图中序号标记的各部件名称。

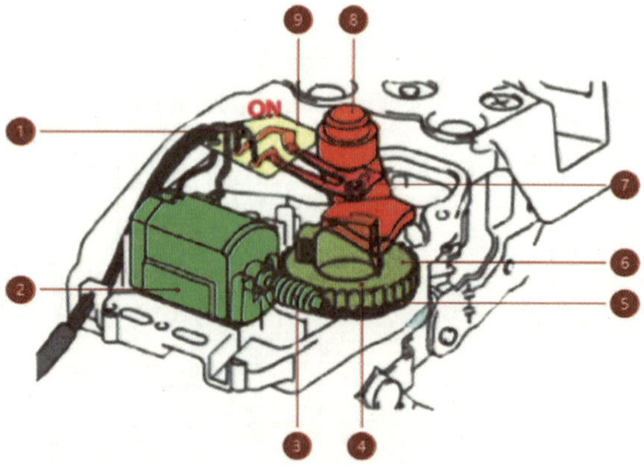

①____________ ②____________ ③____________ ④____________ ⑤____________

⑥____________ ⑦____________ ⑧____________ ⑨____________

二、安全防盗系统及车载安全系统检查【操作手册】

安全防盗系统及车载安全系统检查【操作手册】				
操作步骤	操作细节	展示图	操作注意事项	使用工具
工具准备	工具有：解码器、万用表、平口小螺丝刀、塑料翘板、金属翘板、绝缘胶带。检查工具规格是否正确，工具外观是否破损		注意检查工具外观是否正常	
车门传感器检查	按压车门传感器	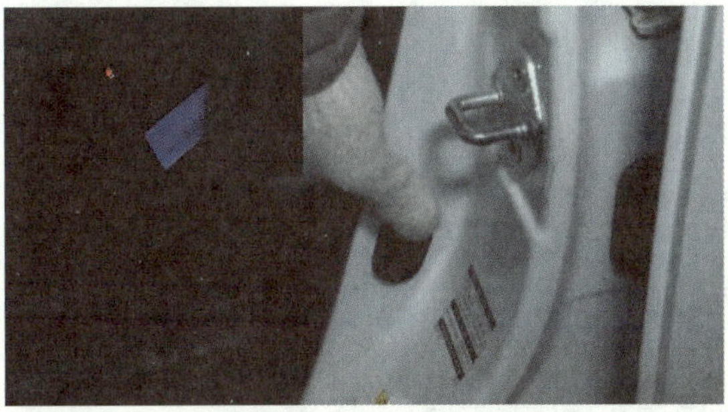	检查 4 个车门传感器是否正常	
	检查车门未关提示功能	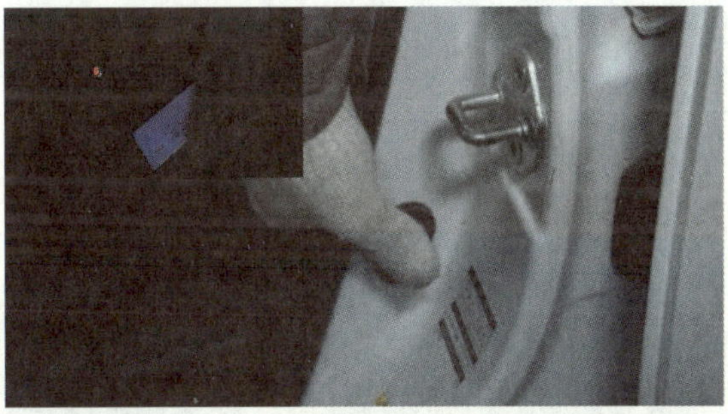	查看仪表车门未关提示显示是否正常	
升降器拆装	使用塑料翘板拆下门板扶手	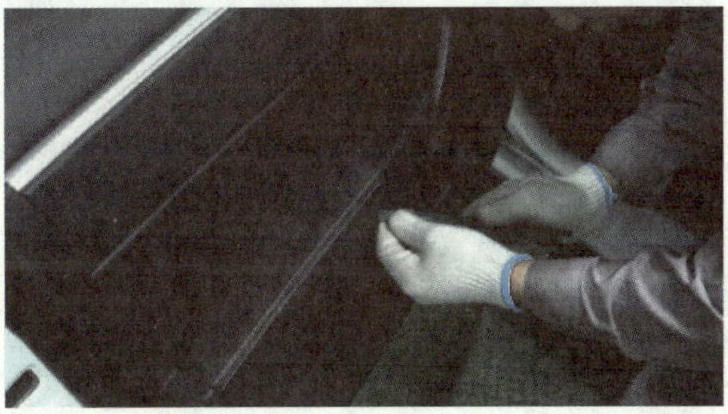	使用塑料翘板时避免损坏卡扣	塑料翘板

续表

操作步骤	操作细节	展示图	操作注意事项	使用工具
升降器拆装	使用塑料翘板拆下车窗升降器总成	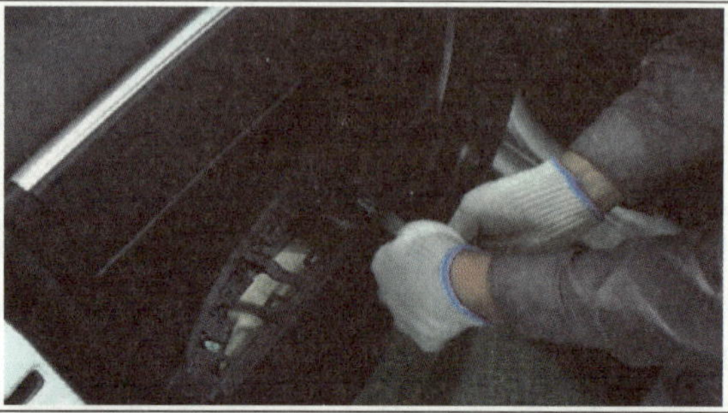	使用塑料翘板时避免损坏卡扣	塑料翘板
	拔下升降器线束插头	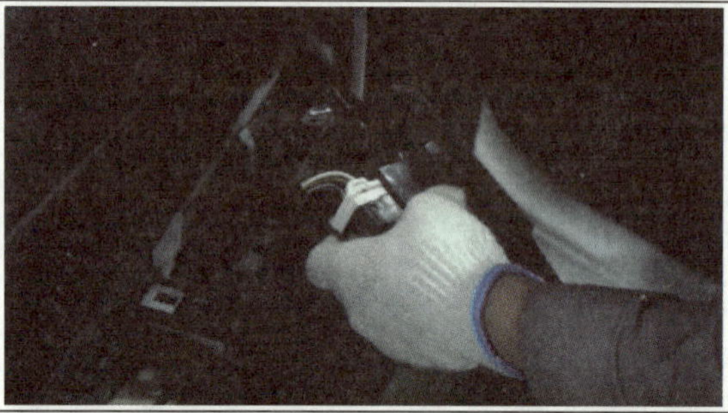		
	检查升降器	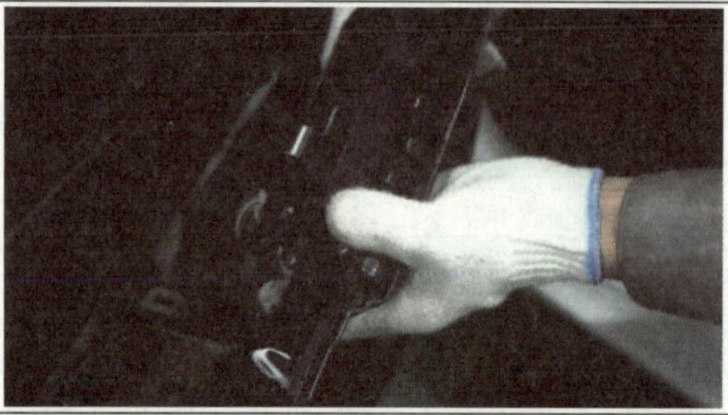		
	将插头装到升降器上	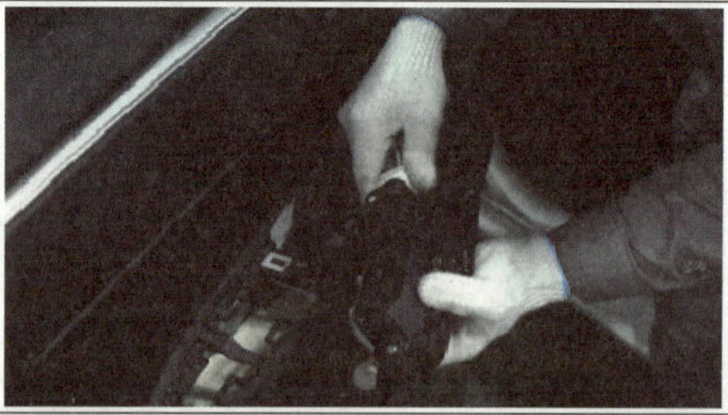		
	使用记号笔打上记号	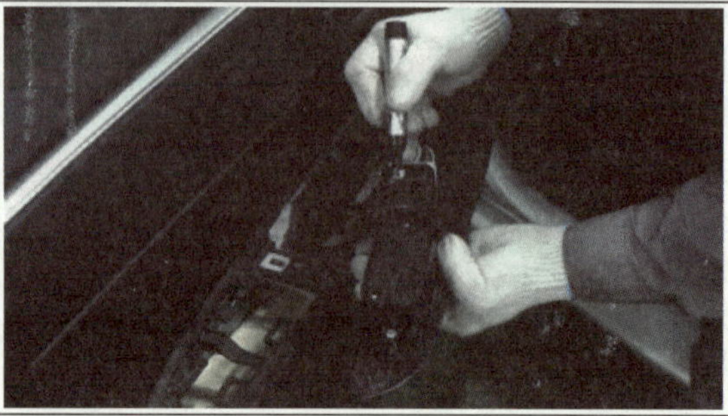		记号笔

续表

操作步骤	操作细节	展示图	操作注意事项	使用工具
升降器拆装	安装升降器	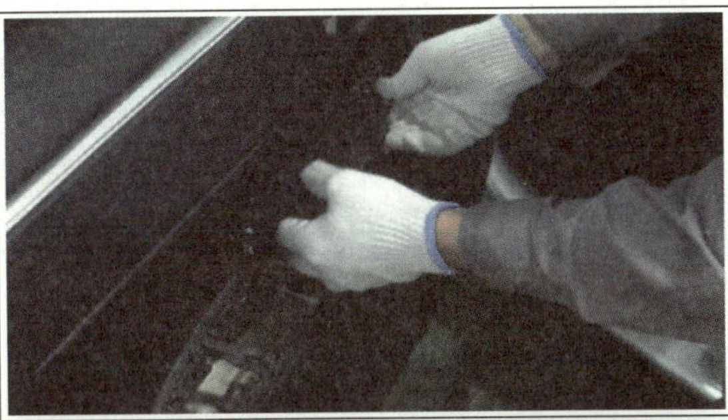	安装前检查卡扣是否正常	
	安装门板扶手	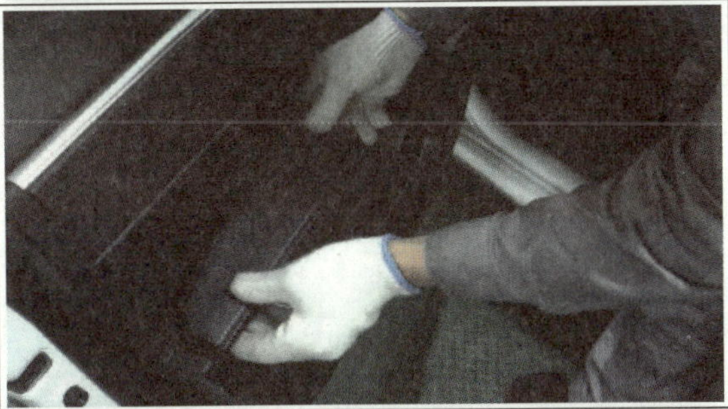	安装前检查卡扣是否正常	
电池检查更换	检查遥控钥匙		检查机械钥匙的弹出功能和遥控功能	
	使用塑料翘板翘起外壳	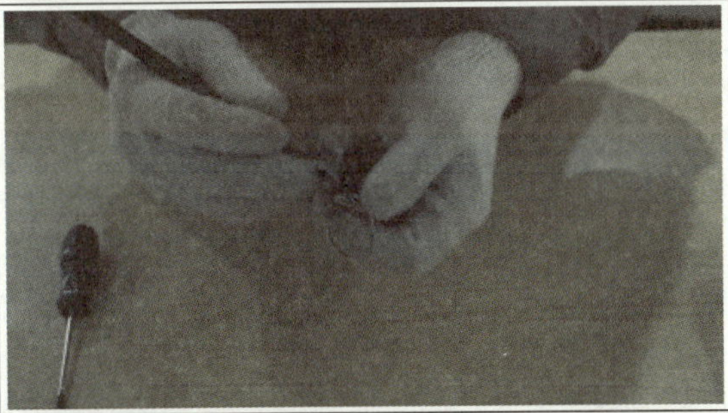	轻轻翘起电池壳	塑料翘板
	取出纽扣电池	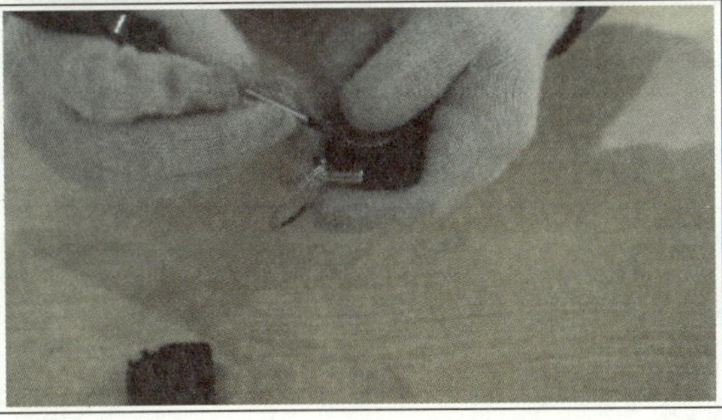	使用包有绝缘胶带的螺丝刀轻轻翘出纽扣电池	包有绝缘胶带的螺丝刀

续表

操作步骤	操作细节	展示图	操作注意事项	使用工具
电池检查更换	打开万用表并校零		检查万用表并安装表笔	万用表
	使用万用表检测纽扣电池电压	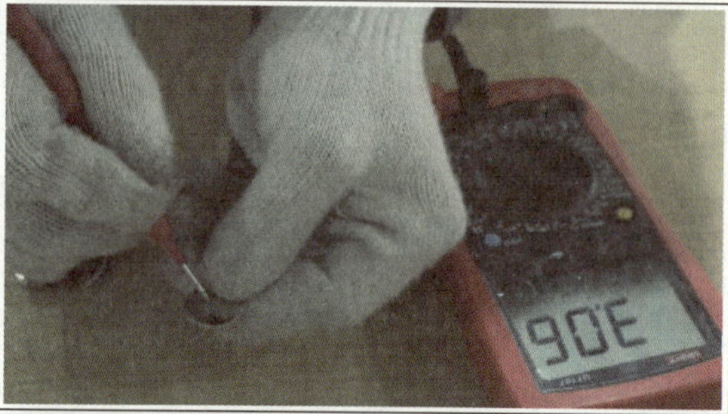	设置到电压挡	万用表
	安装纽扣电池	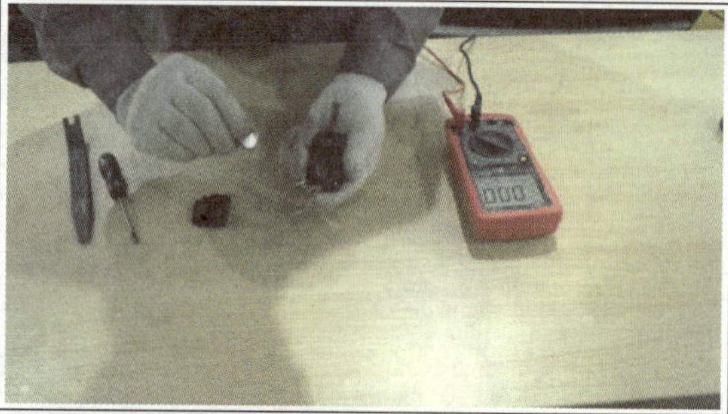	检查纽扣电池	
	安装钥匙后盖	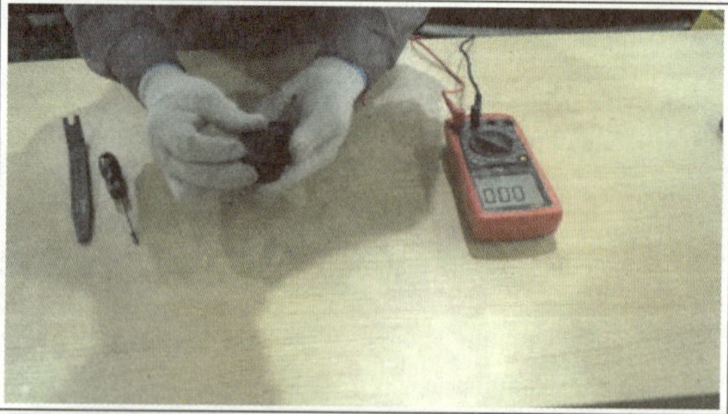		
	检查钥匙	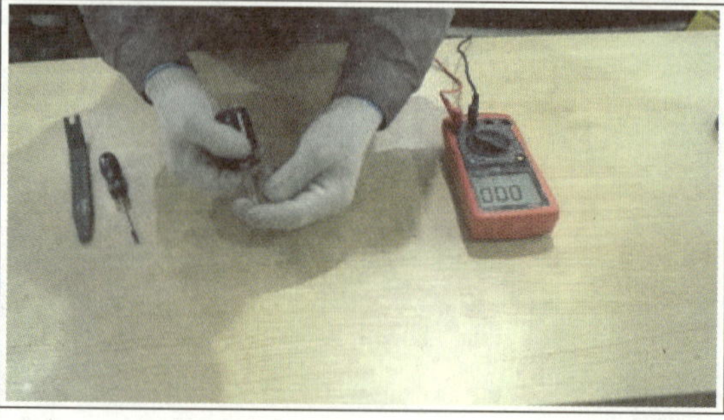	检查后壳安装是否到位，按键功能是否正常，机械钥匙能否正常弹出	

续表

操作步骤	操作细节	展示图	操作注意事项	使用工具
门锁功能检查	检查主驾驶门锁定情况	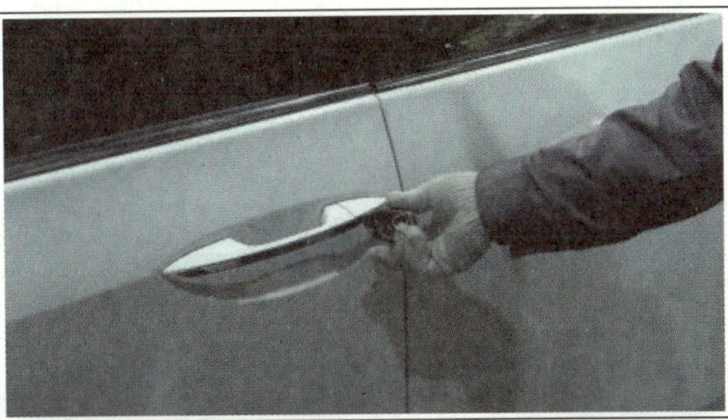	使用机械钥匙锁定车门	机械钥匙
	检查剩余车门锁定情况			
	使用机械钥匙打开车锁		检查 4 个车门能否正常打开	
拆卸门内饰板	拆下主驾门板扶手	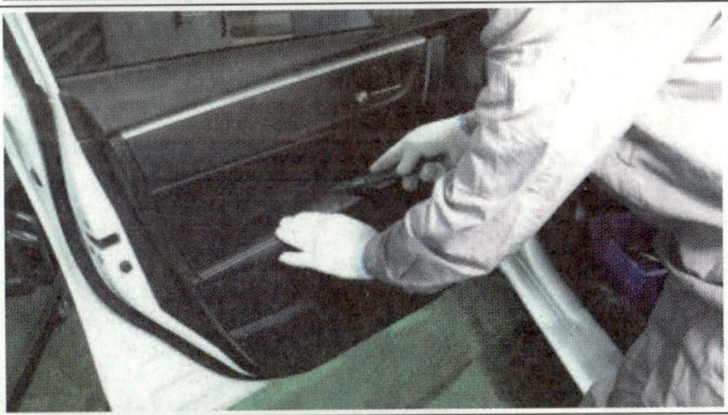	使用塑料翘板	塑料翘板
	拆下车窗升降控制器总成		使用塑料翘板	塑料翘板

续表

操作步骤	操作细节	展示图	操作注意事项	使用工具
	使用螺丝刀拆下前门装饰板分总成螺丝	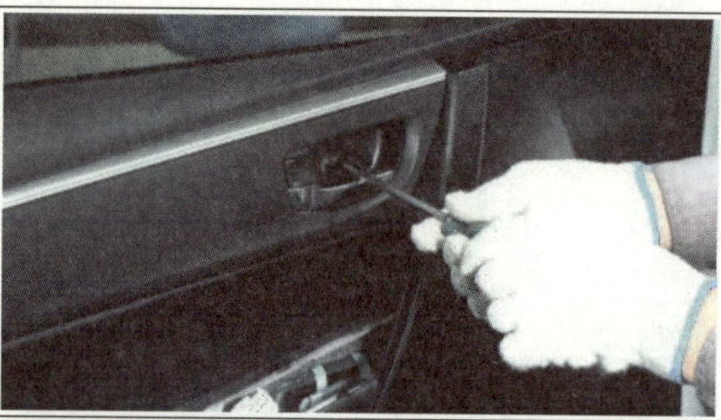		螺丝刀
	使用塑料翘板拆下辅助拉手外壳	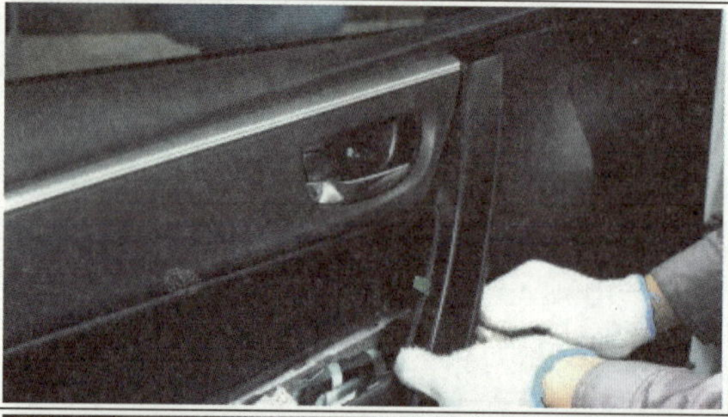		塑料翘板
拆卸门内饰板	使用螺丝刀拆下辅助拉手固定螺丝	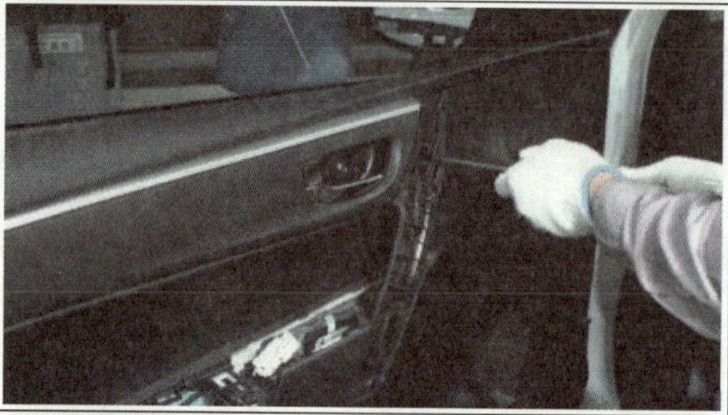		
	拆下门框支架装饰条	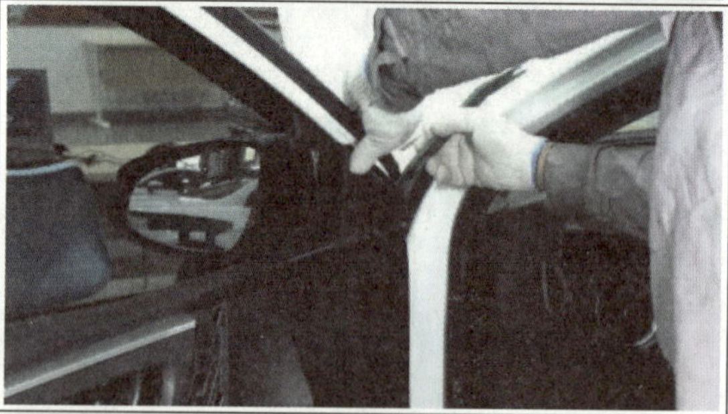	使用塑料翘板	塑料翘板
	拆下门内饰板	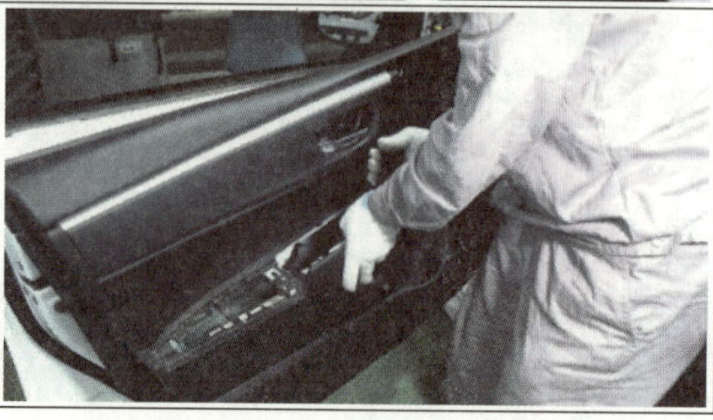	使用塑料翘板沿门板缝隙拆卸	塑料翘板

续表

操作步骤	操作细节	展示图	操作注意事项	使用工具
拆卸门内饰板	拆下两根拉索总成	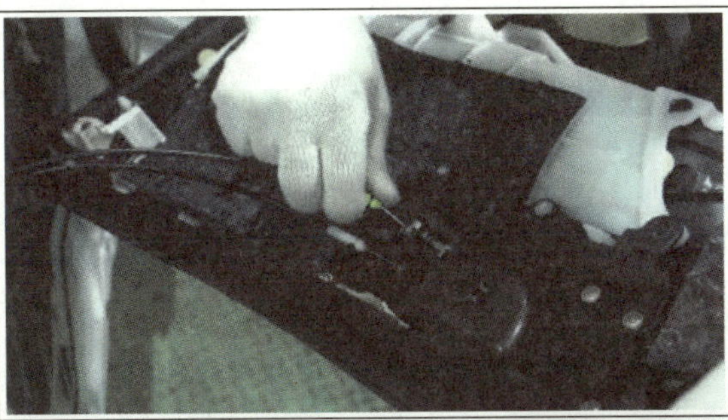		
	撕下防尘薄膜	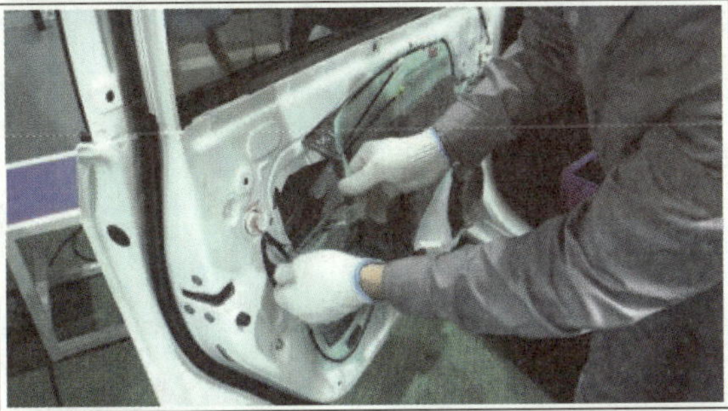		
拆卸门锁	拆下螺丝	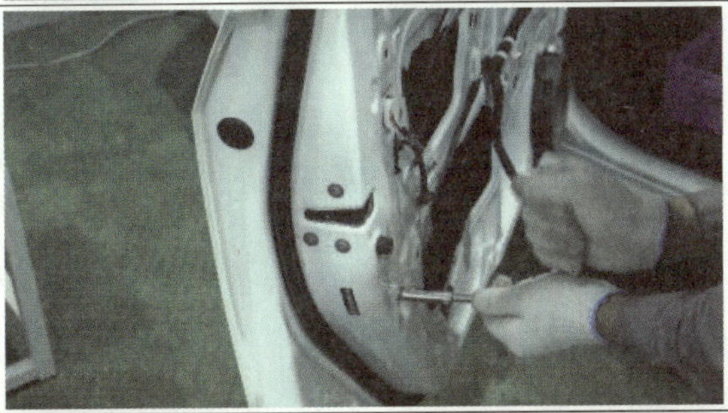		套筒扳手
	拆下门把手盖	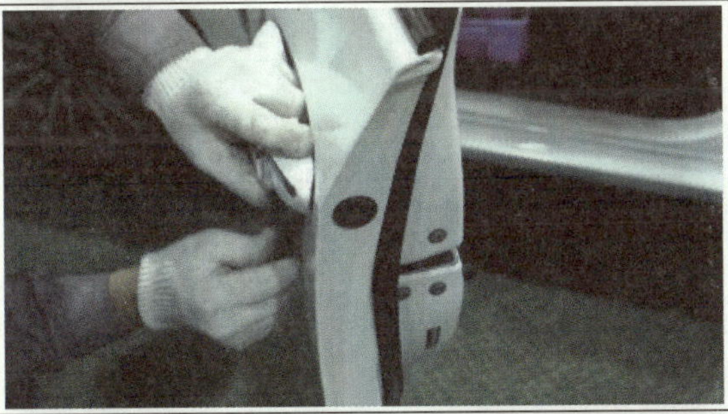	使用塑料翘板	塑料翘板
	拆下门把手锁芯	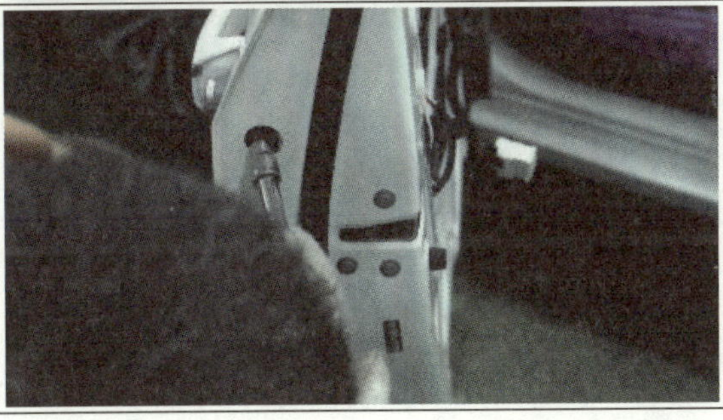	拆下孔塞，使用梅花套筒扳手T30	梅花套筒扳手T30

续表

操作步骤	操作细节	展示图	操作注意事项	使用工具
拆卸门锁	拔下线束	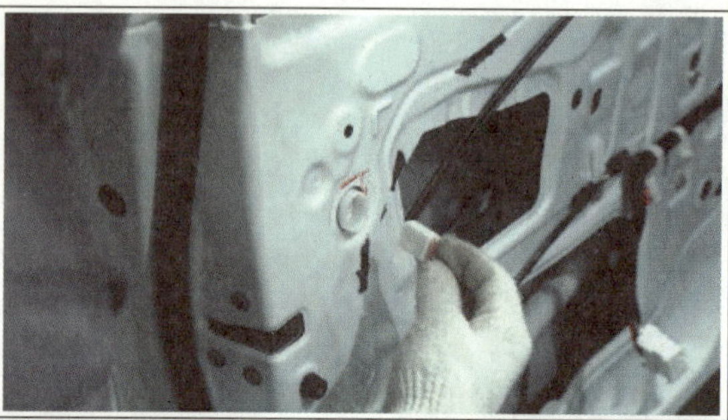		
	拆下门锁总成 3 颗螺丝	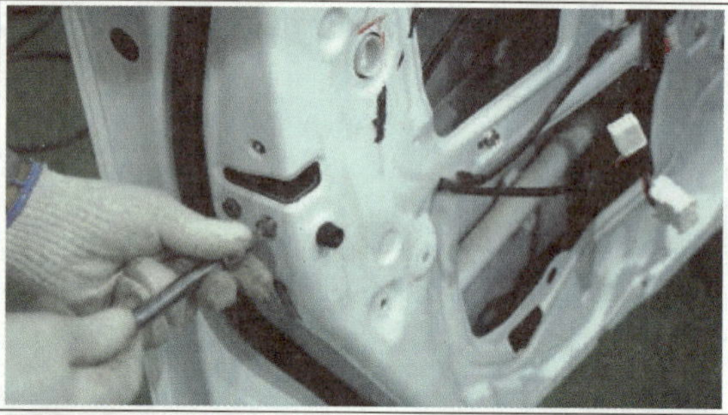	使用梅花套筒扳手 T30	梅花套筒扳手 T30
	取出门锁总成	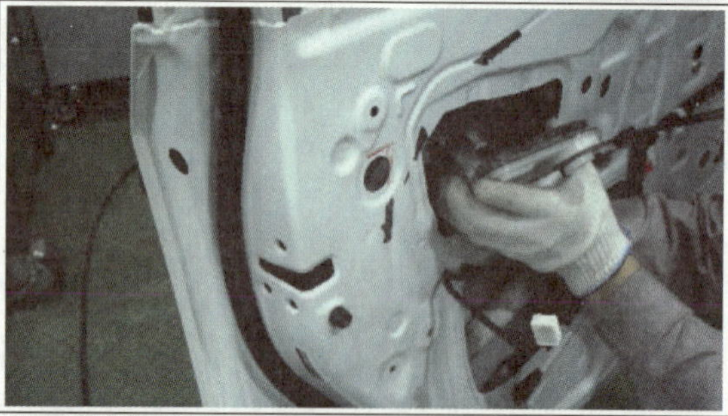		
	检查门锁功能总成		检查外观是否损坏，拉索机构能否正常拨动	
安装门锁	安装门锁总成	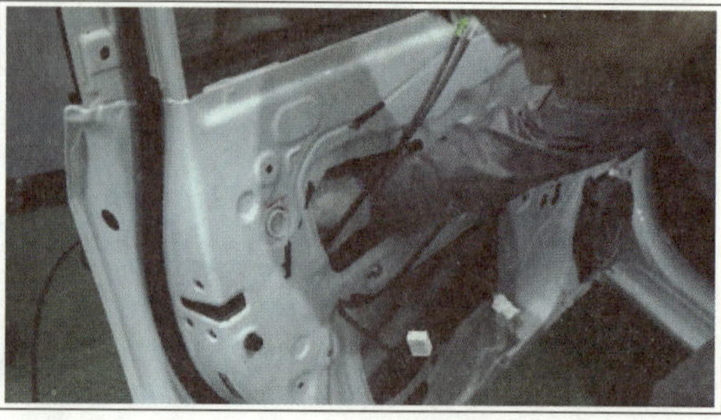	对准螺栓孔	

续表

操作步骤	操作细节	展示图	操作注意事项	使用工具
安装门锁	安装并预紧门锁总成3颗螺丝	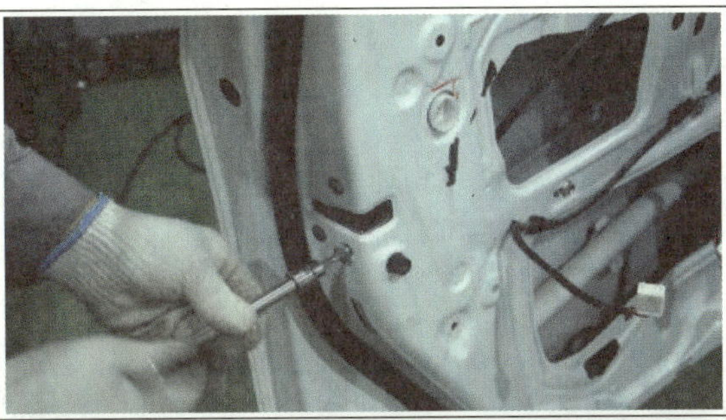		梅花套筒扳手T30
	紧固螺丝	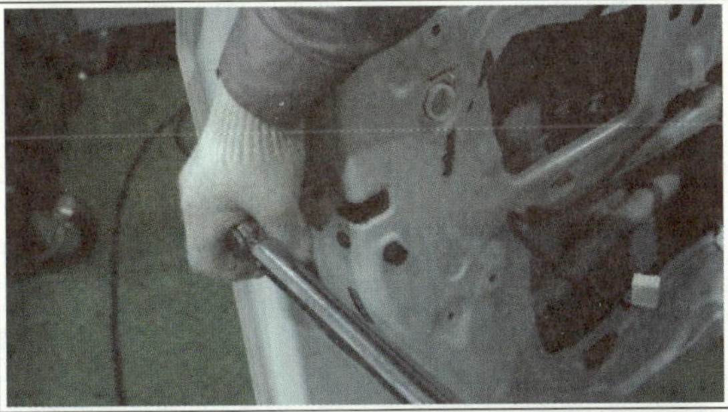	使用力矩扳手	力矩扳手
	给螺丝打上记号	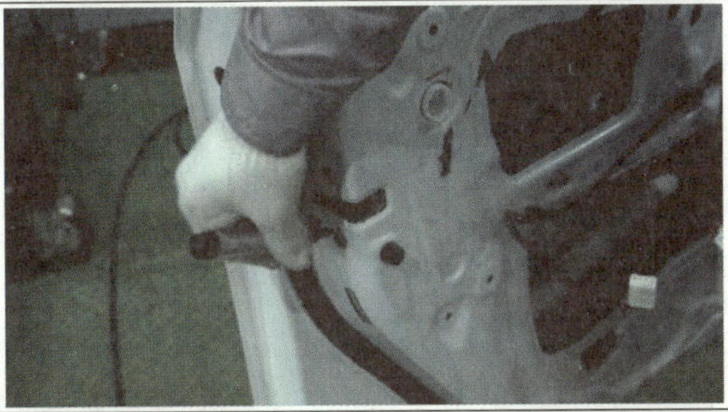		记号笔
	安装车门锁芯	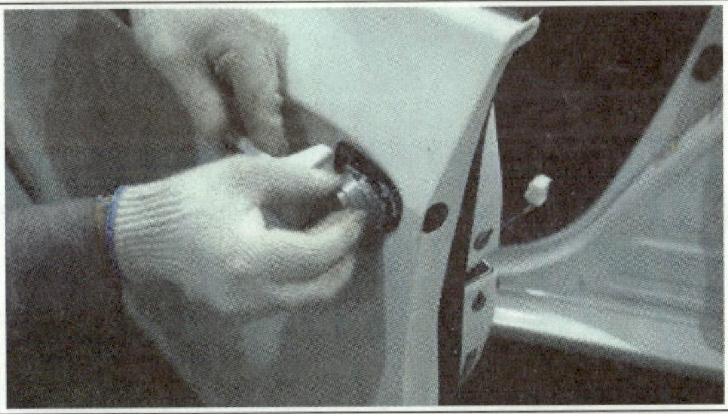		
	安装并预紧锁心螺丝	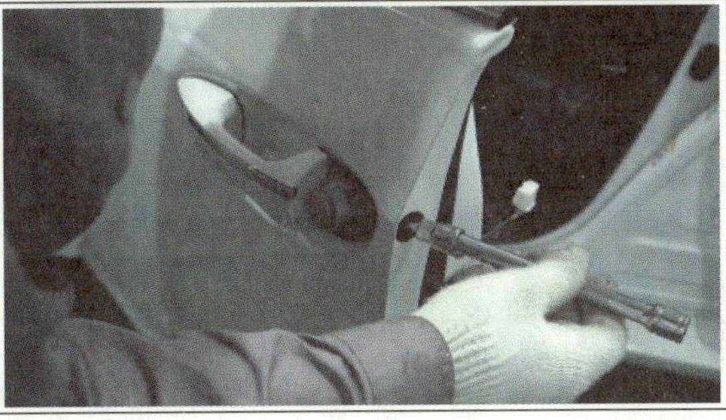		梅花套筒扳手T30

续表

操作步骤	操作细节	展示图	操作注意事项	使用工具
安装门锁	紧固螺丝		使用力矩扳手	力矩扳手
	给螺丝打上记号	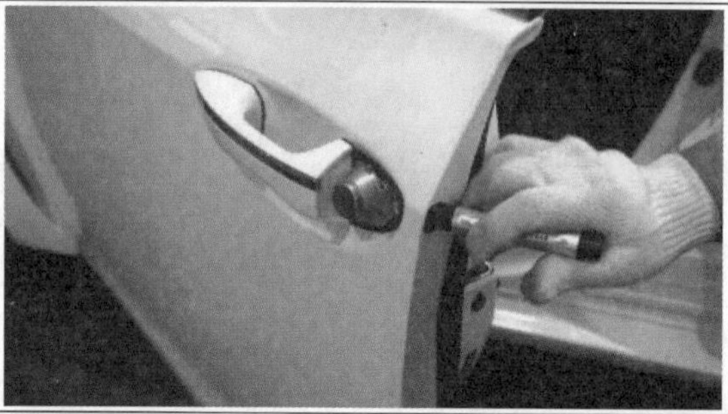		
	安装门把手盖			
	安装线束插头	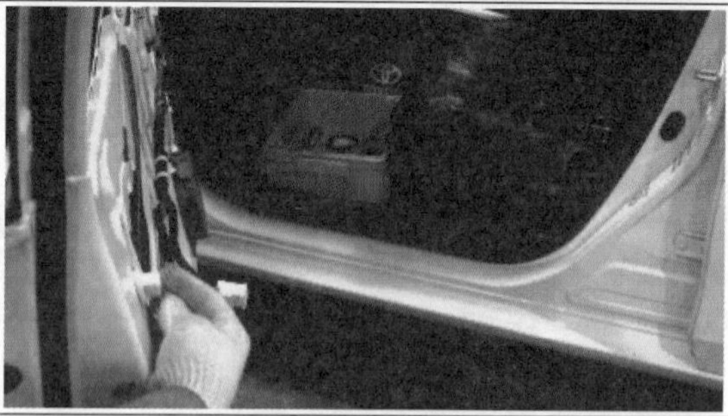		
	给插头打上记号	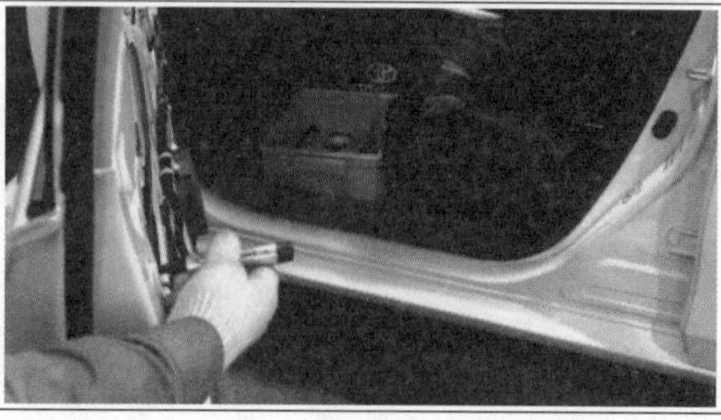		记号笔

续表

操作步骤	操作细节	展示图	操作注意事项	使用工具
安装门锁	检查安装情况	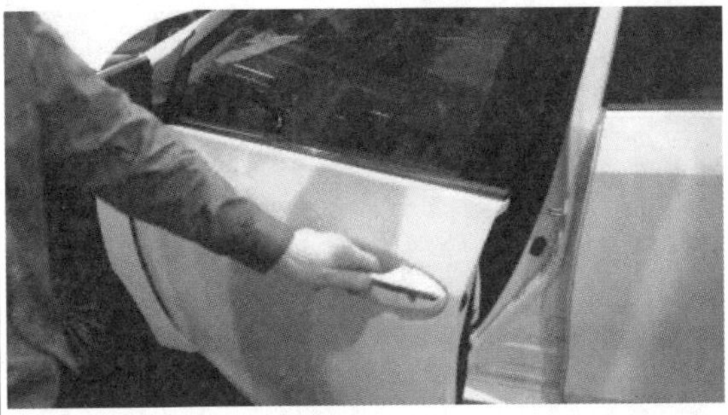	检查安装是否到位，钥匙能否正常锁定	
	安装导轨	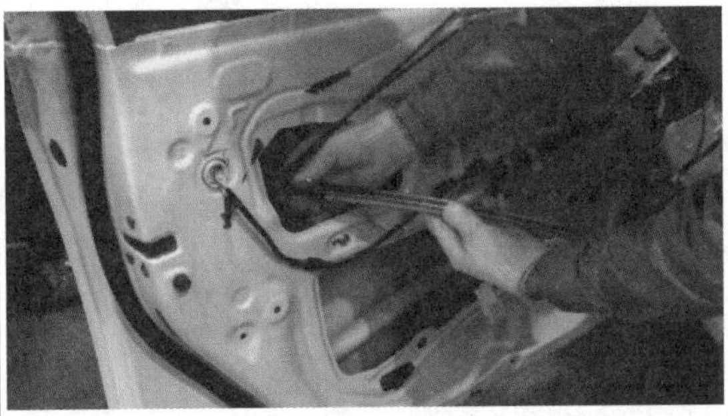	检查胶条是否老化	
	安装并预紧导轨螺栓	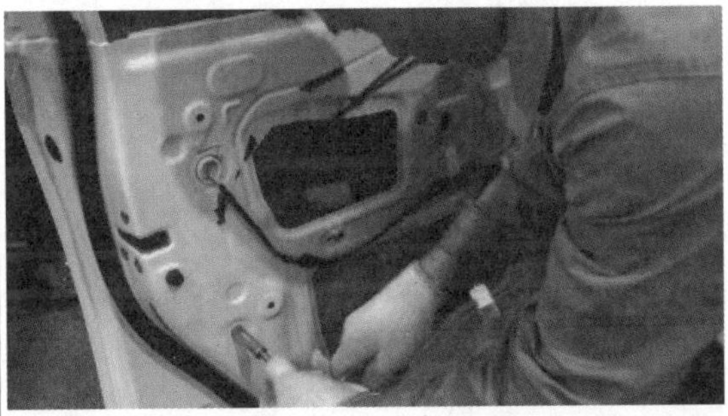		棘轮扳手
	使用力矩扳手紧固螺栓	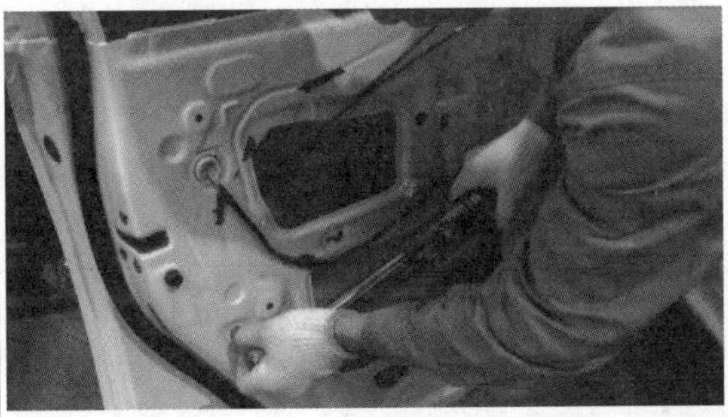	给螺丝打上记号	力矩扳手

续表

操作步骤	操作细节	展示图	操作注意事项	使用工具
	贴上防尘膜	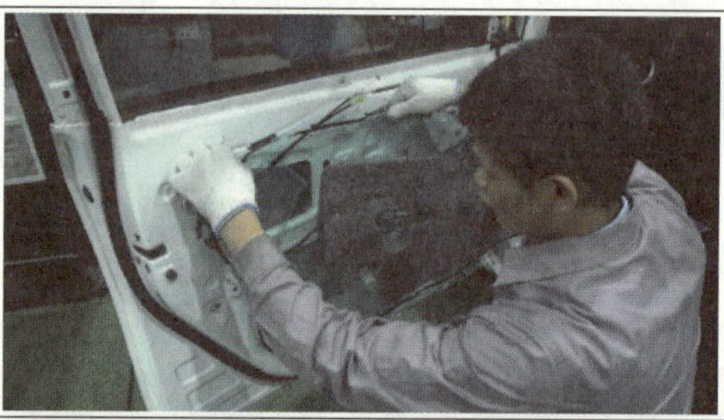	检查防尘膜是否损坏，粘胶是否脱落	
	安装门锁拉索	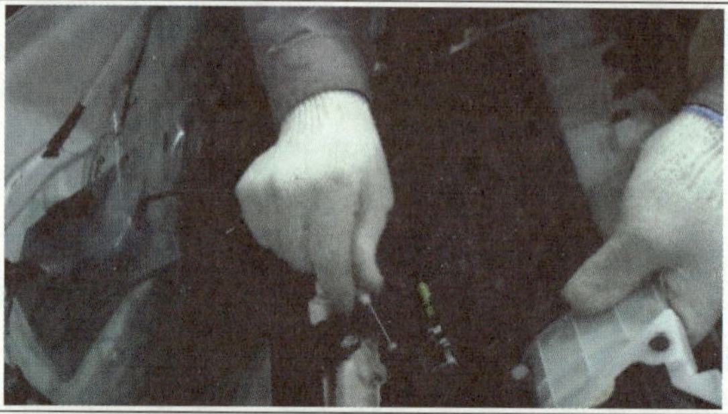		
安装门内饰板	安装车门内饰板		注意对准卡扣位置	
	安装车门拉手固定螺栓	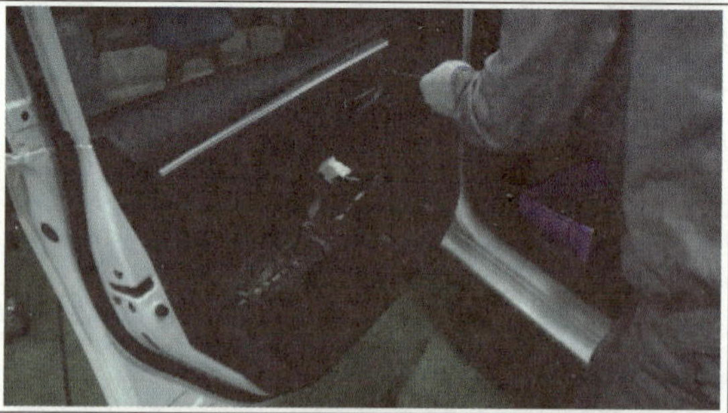		螺丝刀
	给螺丝打上记号	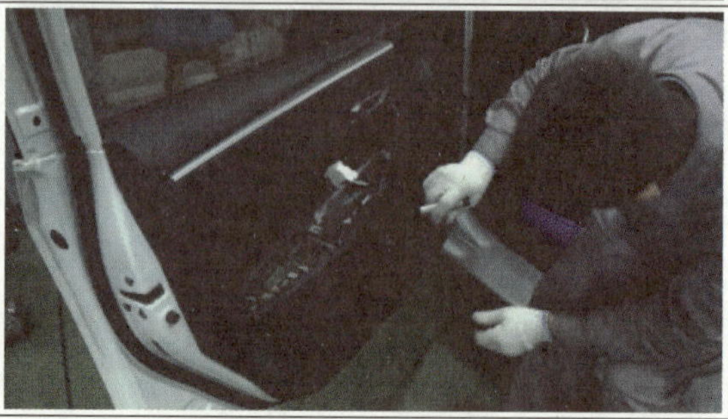		记号笔

续表

操作步骤	操作细节	展示图	操作注意事项	使用工具
安装门内饰板	安装门框支架装饰条			
	安装车窗控制器总成	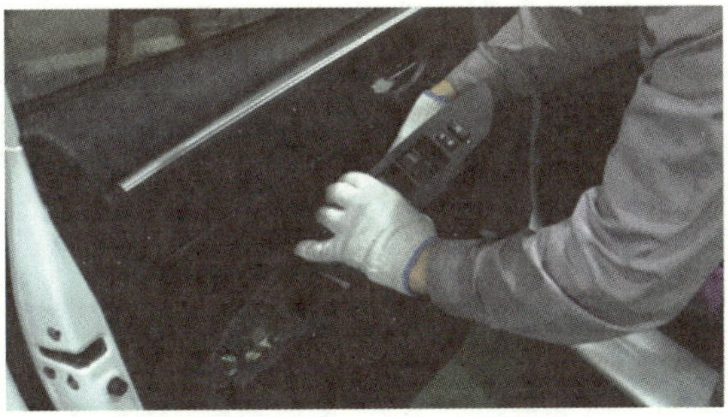	检查车窗升降是否正常	
	安装车门扶手	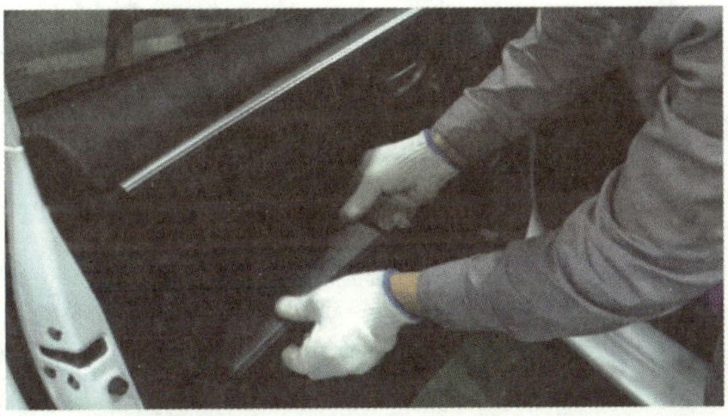		
	安装车拉手外壳	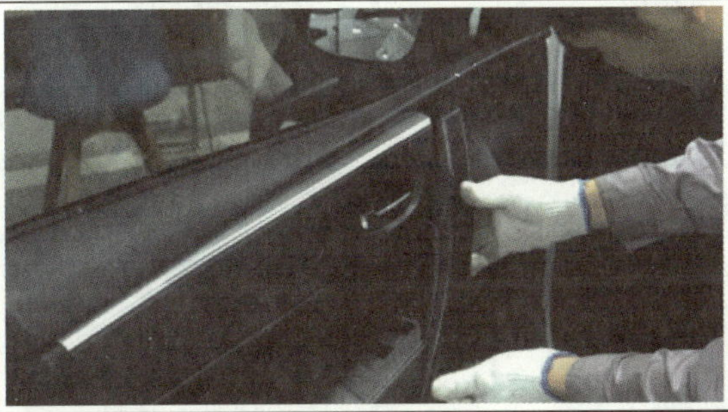	检查安装是否到位	

三、安全防盗系统及车载安全系统检查【实操报告】

<table>
<tr><td colspan="2">项目：安全系统部件检查与保养（初级）</td><td colspan="2">考核时间：30分钟</td></tr>
<tr><td>姓名：</td><td>班级：</td><td>学号：</td><td rowspan="3">考评员签字：</td></tr>
<tr><td>初评：□合格 □不合格</td><td>复评：□合格 □不合格</td><td>师评：□合格 □不合格</td></tr>
<tr><td>日期：</td><td>日期：</td><td>日期：</td></tr>
<tr><td colspan="4">考核任务四 安全防盗系统及车载安全系统检查【实操考核报告】</td></tr>
</table>

1. 车辆信息记录

品牌		整车型号		生产日期	
发动机型号		发动机排量		行驶里程	
车辆识别码					

2. 车门未关传感器检查

作业项目	检查情况			
传感器	左前门	□正常 □不正常	右前门	□正常 □不正常
	左后门	□正常 □不正常	右后门	□正常 □不正常
指示灯	左前门	□亮 □不亮	右前门	□亮 □不亮
	左后门	□亮 □不亮	右后门	□亮 □不亮

3. 车窗升降器检查

作业项目	检查情况			
车窗升降器	左前车窗	□正常 □不正常	右前车窗	□正常 □不正常
	左后车窗	□正常 □不正常	右后车窗	□正常 □不正常
	车窗锁定	□正常 □不正常	门锁	□正常 □不正常

4. 遥控钥匙电压和功能检查

作业项目	检查情况			
遥控钥匙	电压	□正常 □不正常	机械钥匙	□正常 □不正常
	遥控上锁	□正常 □不正常	遥控解锁	□正常 □不正常
	遥控尾箱	□正常 □不正常	外观磨损	□正常 □不正常

5．按照标准流程完成门锁安装

作业项目	完成情况			
门锁拆卸	门内饰板拆卸	□合格 □不合格	取下拉索	□合格 □不合格
	拆下升降器	□合格 □不合格	拆下门锁总成	□合格 □不合格
门锁检查	外观	□正常 □不正常	拉索	□正常 □不正常
门锁安装	门锁总成安装	□合格 □不合格	拉索安装	□合格 □不合格
	升降器安装	□合格 □不合格	门内饰板安装	□合格 □不合格

四、安全防盗系统及车载安全系统检查【评分细则】

考核任务四 安全防盗系统及车载安全系统检查【评分细则】							
序号	评分项	得分条件	评分	评分要求	自评	互评	师评
1	安全/7S/态度	□1. 能进行工位7S操作 □2. 能进行设备和工具安全检查 □3. 能进行车辆安全防护操作 □4. 能进行工具清洁校准存放操作 □5. 能进行三不落地操作	15	未完成1项扣5分，扣分不得超15分	□熟练 □不熟练	□熟练 □不熟练	□合格 □不合格
2	专业技术能力	作业 1： □1. 能正确检查所有车门未关传感器 □2. 能正确检查车门未关仪表提示 □3. 能正确拆卸门板扶手 □4. 能正确拆卸车窗升降器 □5. 能正确断开升降器插头 □6. 能正确安装升降器插头 □7. 能正确安装车窗升降器 作业 2： □1. 能正确安装车门扶手 □2. 能正确检查遥控钥匙功能及外观 □3. 能正确取下遥控钥匙电池盖	50	未完成1项扣5分，扣分不得超50分	□熟练 □不熟练	□熟练 □不熟练	□合格 □不合格

续表

序号	评分项	得分条件	评分	评分要求	自评	互评	师评
2	专业技术能力	□4. 能正确取出遥控钥匙电池 □5. 能正确检查遥控钥匙电压 □6. 能正确安装遥控钥匙电池 □7. 能正确在更换电池后检查遥控钥匙功能 作业 3: □1. 能正确检查所有门锁是否正常 □2. 能正确拆卸门内饰板 □3. 能正确拆下车窗升降器 □4. 能正确拆下防尘膜 □5. 能正确拆下门锁锁芯 □6. 能正确拆下门锁 □7. 能正确检查门锁	50	未完成1项扣5分,扣分不得超50分	□熟练 □不熟练	□熟练 □不熟练	□合格 □不合格
3	工具及设备的使用能力	□1. 能正确检查工具外观及功能 □2. 能正确使用带绝缘胶带的螺丝刀 □3. 能正确使用金属翘板	10	未完成1项扣5分,扣分不得超10分	□熟练 □不熟练	□熟练 □不熟练	□合格 □不合格
4	资料、信息查询能力	□1. 能正确使用维修手册查询资料 □2. 能在规定时间内查询所需资料 □3. 能正确记录所查询资料章节页码 □4. 能正确记录所需维修信息	10	未完成1项扣3分,扣分不得超10分	□熟练 □不熟练	□熟练 □不熟练	□合格 □不合格
5	数据、判读和分析能力	□1. 能判断大屏功能是否正常 □2. 能判断摄像头是否正常	10	未完成1项扣5分,扣分不得超10分	□熟练 □不熟练	□熟练 □不熟练	□合格 □不合格
6	表单填写与报告的撰写能力	□1. 字迹清晰 □2. 语句通顺 □3. 无错别字 □4. 无涂改 □5. 无抄袭	5	未完成1项扣1分,扣分不得超5分	□熟练 □不熟练	□熟练 □不熟练	□熟练 □不熟练
总分							

考核项目四 安全系统部件检查与保养

安全系统部件检查与保养

一、安全系统部件检查与保养【实操报告】

项目：安全系统部件检查与保养（初级）		考核时间：50 分钟	
姓名：	班级：	学号：	考评员签字：
初评：□合格 □不合格	复评：□合格 □不合格	师评：□合格 □不合格	
日期：	日期：	日期：	
安全系统部件检查与保养（考核项目）【实操考核报告】			

1．车辆信息记录

品牌		整车型号		生产日期	
发动机型号		发动机排量		行驶里程	
车辆识别码					

2．查阅维修手册，按照标准流程完成门锁拆卸

作业项目	完成情况			
门锁拆卸	门内饰板拆卸	□合格 □不合格	取下拉索	□合格 □不合格
	拆下升降器	□合格 □不合格	拆下门锁总成	□合格 □不合格

3．查阅维修手册，按照标准流程完成门锁检查

作业项目	完成情况			
门锁检查	外观	□正常 □不正常	拉索	□正常 □不正常

4．按照标准流程完成门锁安装

作业项目	完成情况			
门锁安装	门锁总成安装	□合格 □不合格	拉索安装	□合格 □不合格
	升降器安装	□合格 □不合格	门内饰板安装	□合格 □不合格

5．车窗升降器检查

作业项目	检查情况			
车窗升降器	左前车窗	□正常 □不正常	右前车窗	□正常 □不正常
	左后车窗	□正常 □不正常	右后车窗	□正常 □不正常
	车窗锁定	□正常 □不正常	门锁	□正常 □不正常

6．遥控钥匙电压和功能检查

作业项目	检查情况			
遥控钥匙	电压	□正常 □不正常	机械钥匙	□正常 □不正常
	遥控上锁	□正常 □不正常	遥控解锁	□正常 □不正常
	遥控尾箱	□正常 □不正常	外观磨损	□正常 □不正常

二、安全系统部件检查与保养【评分表】

安全系统部件检查与保养（考核项目）【评分细则】							
序号	评分项	得分条件	评分	评分要求	自评	互评	师评
1	安全/7S/态度	□1. 能进行工位7S操作 □2. 能进行设备和工具安全检查 □3. 能进行车辆安全防护操作 □4. 能进行工具清洁校准存放操作 □5. 能进行三不落地操作	15	未完成1项扣5分，扣分不得超15分	□熟练 □不熟练	□熟练 □不熟练	□合格 □不合格
2	专业技术能力	作业1： □1. 能正确检查所有门锁是否正常 □2. 能正确拆卸门内饰板 □3. 能正确拆下车窗升降器 □4. 能正确拆下防尘膜 □5. 能正确拆下门锁锁芯 □6. 能正确拆下门锁 □7. 能正确检查门锁	50	未完成1项扣5分，扣分不得超50分	□熟练 □不熟练	□熟练 □不熟练	□合格 □不合格

续表

序号	评分项	得分条件	评分	评分要求	自评	互评	师评
2	专业技术能力	作业 2: □1. 能正确安装门锁总成 □2. 能正确检查所有门锁是否正常 作业 3: □1. 能正确检查所有车门未关传感器 □2. 能正确检查车门未关仪表提示 □3. 能正确拆卸门板扶手 □4. 能正确拆卸车窗升降器 □5. 能正确断开升降器插头 □6. 能正确安装升降器插头 □7. 能正确安装车窗升降器 作业 4: □1. 能正确安装车门扶手 □2. 能正确检查遥控钥匙功能及外观 □3. 能正确取下遥控钥匙电池盖 □4. 能正确取出遥控钥匙电池 □5. 能正确检查遥控钥匙电压、 □6. 能正确安装遥控钥匙电池 □7. 能正确在更换电池后检查遥控钥匙功能	50	未完成1项扣5分,扣分不得超50分	□熟练 □不熟练	□熟练 □不熟练	□合格 □不合格
3	工具及设备的使用能力	□1. 能正确检查工具外观及功能 □2. 能正确使用力矩扳手 □3. 能正确选用工具	10	未完成1项扣5分,扣分不得超10分	□熟练 □不熟练	□熟练 □不熟练	□合格 □不合格

续表

序号	评分项	得分条件	评分	评分要求	自评	互评	师评
4	资料、信息查询能力	□1. 能正确使用维修手册查询资料 □2. 能在规定时间内查询所需资料 □3. 能正确记录所查询资料章节页码 □4. 能正确记录所需维修信息	10	未完成1项扣3分，扣分不得超10分	□熟练 □不熟练	□熟练 □不熟练	□合格 □不合格
5	数据、判读和分析能力	□1. 能判断门锁是否正常 □2. 能判断门锁安装是否到位	10	未完成1项扣5分，扣分不得超10分	□熟练 □不熟练	□熟练 □不熟练	□合格 □不合格
6	表单填写与报告的撰写能力	□1. 字迹清晰 □2. 语句通顺 □3. 无错别字 □4. 无涂改 □5. 无抄袭	5	未完成1项扣1分，扣分不得超5分	□熟练 □不熟练	□熟练 □不熟练	□合格 □不合格
总分							

参考文献

[1] 周德新，谢平. 汽车维修基础[M]. 北京：人民交通出版社，2016.

[2] 杨玲玲，谭克诚. 汽车底盘构造与维修[M]. 北京：机械工业出版社，2018.

[3] 张振. 汽车电器设备结构与维修[M]. 北京：机械工业出版社，2020.

[4] 李民和，张书诚. 汽车底盘构造与维修[M]. 西安：西安交通大学出版社，2014.

[5] 王恒，宁纪成. 汽车安全与舒适系统故障诊断与维修[M]. 北京：中国三峡出版社，2013.

[6] 谭文孝. 汽车悬架、转向与制动系统维修[M]. 北京：北京理工大学出版社，2016.

[7] 徐昭，程章. 汽车电气设备构造与维修[M]. 哈尔滨：哈尔滨工业大学出版社，2017.

[8] 胡俊. 汽车行驶与转向系统维修[M]. 北京：国防工业出版社，2015.

[9] 陆耀迪. 汽车四轮定位基础教程[M]. 北京：机械工业出版社，2016.

[10] 武忠，李盛福，李文涛. 汽车行驶、转向与制动系统检修[M]. 北京：机械工业出版社，2019.

[11] 黄志坚. 车辆液压气动系统及维修[M]. 北京：化学工业出版社，2015.